2024 年度河南省高校人文社会科学一般项目立项“打造“种子幼师团队”促进乡村幼师信息素养提升的实践路径研究”（编号 2024–ZDJH–226）

乡村振兴视域下
乡村幼儿教师的培养策略

赵　郁◎著

中国文联出版社

图书在版编目（CIP）数据

乡村振兴视域下乡村幼儿教师的培养策略 / 赵郁著
. -- 北京 : 中国文联出版社, 2023.12
ISBN 978-7-5190-5392-5

Ⅰ.①乡… Ⅱ.①赵… Ⅲ.①乡村教育－学前教育－
师资培养－研究 Ⅳ.①G615

中国国家版本馆CIP数据核字(2024)第026600号

著　　者　赵郁
责任编辑　周欣
责任校对　秀点校对
装帧设计　研杰星空

出版发行　中国文联出版社有限公司
社　　址　北京市朝阳区农展馆南里10号　　邮编　100125
电　　话　010-85923025（发行部）　　010-85923091（总编室）
经　　销　全国新华书店等
印　　刷　明玺印务（廊坊）有限公司

开　　本　710毫米×1000毫米　1/16
印　　张　15
字　　数　251千字
版　　次　2023年12月第1版第1次印刷
定　　价　65.00元

前言

乡村振兴是当前我国发展的一个重要战略。在2022年中央农村工作会议上，习近平总书记强调："要全面推进产业、人才、文化、生态、组织'五个振兴'，统筹部署、协同推进，抓住重点、补齐短板。"其中人才振兴是乡村振兴的关键所在。乡村幼儿教师是乡村人才的重要组成部分，乡村教师的培养策略至关重要，它直接影响着乡村幼儿教育质量的提升和乡村振兴的实现。因此，科学有效的乡村幼儿教师培养策略对于乡村振兴具有重要意义。基于此，本书就乡村振兴视域下乡村幼儿教师的培养策略展开深入探究。

本书共分为十二章展开论述，具体内容如下：

第一章为乡村振兴与乡村幼儿教育发展的关系，在分析乡村振兴战略的背景与意义的基础上，阐述了乡村幼儿教育的现状与问题，探讨了乡村振兴对乡村幼儿教育的需求与促进作用。

第二章为乡村幼儿教师的角色定位与能力要求，介绍了乡村幼儿教师的角色定位，并详细阐述了乡村幼儿教师所需具备的专业知识与技能要求，以及心理素质和人际沟通能力要求。

第三章探讨了乡村幼儿教师培养的现状及存在问题，分析了乡村幼儿教师培养所面临的瓶颈与困境，以及存在的问题与挑战。

第四章提出了乡村幼儿教师培养的策略与方法，重点介绍了乡村幼儿教师培养的必要性和重要性，培养乡村幼儿教师的关键环节、培养策略的主要内容和实施方法。

第五章提出了提升乡村幼儿教师的专业能力的措施，包括加强幼儿教育专业知识的培养、提高乡村幼儿教师的教学技能，以及发展创新思维与教育实践能力。

第六章探讨了培养乡村幼儿教师的心理素质与人际沟通能力，包括培养乡村幼儿教师的心理素质、提升乡村幼儿教师的人际沟通技巧与能力，以及增强乡村幼儿教师的服务意识与责任心。

第七章强调加强乡村幼儿教师的实践锻炼，包括拓宽实践渠道、增加实践机会、加强实践指导、提高实践效果，以及建立实践评估机制，推动实践能力的提升。

第八章提出了营造良好的乡村幼儿教师发展环境的措施，包括加强政策支持，改善乡村教师待遇，建设乡村幼儿教师培训基地与资源平台，以及建立乡村幼儿教师交流与协作机制。

第九章强调加强乡村幼儿教师的综合素质培养，包括提升乡村幼儿教师的文化素养，培养乡村幼儿教师的创新能力，以及增强乡村幼儿教师的团队合作精神。

第十章提出了提高乡村幼儿教师的专业发展机会的措施，包括创新教师职业发展路径，提供教师专业发展培训资源，以及建立教师评价与激励机制。

第十一章评估了乡村幼儿教师培养策略的实施效果，并探讨了乡村幼儿教师培养策略的可持续发展。

第十二章讨论了推广乡村幼儿教师培养策略的推广与应用意义，提出了推广乡村幼儿教师培养策略的途径与方法，以及乡村幼儿教师培养策略的应用与效果。

本书由赵郁执笔撰写，由于时间仓促，加之水平有限，难免存在纰漏之处，恳请读者提出宝贵意见。

目录

第一章　乡村振兴与乡村幼儿教育发展的关系 …… 1

第一节　乡村振兴战略的背景与意义 …… 1

第二节　乡村幼儿教育的现状与问题 …… 7

第三节　乡村振兴对乡村幼儿教育的需求与促进作用 …… 12

第二章　乡村幼儿教师的角色定位与能力要求 …… 16

第一节　乡村幼儿教师的角色定位 …… 16

第二节　乡村幼儿教师的专业知识与技能要求 …… 20

第三节　乡村幼儿教师的心理素质与人际沟通能力要求 …… 29

第三章　乡村幼儿教师培养现状及存在问题 …… 37

第一节　乡村幼儿教师培养的现状 …… 37

第二节　乡村幼儿教师培养的瓶颈与困境 …… 41

第三节　乡村幼儿教师培养存在的问题与挑战 …… 45

第四章　乡村幼儿教师培养策略与方法 …… 49

第一节　乡村幼儿教师培养策略的重要性与必要性 …… 49

第二节　培养乡村幼儿教师的关键环节 …… 55

第三节　乡村幼儿教师培养策略的主要内容 …… 57

第四节　培养乡村幼儿教师的实施方法 …… 66

第五章　提升乡村幼儿教师的专业能力………………………………70
第一节　加强幼儿教育专业知识的培养 ………………………………70
第二节　提高乡村幼儿教师的教学技能 ………………………………87
第三节　发展幼儿教师的创新思维与教育实践能力 …………………97
第六章　培养乡村幼儿教师的心理素质与人际沟通能力……………105
第一节　培养乡村幼儿教师的心理素质 ………………………………105
第二节　提升乡村幼儿教师的人际沟通技巧与能力 …………………111
第三节　增强乡村幼儿教师的服务意识与责任心 ……………………120
第七章　加强乡村幼儿教师的实践锻炼………………………………128
第一节　拓宽实践渠道，增加实践机会 ………………………………128
第二节　加强实践指导，提高实践效果 ………………………………139
第三节　建立实践评估机制，推动实践能力提升 ……………………147
第八章　营造良好的乡村幼儿教师发展环境…………………………155
第一节　加强政策支持，改善乡村教师待遇 …………………………155
第二节　建设乡村幼儿教师培训基地与资源平台 ……………………160
第三节　建立乡村幼儿教师交流与协作机制 …………………………169
第九章　加强乡村幼儿教师的综合素质培养…………………………176
第一节　提升乡村幼儿教师的文化素养 ………………………………176
第二节　培养乡村幼儿教师的创新能力 ………………………………180
第三节　增强乡村幼儿教师的团队合作精神 …………………………189
第十章　提高乡村幼儿教师的专业发展机会…………………………197
第一节　创新教师职业发展路径 ………………………………………197
第二节　提供教师专业发展培训资源 …………………………………202

第三节　建立教师评价与激励机制 …… 207

第十一章　乡村幼儿教师培养策略的实施效果…… 214

第一节　实施乡村幼儿教师培养策略的成效评估 …… 214

第二节　乡村幼儿教师培养策略的可持续发展 …… 219

第十二章　乡村幼儿教师培养策略的推广与应用…… 222

第一节　推广乡村幼儿教师培养策略的目标与意义 …… 222

第二节　推广乡村幼儿教师培养策略的途径与方法 …… 224

第三节　乡村幼儿教师培养策略的应用与效果 …… 228

参考文献…… 231

第一章　乡村振兴与乡村幼儿教育发展的关系

第一节　乡村振兴战略的背景与意义

一、乡村振兴战略的背景分析

（一）经济发展不平衡

随着城市化进程的加快，城市与农村之间的发展差距日益拉大，农村经济发展面临严重的困境。这种不平衡主要表现在以下三个方面：

1. 农村经济基础薄弱

农村地区的产业结构相对单一，主要依靠农业为主导。由于长期以来农村地区发展相对滞后，缺乏多样化的产业支撑，农民主要依赖于农田耕种和农产品销售维持生计。农业生产本身存在着受天气、自然灾害等因素的影响，加之市场竞争激烈，农产品价格波动较大，农民收入水平相对较低。

农村地区的工商业发展相对滞后。工业化进程在农村地区相对较晚，许多农村地区仍然以传统的手工业和小规模工业为主。由于技术落后、资金紧张以及市场需求不足等，农村地区的工商业发展缓慢，无法有效带动农村经济的快速增长。

农村地区的服务业发展也相对滞后。服务业是现代经济的重要组成部分，对经济增长和就业创造具有重要作用。然而，在农村地区，由于消费能力较弱、市场需求不足，服务业发展相对滞后，缺乏多样化的服务业，影响了农村地区的就业机会和人民收入水平。

2. 农村基础设施滞后

农村地区的交通条件相对较差。农村道路狭窄、路面质量不高，交通网络不完善，限制了农村地区的物流和交通运输效率。农产品运输受阻，导致农产品流通成本相对较高，影响了农村地区的经济发展。

农村地区的通信设施相对不完善。农村地区缺乏高速宽带网络覆盖，通信信号不稳定，导致信息交流和企业发展受限。农民在获取信息、开展电子商务等方面存在困难，影响了农村地区经济的发展潜力。

农村地区的供水和供电设施也相对滞后。由于农村地区地理环境复杂，水资源相对紧缺，供水设施建设滞后，导致一些农村地区的居民缺乏清洁的饮用水。同时，供电设备老化，电网覆盖不完善，影响了农村生活、农业生产和工商业发展的正常运行。

3. 农村金融服务不足

农村信用体系不完善。由于农村地区经济活动多为小规模、个体经营，农民的信用信息采集和评估机制相对滞后。这导致了农村金融机构在贷款审批时面临较大风险，难以为农民提供低息贷款支持，制约了农村经济的发展。

农村金融机构数量不足、服务能力不强。相对于城市地区，农村地区的银行网点和金融机构数量较少，金融服务覆盖范围有限。同时，由于专业人才缺乏，农村金融机构的业务水平和服务质量也不够高，难以满足农民和农村企业的多样化金融需求。

农村金融产品种类相对较少。农村金融产品主要以传统的储蓄存款和贷款为主，缺乏多样化的金融产品供给。农民在资金使用、风险管理等方面存在困难，无法充分利用金融工具促进农村经济的发展。

（二）农村人口流失

长期以来农村地区的劳动力大量外流，主要表现在以下三个方面（图 1–1）。

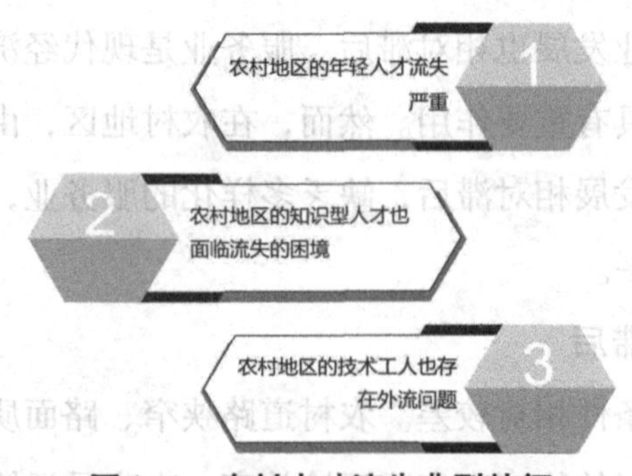

图 1–1　农村人才流失典型特征

造成农村人口流失的原因主要有以下几点：

1. 就业机会少

农村地区的就业机会相对较少，主要表现在以下四个方面。第一，农村地区的产业结构相对单一，以农业为主，其他行业的发展相对滞后。这使得农村地区缺乏多元化的就业岗位。第二，农村地区的经济发展水平较低，企业数量有限，无法提供大量的就业机会。第三，农村地区的工资水平相对较低，吸引力不足，很难吸引到高素质人才留在农村创业或就业。第四，农村地区的公共服务设施和基础设施相对薄弱，也给就业造成了一定的制约。

2. 生活条件落后

农村地区的生活条件相对落后，主要体现在以下三个方面。第一，医疗卫生方面，农村地区的医疗资源相对匮乏，医疗设施和技术水平相对落后，难以满足农村居民的健康需求。第二，教育方面，农村地区的教育资源有限，学校师资力量不足，教育设施相对简陋，无法提供优质教育资源。第三，文化娱乐方面，农村地区的文化活动和娱乐设施相对匮乏，缺乏多样化的文化消费选择。这些因素导致农村居民的生活条件相对较差，为了改善自己和家人的生活品质，一些人选择到城市寻求更好的生活环境。

3. 教育水平低

农村地区的教育水平普遍较低，主要原因有以下三个方面。首先，师资力量不足，农村地区的学校难以吸引到优秀的教师。这使得农村地区的教学质量无法与城市相媲美。其次，教育设施相对简陋，缺乏现代化的教育设备和资源，无法提供良好的学习条件。最后，农村地区的教育投入相对不足，教育资源配置不均衡，导致农村幼儿接受优质教育的机会有限。这些因素制约了农村居民的教育水平的提升。为了提高自身的知识水平和竞争力，一些农村青年选择到城市接受更好的教育。

（三）资源环境压力

资源环境压力是农村地区面临的一个重要挑战。主要表现在以下三个方面：

1. 资源利用不均衡

农村地区资源利用存在不均衡现象。一方面，农村地区存在着土地资源过度开发的问题，导致土地退化、水土流失等环境问题。这主要是由于农村地区的农业生产和土地利用方式相对传统，长期以来过分追求高产量而忽视了对土地生态环境的保护和可持续利用。例如，大规模地使用化肥和农药，对土壤质量和生态系统造成了严重的损害，加速了土地退化和水土流失的过程。另一方面，农村地区的自然资源优势没有得到充分利用，限制了农村经济的可持续发展。由于农村地区的资源开发相对滞后，很多资源没有被有效地利用起来，限制了农村地区的产业升级和经济转型。为解决这一问题，可以采取科学合理的农业生产方式，加强土地生态环境保护，提高资源利用效率，并通过积极引导和支持农村地区进行产业结构调整，促进资源优势的开发利用。

2. 环境污染突出

农村地区环境污染问题比较突出。农业生产中化肥、农药的使用以及畜禽养殖废弃物处理不当，导致土壤、水源和空气的污染。首先，大量的化肥和农药的使用带来了农田和农产品的污染。长期以来，农村地区为了追求高产量和经济效益，过度使用化肥和农药，导致农田中的农残积累严重，对土壤和农作物造成了危害。其次，农村地区畜禽养殖废弃物处理不当也是环境污染的重要原因。农村地区畜禽养殖规模较大，养殖废弃物的排放问题较为突出，如果处理不当，会对周边的土壤和水源造成严重的污染。最后，农村地区的燃煤和燃料燃烧也会释放大量的有害气体和颗粒物，对大气环境造成污染。为解决这一问题，可以推广绿色农业生产方式，减少化肥和农药的使用量，加强农田水肥一体化管理，并加强对畜禽养殖废弃物的处理和利用。另外，还可以鼓励农村地区使用清洁能源替代传统燃料，减少大气污染物的排放。

3. 能源供应不稳定

农村地区的能源供应相对不稳定。农村地区普遍缺乏电力和燃气资源，能源供应不足，限制了农村生产和居民生活的需求。一方面，由于农村地区的经济基础相对薄弱，能源供应设施建设相对滞后，导致电网和燃气管网覆盖率低，供应能力不足。另一方面，传统的燃料利用方式也加剧了大气候变化和环境污染的问题，对农村地区的资源环境造成了更大的压力。为解决这一问题，可以加大对农村地区能源供应设施建设的投入，提高电网和燃气管网的覆盖率和供应能力。此外，可以推广可再生能源的利用，在农村地区建设适应当地资源特点的分布式能源系统，提高能源利用效率。同时，还可以加强能源管理和智能化技术的应用，优化能源供需结构，提高农村地区的能源供应稳定性。

二、乡村振兴战略的意义和目标

（一）实现农业现代化

农业现代化是指通过采用先进的农业技术，通过改良品种、科学管理等手段，提高农业生产效率和质量，实现农业生产方式的现代化和农业产业的发展。具体来说，可以从以下四个方面推进农业现代化。

1. 加大科技创新力度

加强农业科研机构与农民、企业之间的合作，推广应用先进的农业科技成果，提高农民、企业在种植、养殖、农机化等方面的技术水平。通过科技创新，可以提高农业生产效益，降低生产成本，提高农产品质量和安全性。

2. 加强农业基础设施建设

完善农田水利、农村电网、农产品仓储等基础设施建设，提高农村地区的灌溉条件、供电条件和农产品储存能力。同时，加大对农业机械化装备的投入，提高农业生产的自动化水平和生产效率。

3. 推进农业产业化发展

培育壮大农业龙头企业，推动农业生产向规模化、集约化、专业化方向发展。通过组织贫困农户建立合作社、家庭农场或农民专业合作社，加强农产品市场化运作，提高农业综合效益和农民收入水平。

4. 加强农产品质量安全监管

建立健全农产品质量安全监测体系，加强对农产品生产、加工、储运等环节的监管和检验、检疫工作。同时，提升农民的食品安全意识，加强农产品质量追溯体系建设，提供安全、健康的农产品供给。

（二）构建美丽乡村

美丽乡村建设是指通过改善农村自然环境、人居环境和文化环境，提升农村地区的整体品质和吸引力，实现乡村产业融合发展和农民生活质量的提高。

1. 加强农村环境整治

开展农村环境综合整治行动，治理农村生活污水、垃圾、秸秆等问题，改善农村环境卫生状况。加大农村生活垃圾分类处理和资源化利用力度，推动农村垃圾处理设施建设。

2. 注重乡村景观规划和建设

根据不同地区的自然和人文特色，制定相应的乡村景观规划，保护和提升乡村的自然景观、历史文化景观和农田景观。同时，注重农村建筑的风格与特色，鼓励传统文化的传承和乡土建筑的保护，打造具有地域特色的美丽乡村。

3. 加强农村旅游和休闲业发展

发挥农村的自然风光、农田景观、乡土文化等优势，开展农家乐、农业观光、乡村旅游等活动，吸引城市居民前往农村休闲观光，增加农民收入。

4. 加强农村文化建设

推动农村文化事业发展，开展文艺演出、传统节庆活动等，丰富农村居民的文化生活。注重文化遗产的保护和传承，挖掘乡土文化资源，提升农村文化内涵和品位。

（三）促进城乡一体化发展

城乡一体化发展是指通过优化资源配置、推进产业融合和人才流动，加强城乡规划和管理，实现城乡经济社会的协同发展和互利共赢。

1. 优化资源配置结构

通过扩大城市对农产品的需求，引导农村地区调整产业结构，发展特色农业、休闲农业、生态农业等新兴产业，提高农产品附加值和市场竞争力。同时，推动农村地区优质资源向城市转移，鼓励农民参与城市服务业和新兴产业的发展。

2. 促进城乡产业融合发展

推动城市企业和农村企业之间的合作，促进农村产业与城市产业的融合发展。鼓励城市企业投资兴办农产品加工、农业科技服务、农村电商等农业相关产业，提升农产品的附加值和市场竞争力。同时，支持农村企业向城市拓展，促进城乡产业链的衔接和互动，实现资源要素的优化配置和互利共赢。

3. 推进城乡规划和管理一体化

建立健全的城乡规划协调机制，统筹城乡土地利用、人口流动、建设用地等方面的规划和管理。推动城市规划与乡村建设相互配套，合理引导城市扩张，控制农村建设用地的过度扩张，实现城乡土地资源的合理利用。

4. 促进人才流动与交流

建立多层次、多领域的人才流动机制，鼓励城市人才到农村创业就业，提供优质公共服务和职业发展机会。同时，支持农村青年返乡创业就业，提供创业政策和资金支持，促进农村发展活力的释放。

通过促进城乡一体化发展，可以实现农村地区经济的转型升级，提高农民收入水平。同时，也可以促进城市经济的可持续发展，推动城市与乡村之间资源、人才、技术的互动交流与共享，实现城乡共同发展的良性循环。

第二节 乡村幼儿教育的现状与问题

一、乡村幼儿教育的现状描述

乡村幼儿教育是指在农村地区开展的针对3岁至6岁儿童的教育活动。目前，乡村幼儿教育有以下四种现状：

（一）教育资源不均衡

相对于城市地区，乡村地区的教育资源相对匮乏。第一，在基础设施建设方面，许多乡村幼儿园的条件较差，教室狭小，缺乏教学设备和教育资源。这主要是由于乡村地区经济发展水平相对较低，投入教育事业的资金有限导致的结果。第二，在师资力量方面，乡村地区缺乏高素质的教师，特别是缺少专业的幼儿教育人才。由于乡村地区相对偏远，吸引和留住高素质的教师存在一定的困难。为解决这些问题，可以加大对乡村地区教育的投入，改善基础设施条件，提供更多的教学设备和教育资源，并加强对乡村教师的培训和支持，提高他们的教育水平。

（二）教育质量参差不齐

一些乡村幼儿园的教育水平相对较低，师资力量不够强大，教学方法和内容与现代教育理念脱节。这导致乡村幼儿教育质量参差不齐，无法满足孩子们的学习需求。为提高乡村幼儿园的教育质量，相关部门可以加强对幼儿园教师的培训，为幼儿教师提供专业化的幼儿教育知识和教学技能的培养。同时，应该在学校引入先进的教学方法和教育理念，注重培养孩子们的综合素养和创新精神，促进其全面发展。

（三）家长教育观念较为陈旧

在一些乡村地区，家长对于幼儿教育的重视程度不高，教育观念较为陈旧。他们普遍认为孩子在家庭中生活得好就可以了，对于幼儿园教育的意义和重要性缺乏认识。为改变这种情况，政府或学校可以通过开展家长教育宣传活动，提高家长对幼儿教育的认识和重视程度。同时，建立家园合作机制，加强幼儿园与家长的沟通和互动，共同关注孩子的成长和教育。

（四）基础设施落后

由于乡村地区的基础设施建设相对滞后，很多地方的幼儿园面临着教室狭小、教学设备简陋等问题。这给幼儿教育的开展带来了许多不便和困扰，影响了教育质量。为解决这个问题，相关部门需要加大对乡村地区基础设施的投入，改善幼儿园的硬件条件。同时，可以通过政府和社会的力量，开展捐资助学活动，为乡村幼儿园提供更好的教学设备和教育资源，改善教育环境，提升教育质量。

二、乡村人才振兴相关政策

乡村振兴战略是党中央基于当今时代我国社会矛盾转移与变化作出的具体顶层设计和战略部署，将关系到6亿农民共同富裕的社会主义本质要求，将关系到“两个一百年”奋斗目标的实现，将贯穿于社会主义现代化建设的全过程。乡村振兴当以人才为本，现代农业的乡村振兴需要怎样的人才以及怎样的实现路径是需要关注的重点话题。乡村振兴离不开人才的支撑，党的十九大之前，我国已经出台一些相关文件。

（一）党的十九大之前有关乡村人才工作的相关文件与政策

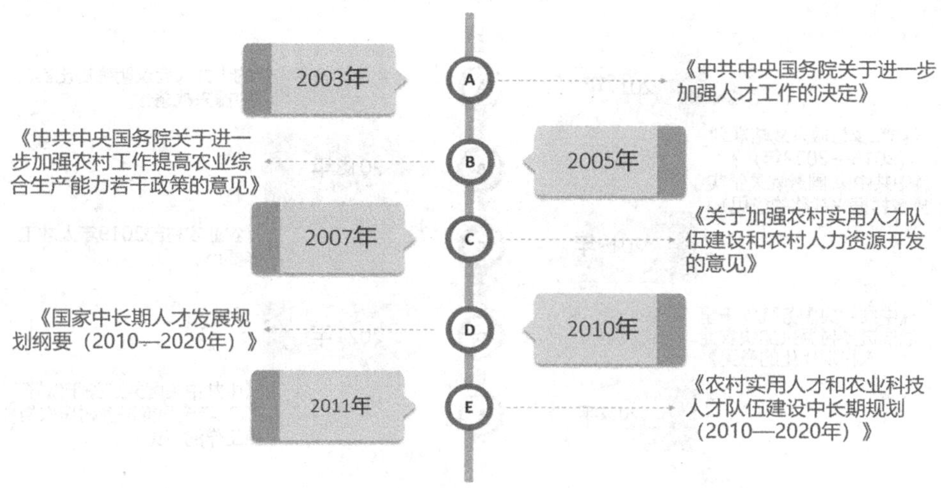

图1-2 党的十九大之前有关乡村人才工作的相关文件

2003年，国务院出台《中共中央国务院关于进一步加强人才工作的决定》一文中提出："根据推动农村经济社会发展和城乡协调发展的需要，大力加强农村科技、教育、文化、卫生和经营管理等实用人才队伍建设。""建立健全农村人才服务体系。"

2005年，《中共中央国务院关于进一步加强农村工作提高农业综合生产能力若干政策的意见》就提升农村劳动者素质，保障农村人才资源供给，促进农业现代化发展作出了重要指示。

2007年，《关于加强农村实用人才队伍建设和农村人力资源开发的意见》中提出："要努力形成正确的舆论导向，引导和鼓励城乡各方面人才面向'三农'，扎根农村，为建设社会主义新农村作出积极贡献。"

2010年，国务院出台《国家中长期人才发展规划纲要（2010—2020年）》中提到：实施引导人才向农村基层和艰苦边远地区流动政策。

2011年，我国《农村实用人才和农业科技人才队伍建设中长期规划（2010—2020年）》为加强农村人才队伍建设开创新局面。

（二）党的十九大以来有关乡村振兴的文件与政策

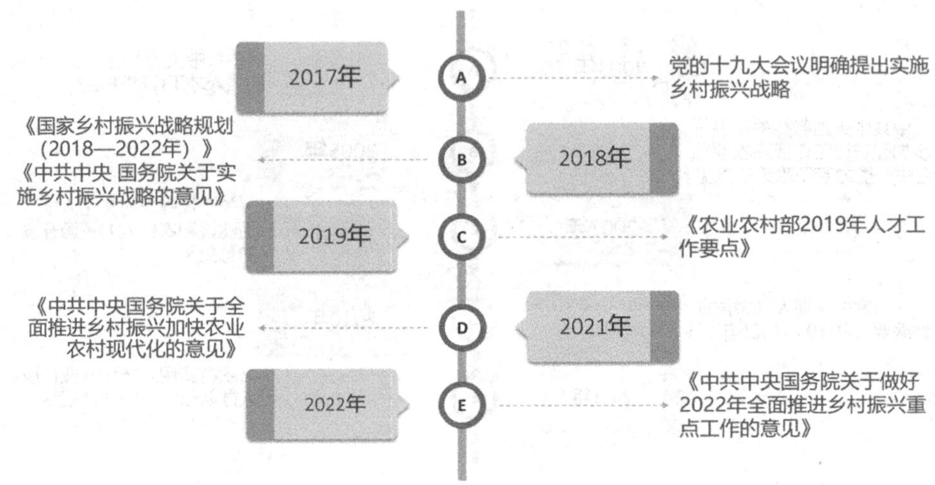

图 1–3　党的十九大以来有关乡村振兴文件

2017 年 10 月 18 日，习近平总书记在党的十九大会议上向全世界庄严宣布："经过长期努力，中国特色社会主义进入了新时代，这是我国发展新的历史方位。""我国社会主要矛盾已经转化为人民日益增长的美好生活需要和不平衡不充分的发展之间的矛盾。"这非常恰当地指出了我国社会主要形势的演变和发展。现阶段，我国发展的不平衡不充分问题主要表现在城乡区域发展不平衡、城乡居民收入分配不平衡等方面。改革开放 40 多年来，城市和乡村由于政策资金、要素资源、发展基础等方面的差异，城市和乡村之间经济水平差距逐步加大。乡村地区的群众满意度、生活质量、发展水平亟待提升。

在此背景下，党的十九大会议明确提出实施乡村振兴战略，顺应时代发展趋势，体现出大国之担当、民心之所向、历史之使命。

2018 年，《国家乡村振兴战略规划（2018—2022 年）》对乡村人才队伍建设作出重要战略部署。

2018 年，《中共中央国务院关于实施乡村振兴战略的意见》中指出，汇聚全社会力量，强化乡村振兴人才支撑。从大力培养新型职业农民、加强农村专业人才队伍建设、发挥科技人才支撑作用、鼓励社会各界投身乡村建设、创新乡村人才培育引进使用机制的角度来阐述乡村人才振兴的具体策略。

2019年，《农业农村部2019年人才工作要点》一文中指出：紧紧围绕实施乡村振兴战略、加快推进农业农村现代化，进一步加强农业农村人才队伍建设，不断强化乡村振兴的人才支撑。

2021年2月21日，中央一号文件《中共中央国务院关于全面推进乡村振兴加快农业农村现代化的意见》发布。文件明确指出，“民族要复兴，乡村必振兴”。将乡村振兴与中华民族伟大复兴挂钩并排，前所未有地拔高了乡村振兴的重要性。文件还着重提出，“将乡村人才振兴纳入党委人才工作总体部署”，“加快建设政治过硬、本领过硬、作风过硬的乡村振兴干部队伍”，突出了乡村人才振兴在乡村振兴战略中的关键作用。乡村振兴，人才先行。建设一支高素质、高标准的乡村人才队伍，对于“三农”工作和农村现代化发展，具有重要的推动作用。

2022年2月22日，中央一号文件《中共中央国务院关于做好2022年全面推进乡村振兴重点工作的意见》发布。如何推进乡村振兴和农业农村现代化，文中共列举出35项重点工作任务。其中第三十一条“加强乡村振兴人才队伍建设”，强调要“培养乡村规划、设计、建设、管理专业人才和乡土人才”，表明乡村振兴中需要建立全方位、多层次的乡村人才队伍体系。人才素质要求更高，既要会规划，也要会管理；既要着力培养专业人才，也要合理使用乡土人才，再次突出了乡村人才振兴的重要作用。

现代农业的发展需要与高学历及高素质人才进行匹配，传统意义上的农村劳动力职业技能匹配程度存在一定的局限性，已经不能完全适应现代农业发展的需求。所以明确现阶段乡村人才振兴状况，构建和完善乡村人才振兴的作用路径，才能不断为乡村振兴提供优质的人才资源与智力支撑。

第三节　乡村振兴对乡村幼儿教育的需求与促进作用

一、乡村振兴对乡村幼儿教育的需求

（一）对优质教育资源供给及完善的需求

在乡村地区，优质教育资源的缺乏是影响乡村幼儿教育发展的一个重要问题。主要原因包括人口流动和教育资源分配不均衡。首先，乡村地区的人口流动现象严重。由于农村劳动力转移就业的需求，许多年轻人选择离开农村前往城市谋求更好的生活机会。这导致了乡村地区人口锐减，使得乡村幼儿教育资源面临压力。相比之下，城市地区由于人口聚集，拥有更多的幼儿园和教育资源。其次，教育资源在乡村地区的分配不均衡。在现有的教育体制下，乡村地区的教育资源相对较少，主要集中在城市地区。乡村地区的幼儿园数量不足，而且设施设备、教学用具等方面的条件也相对较差。这导致了乡村幼儿教育的整体水平相对较低，影响了孩子们的学习与发展。

为了解决这个问题，乡村振兴战略需要关注提供更多的优质教育资源。应当加大对乡村地区幼儿园的建设投入，提高幼儿园的数量和质量。同时，需要配备现代化的教学设施和教学用具，为孩子们提供良好的学习环境和条件。此外，还需要培养更多专业的幼儿教师。乡村地区的教师队伍短缺，且整体素质相对较低。乡村振兴战略应当加强对乡村幼儿教师的培训和支持，提高他们的专业素养和综合能力。可以通过提供继续教育培训、制定激励政策等方式，吸引更多优秀人才投身于乡村幼儿教育事业。

（二）对教育环境提升与改善的需求

乡村地区幼儿教育环境的欠缺是影响乡村幼儿教育发展的一个重要问题。这主要表现在经济条件限制和基础设施不完善两个方面。首先，由于乡村地区经济水平相对较低，财力有限，很多乡村幼儿园的经营条件较为艰难。乡村振兴战略需要关注改善乡村幼儿教育的硬件设施，包括提供良好的教室、操场等场所。应

该加大政府投入，增加资金支持，改善乡村幼儿园的建筑结构和装备设施，使其能够提供舒适、安全的学习环境。其次，基础设施不完善是乡村幼儿教育环境欠缺改善的另一个关键问题。乡村地区交通不便、水电供应不稳定等基础设施问题，限制了幼儿教育的发展。乡村振兴战略可以加强基础设施建设，改善交通条件，保障水电供应，为乡村幼儿教育提供更好的基础保障。最后，还可以鼓励社会力量参与乡村幼儿教育环境的改善：可以引入社会资本，开展公私合作，吸引社会投资，提供更多优质的教育资源和服务；可以加强与城市幼儿园的合作交流，借鉴城市幼儿教育先进经验，提升乡村幼儿教育的整体水平。

（三）对教育质量不断提升的需求

乡村地区幼儿教育的质量问题是乡村振兴战略中需要解决的重要课题。主要表现在师资力量不足、教学方法滞后以及教育内容相对狭窄等方面。首先，乡村地区师资力量不足是导致教育质量低下的一个主要原因。乡村幼儿园普遍面临着缺乏专业幼教师资的问题，教师的素质和教学水平有待提高。针对这个问题，乡村振兴战略应该加强对乡村幼教师的培训和引进工作，提高他们的专业素质和教学能力。同时，可以通过建立师资交流平台、推进跨区域教师合作等方式，促进城乡幼教师的互动交流，提升教育整体水平。其次，乡村地区幼儿教育的教学方法相对滞后。在现今信息技术高度发展的时代，传统的教学方式已经无法满足孩子们的学习需求。因此，乡村振兴战略需要倡导创新教育理念，引入现代技术手段，推动教学模式的改革与创新。可以通过引进智能教育设备、推广在线教育平台等方式，提升教学效果和教学质量。此外，乡村地区幼儿教育的教育内容相对狭窄。在教育内容方面，应注重培养幼儿的多元智能、创造力和实践能力，注重实践教育的开展，引导幼儿学以致用。同时，要积极开展综合素质教育，注重培养幼儿的品德修养、社会责任感和团队协作能力等。通过拓宽教育内容的广度和深度，乡村幼儿教育将能更好地适应时代需求和社会发展。

二、乡村振兴对乡村幼儿教育的促进作用

（一）提升教育质量

乡村振兴战略的推进将为乡村幼儿教育带来更多的投入和政策支持，从而提

升乡村幼儿教育的整体质量。首先，可以通过建设现代化的幼儿园来改善学校的硬件设施，提供更好的学习环境和资源。现代化的幼儿园配备先进的教育设备和教学工具，可以提高教学效果，激发孩子们的学习兴趣。其次，乡村振兴战略可以引进先进的教育理念和方法，提升乡村幼儿教育的教学水平。可以组织幼儿教师的培训交流活动，让他们了解最新的教育理念和方法，并将其应用到实际教学中。同时，可以邀请专业的教育专家和学者到乡村进行指导，提供专业的教学支持。最后，乡村振兴战略还可以加大对乡村幼儿教育的投入，培养更多的专业幼儿教师。

（二）促进人才培养

乡村振兴战略将加大对乡村幼儿教育的人才培养力度，从而缓解乡村地区幼儿教师短缺问题，并提升整体教师队伍的素质水平。首先，可以通过设立相关专业课程来吸引更多的人才从事乡村幼儿教育工作。这些专业课程应该包括幼儿教育的理论知识和实践技能，并与实际的教学工作相结合，培养具备专业素养和实践能力的教师。其次，可以提供奖学金和培训机会，鼓励已从事幼儿教育的教师深造和进修。通过奖学金的设立，可以激励教师们积极参与学术研究和教学改革，不断提高自身的专业水平。同时，可以组织各类培训班和研修班，为乡村幼儿教师提供专业知识和实践技能的更新和提升。最后，还可以加大对乡村幼儿教师的培训力度，增强他们的教学技能和教育意识。可以组织定期的培训班和教学观摩活动，让教师们相互学习、交流经验，提高教学质量和效果。同时，可以邀请专业的教育专家和学者到乡村进行指导，提供专业的教学支持。

乡村振兴战略将通过鼓励人才回归乡村来促进乡村教育的发展。乡村振兴需要吸引更多的教育人才回归乡村从事幼儿教育工作，通过提供良好的待遇和发展机会，吸引优秀的幼儿教育人才留在乡村并投身于乡村幼儿教育事业，进而推动乡村幼儿教育的发展。

（三）促进教育均衡发展

乡村振兴战略应当注重缩小城乡教育差距，促进教育资源的均衡发展，特别是在乡村幼儿教育方面。第一，可以通过优化教育资源的配置，加大对乡村地区幼儿教育的投入。通过政府资金的支持，提高乡村幼儿教育的经费投入，改善教学设施和硬件条件，为乡村孩子们提供更好的接受教育的条件。第二，可以通过加强乡村与城市之间的教育合作，共享优质教育资源。可以建立乡村幼儿教育与城市幼儿教育的合作机制，通过远程教育、在线课程等方式，让乡村的幼儿也能够享受到城市教育的优质资源。同时，可以组织交流活动，让乡村幼儿教师有机会到城市进行学习和观摩，增强他们的教学水平和教育意识。

（四）增强乡村发展后劲

乡村振兴战略的实施将带动乡村地区经济的发展和社会的进步，为乡村幼儿教育提供更好的环境和资源，从而增强乡村幼儿教育的发展后劲。首先，乡村振兴战略将带来更多的经济投入和政策支持，为乡村幼儿教育提供良好的发展环境。政府可以通过资金支持和优惠政策，鼓励企业和社会力量参与到乡村幼儿教育的发展中，提供更多的资源和支持。这将有效解决乡村幼儿教育投入不足的问题，推动乡村教育事业的快速发展。其次，乡村振兴战略注重乡村经济的发展，提高乡村居民的收入水平和生活质量，为乡村幼儿教育创造更好的条件。随着乡村经济的发展，乡村社区的基础设施和公共服务设施也会得到改善，包括教育设施。这将为乡村幼儿教育提供更好的场所和资源，提升教学质量和教育体验。最后，乡村振兴战略需要注重乡村教育的特色和差异化发展，充分发挥乡村的资源和环境优势，通过开展特色教育活动和课程，培养孩子们的综合素质和乡村意识。乡村振兴战略的实施还将带动乡村文化的传承和乡村社区的发展，为乡村幼儿教育提供更多的文化和社会支持。乡村幼儿教育不仅仅是为了培养孩子们的学习能力，更是为了传承乡村的文化和价值观念。通过加强对乡村文化的教育和传承，可以培养孩子们对乡村的热爱和认同感，促进乡村文化的传承和振兴。

第二章　乡村幼儿教师的角色定位与能力要求

第一节　乡村幼儿教师的角色定位

一、乡村幼儿教师的角色定位和职责

（一）角色定位

乡村幼儿教师是乡村教育事业中的重要组成部分，承担着培养和教育乡村幼儿的责任。他们是孩子们的第一任教师，不仅要传授知识，还要关注孩子们的情感和心理发展，给予孩子们一定的心理支持，引导和塑造孩子们的品德、价值观和社会行为习惯，培养孩子们的乡土意识和文化自豪感，为他们的全面发展奠定坚实的基础。幼儿教师也不仅仅是教育工作者，还是乡村社会发展的推动者。他们通过教育幼儿的积极参与和社会实践，培养他们的社会责任感和创新创业精神，为乡村振兴做出贡献。

（二）职责

乡村幼儿教师作为教师队伍的重要成员，作为孩子在幼儿阶段成长启蒙的重要引导人，其职责主要有以下五方面：

1. 制订和执行教育教学计划

幼儿教师针对乡村幼儿的特点和需求，制订并执行适合他们的教育教学计划，确保教学内容科学、完整、针对性强。针对乡村幼儿的具体情况和特点，教育教学计划可以包括培养生活自理能力、保护环境意识、养成良好的卫生习惯等方面的内容。通过系统的教学计划，可以帮助乡村幼儿全面发展，提高他们的综合素质水平。

2. 进行教学活动

幼儿教师在教学过程中，采用多种教学方法和手段，开展富有趣味性和互动性的教学活动，吸引乡村幼儿的注意力，激发他们的学习兴趣。幼儿教师可以通过游戏、音乐、绘画等方式，培养幼儿的观察力、判断力、动手能力和语言表达能力。同时，注重启发式教学，倡导幼儿主动探究和解决问题的能力，培养其创新思维和动手实践能力。

3. 关注幼儿的个别差异

幼儿教师要了解每个乡村幼儿的特点、兴趣和需求，关注他们的发展变化，并针对性地提供个别指导和教育。教师要耐心倾听幼儿的想法和需求，根据幼儿的能力差异，设计不同的学习任务和活动，促进幼儿的个体发展。同时，通过及时的观察和评估，及时调整教学策略，确保乡村幼儿得到个性化的教育和关注。

4. 培养良好的行为习惯

在教育过程中，幼儿教师要注重培养乡村幼儿良好的行为习惯。教育幼儿遵守纪律、尊重他人、团结合作等良好的行为习惯，培养其积极向上、自主学习和自我管理能力。通过制定规范的幼儿园生活规则和行为准则，并与幼儿家长共同落实，建立起良好的行为习惯和价值观念。

5. 与家长的沟通合作

幼儿教师要与家长建立良好的沟通渠道，了解乡村幼儿在家庭中的情况和需求，与家长共同关注幼儿的成长和发展。教师可以通过家访、家长会等形式，向家长传达幼儿在学校的表现和进步情况，并征求家长的意见和建议。教师通过与家长的密切合作，形成学校、教师和家长共同育人的良好局面，促进乡村幼儿教育的健康发展。

二、乡村幼儿教师在乡村振兴中的重要性

（一）教育乡村未来

乡村幼儿教师是乡村教育的中坚力量，他们直接参与乡村孩子的教育和成长过程，塑造乡村孩子的价值观。乡村幼儿教师通过提供优质的幼儿教育，培养乡村地区的未来人才，为乡村振兴注入活力和动力。

乡村幼儿教师应当关注乡村教育的特点和需求，针对乡村环境中的资源匮乏和教育条件落后等问题，采用创新教学方法和策略。他们需要了解乡村幼儿的背景和特点，因材施教，注重培养乡村幼儿的实际能力和综合素质，促进其全面发展。

乡村幼儿教师还应注重培养乡村孩子的创新思维和实践能力，通过创设丰富多样的教育活动和体验课程，引导幼儿主动探索、实践和合作，培养其独立思考和解决问题的能力。这些都将有助于激发乡村孩子的学习兴趣和创造力，为乡村的发展注入新的活力。

（二）促进教育公平

乡村幼儿教师的工作对于促进教育公平具有重要意义。他们在乡村地区为每个孩子提供平等的教育机会，弥补城乡教育差距，消除贫困地区教育资源的不平等现象，促进乡村教育的均衡发展。

乡村幼儿教师应当积极争取和利用教育资源，改善乡村学校的基础设施和教学条件，确保教育资源的公平分配。他们还需要关注乡村家庭的经济状况和生活环境，因材施教，在教学过程中理解和尊重每个孩子的背景，给予特殊关注和支持。

乡村幼儿教师还应加强与家长的沟通合作，培养家长对教育的重视和参与，共同促进孩子的全面发展。通过建立良好的家校合作机制，共同关注孩子的学习和成长情况，及时解决教育过程中的问题和困难，为每个孩子提供平等的教育机会。

（三）传承乡村文化

乡村幼儿教师是传承乡村文化的重要一环。他们通过教育活动和课堂教学，向幼儿传递乡土文化、民间传统和乡村价值观念，培养幼儿对乡村文化的认同感和继承传承意识。

乡村幼儿教师可以通过组织丰富多彩的文化体验活动，让孩子们亲身感受乡村文化的魅力。他们可以带领幼儿参观乡村的传统建筑、农田和乡土手工艺品等，让幼儿了解乡村的历史、风土人情和生活方式。

在课堂教学中，乡村幼儿教师应加强对乡村文化的介绍和解读。通过讲授民间故事、传统乐曲、民俗节日等课程内容，使幼儿对乡村文化产生浓厚的兴趣，并逐渐形成对乡村文化的认同感和尊重。

通过以上工作，乡村幼儿教师将成为乡村文化传承的重要力量，为乡村地区的文化保护和发展做出积极贡献。

（四）促进社会稳定

乡村幼儿教师的工作对于促进乡村社会的稳定具有重要作用。他们通过培养孩子良好的品德和行为习惯，提高其社会责任感，塑造其积极向上的价值观，从而成为乡村社会建设稳定的基石。

乡村幼儿教师是孩子们成长过程中的引路人和榜样，在他们身上注入了道德与伦理的教育。乡村幼儿教师不仅传授知识，更注重培养孩子的品格和人格，引导他们树立正确的价值观。通过开展道德教育，培养礼仪规范，乡村幼儿教师能够帮助孩子们树立正确的行为准则，使他们具备尊重他人、友善待人、团结合作等良好的行为习惯。这些价值观和行为规范的培养不仅可以提高孩子们的社会适应能力，还有助于培养他们的公民意识和社会责任感，使他们成为乡村社会建设稳定的基石。

乡村幼儿教师还可以通过开展社会实践和志愿服务等活动，引导孩子们参与社区建设和社会公益事业。在这个过程中，孩子们可以深入了解乡村社会的现状与需求，关心他人、关注社会问题，并主动参与到改善社会环境的行动中去。这种参与和贡献的经历能够培养孩子们的社会责任感和公民意识，让他们明白自己对社会的重要性，从而更加积极地为社会稳定和发展做出贡献。

（五）推动乡村发展

乡村幼儿教师的工作与乡村振兴战略紧密相关。他们通过提供优质的幼儿教育，培养素质全面的乡村人才，为乡村振兴提供人力资源支撑，推动乡村社会经济的发展。

乡村幼儿教师的职责之一是提供优质的幼儿教育。他们注重培养孩子们的认知、语言、动手能力等多个方面的发展，关注孩子们的兴趣和特长，给予他们全方位的培养与关爱。在教学中，乡村幼儿教师采用寓教于乐的方式，通过丰富多彩的活动和游戏，激发孩子们的学习兴趣和创造力。这种全面的教育能够培养孩子们的综合素质和创新思维，为乡村振兴提供有智力支撑的人才。

同时，乡村幼儿教师还可以开展与乡村发展相关的教育内容，如农业知识、生态环保等。通过引导孩子们了解乡村的特点、资源和优势，培养他们对农村经济的理解和认同，并激发他们参与农业生产和乡村建设的热情。孩子们在参与实践中亲身体验乡村发展带来的机遇和挑战，增强他们对乡村振兴的信心和使命感，将来能够为乡村的经济社会发展做出积极贡献。

第二节　乡村幼儿教师的专业知识与技能要求

一、乡村幼儿教师应具备的专业知识

（一）幼儿发展心理学知识

乡村幼儿教师需要了解幼儿在不同年龄阶段的生理和心理特点，熟悉幼儿的认知、语言、社会情感等方面的发展规律，从而能够更好地指导和促进幼儿的全面发展。

在幼儿发展心理学领域，乡村幼儿教师首先需要了解幼儿的生理发展特点。幼儿在不同年龄阶段呈现出明显的身体发育和功能成熟的变化，例如，幼儿的大脑发育、肢体协调能力、感官觉知等都会随着年龄的增长逐渐提升。了解这些生理特点可以帮助教师制定适合幼儿的教学活动和运动训练，有助于促进幼儿身体的健康发展。

乡村幼儿教师还需要了解幼儿的心理发展特点。幼儿心理发展包括认知、语言、社会情感等多个方面。认知发展是指幼儿对外界事物的认识和思维方式的逐渐形成。乡村幼儿教师需要了解幼儿在不同年龄阶段的认知特点，例如幼儿的感知能力、记忆力、思维方式等，以便针对性地设计教学活动和学习任务，促进幼儿的认知发展。

乡村幼儿教师还应该熟悉幼儿的语言发展。幼儿的语言能力对于他们的沟通交流、思维表达和社交行为都具有重要意义。了解幼儿语言发展的规律，可以帮助教师创设丰富的语言环境，激发幼儿的语言表达兴趣和能力。

除了认知和语言发展，社会情感发展也是幼儿发展的重要方面。幼儿正处于社会化过程中，乡村幼儿教师需要了解幼儿在与人交往和社会互动中的特点和需

求，关注幼儿的情感体验和社会行为规范的塑造，培养幼儿的社会适应能力和人际交往技巧。

（二）幼儿教育学理论知识

乡村幼儿教师应该熟悉幼儿教育学的基本理论，包括教育目标、教育原则、教育方法等方面的知识。这些理论知识可以帮助幼儿教师合理规划教学活动，制订适合幼儿成长的教育计划。

乡村幼儿教师需要了解幼儿教育的核心目标。幼儿教育的目标是培养幼儿的综合素质和全面发展，包括认知、语言、动手能力等多个方面。了解这些目标可以帮助教师明确教育的方向和重点，在教学中注重培养幼儿的多元智能和创新思维。

教育原则是指教师在实施教育活动时应遵循的基本原则。乡村幼儿教师需要了解和应用一些重要的教育原则，如因材施教、循序渐进、个别差异等。这些原则可以指导教师根据幼儿的个体差异和发展需求，因材施教，创设适宜的教育环境和情境，促进幼儿的学习和发展。

乡村幼儿教师还需要熟悉一些有效的教育方法。教育方法是指教师在教学过程中采用的具体手段和策略。对于幼儿教师来说，灵活多样的教育方法可以激发幼儿的学习兴趣和积极性，提高教学效果。例如，游戏教学、体验式教学、合作学习等方法都是幼儿教育中常用的有效教育方式。

通过了解幼儿发展心理学知识和幼儿教育学理论知识，乡村幼儿教师可以更好地理解幼儿的成长规律和教育需求，制定科学、有效的教育方案，引导幼儿实现全面发展。这也为乡村幼儿提供了优质的教育资源，帮助他们克服教育不平等现象，获得更好的发展机会。同时，乡村幼儿教师还应不断学习和更新教育理论知识，与时俱进，提高自身的教育素养和专业水平。这样才能更好地履行教师的职责，为乡村幼儿的成长和发展贡献自己的力量。

（三）儿童文学和艺术教育知识

乡村幼儿教师需要了解儿童文学和艺术教育的基本知识，包括优秀的儿童文学作品、绘画、音乐等方面的知识。这样可以开展丰富多彩的文学和艺术活动，促进幼儿的审美、想象和创造能力的发展。

优秀的儿童文学作品对幼儿的成长具有重要影响。乡村幼儿教师应该了解经典的儿童文学作品，如《安徒生童话》《格林童话》等，以及国内外优秀的儿童文学作品，如莫泊桑的《小王子》、路易斯·卡罗尔的《爱丽丝梦游仙境》等。通过讲故事、读绘本等方式，教师可以引导幼儿走进文学世界，培养他们的阅读兴趣和阅读能力，同时扩展他们的想象力和思维能力。

乡村幼儿教师还需要了解绘画和音乐等艺术教育的基本知识。绘画是幼儿自我表达和情感释放的一种方式，能够培养幼儿的观察力、创造力和手眼协调能力。教师可以通过教授简单的绘画技巧和欣赏优秀绘画作品的方式，引导幼儿进行绘画创作，激发他们的艺术天赋。音乐也是幼儿艺术教育中重要的一部分，有助于培养幼儿的听觉感知和音乐表达能力。教师可以教授幼儿简单的音乐知识，如音高、节奏等，引导他们参与音乐活动，培养他们的音乐欣赏和表现能力。

通过开展丰富多彩的文学和艺术活动，乡村幼儿教师能够促进幼儿的审美、想象和创造能力的发展。例如，教师可以组织绘画比赛、文学演讲比赛、音乐欣赏会等活动，让幼儿展示自己的才艺，培养他们对艺术的热爱和追求。同时，教师还可以通过讲述和阅读优秀儿童文学作品，激发幼儿的想象力，培养他们的创造思维和表达能力。这样的活动不仅能够提高幼儿的艺术修养，还能够培养他们的情感、社交和合作能力，促进他们全面发展。

（四）基础教育课程知识

乡村幼儿教师应该熟悉幼儿园的基础教育课程内容，包括语言、数学、科学、体育等方面的知识。只有掌握了这些知识，才能够为幼儿提供全面的教育，促进他们的综合素质的发展。

语言是幼儿沟通和表达的工具。教师应该了解语言教育的基本原则和方法，如启发式教学、情境教学等，在日常教学中引导幼儿正确运用语言，培养他们的听说读写能力。数学是培养幼儿逻辑思维和数学概念的重要学科。教师应该了解幼儿数学教育的发展特点和方法，通过游戏和实践活动培养幼儿的数学思维和解决问题的能力。科学教育可以开阔幼儿的科学视野，培养他们的观察力、探索精神和科学思维。教师应该了解科学教育的基本原理和实践方法，通过实验和探究活动引导幼儿主动参与科学学习，培养他们的科学素养。体育教育是培养幼儿身体素质和健康意识的重要环节。教师应该了解幼儿体育发展的规律和方法，通过游戏和运动活动培养幼儿的协调能力和团队合作精神。

乡村幼儿教师在教学中需要根据幼儿的发展特点和需求，灵活运用这些基础教育课程知识。通过设计丰富多样的教学活动，如小组讨论、角色扮演、游戏等，教师可以激发幼儿的学习兴趣，提供多样化的学习机会。例如，在语言教育中，教师可以通过故事讲解、诗歌朗诵等方式培养幼儿的语言表达能力和阅读理解能力。在数学教育中，教师可以设计数学游戏和实践活动，让幼儿亲身体验数学知识的应用和意义。在科学教育中，教师可以组织观察、实验和探究活动，让幼儿主动参与科学探索，培养他们的科学精神和问题解决能力。在体育教育中，教师可以引导幼儿参与各种运动游戏和体育活动，培养他们的协调能力、身体素质和团队合作意识。

除了基础教育课程，乡村幼儿教师还应该关注幼儿的综合素质发展。教师可以注意幼儿的心理健康、道德品质、艺术修养等方面的培养，通过情感教育、品德培养和艺术活动等方式，促进幼儿的全面发展。

二、乡村幼儿教师应具备的教学技能和方法

（一）激发幼儿学习兴趣的能力

乡村幼儿教师应该具备通过多种方式和方法激发幼儿的学习兴趣的能力。幼儿时期是一个好奇心旺盛、善于探索的时期，因此，教师应该利用这个特点，创造出有趣、吸引人的学习环境，以激发幼儿的学习兴趣。

游戏教学是一种有效地激发幼儿学习兴趣的方法。通过设计丰富多样的游戏活动，将学习内容融入其中，可以使幼儿在游戏中不知不觉地学到知识，提高学习效果。例如，在学习字母时，可以设计各种拼字游戏，让幼儿通过游戏中的互动和竞赛，积极参与学习。

实践活动也是激发幼儿学习兴趣的重要手段。通过亲身参与各种实践活动，幼儿可以深入了解事物的本质和运作原理，增强对知识的理解和记忆。例如，在学习植物的生长过程时，可以组织幼儿亲自动手种植，观察植物的生长变化，从而培养他们对自然科学的兴趣。

情景模拟也是一种有效地激发学习兴趣的方式。通过模拟真实场景，让幼儿扮演其中的角色，参与到情境中去，可以增强他们的学习体验和参与感。例如，在学习社会交往技能时，可以设置一个小型超市情景，让幼儿扮演顾客和售货员的角色，进行购物和交流，培养幼儿的沟通能力和合作精神。

（二）知识传授和能力培养的能力

乡村幼儿教师应该善于传授知识和培养能力，通过灵活多样的教学方法，帮助幼儿掌握基础知识和技能，并培养他们的观察力、思维能力、创新意识和合作精神。

教师应该注重基础知识的传授。乡村幼儿教师应该熟悉幼儿发展阶段的特点，合理设置教学目标，并通过讲解、演示、展示等方式向幼儿传授基础知识。例如，在教授数字和计数时，可以用具体的物品进行示范，让幼儿亲自操作，从而帮助他们理解和掌握数字的概念和计数方法。

培养能力是乡村幼儿教师的重要任务之一。除了传授知识外，教师还应该注重培养幼儿的观察力、思维能力、创新意识和合作精神。例如，在进行科学实验时，可以引导幼儿观察现象、提出问题，并帮助他们进行推理和实验设计，培养他们的科学思维和创新能力。同时，在合作活动中，教师可以鼓励幼儿互相帮助、协作完成任务，培养他们的合作精神和团队意识。

（三）个别化和差异化教学的能力

对于乡村幼儿教师来说，个别化和差异化教学的能力是非常重要的。幼儿在成长过程中存在着差异性，包括兴趣爱好、学习风格、认知能力等方面的差异。了解每个幼儿的差异性，并根据其特点和需求进行个别化和差异化的教学，可以更好地促进幼儿的学习和发展。

个别化教学是指根据幼儿的个体差异和发展需求，有针对性地设计教学内容和教学方法，以满足幼儿的学习需求，激发幼儿的发展潜力。乡村幼儿教师可以通过观察和了解幼儿的兴趣爱好、学习方式等，进行个体化教育计划的制订和实施。例如，对于喜欢音乐的幼儿，可以针对性地增加音乐课程的安排和活动，培养他们的音乐才能；对于对数学感兴趣的幼儿，可以提供一些数学拓展活动，激发他们的数学思维能力。

差异化教学是指在教学过程中根据幼儿的不同水平和能力，分组或针对性地进行教学安排。乡村幼儿教师可以根据幼儿的认知、语言、动手能力等方面的差异，将幼儿分组进行教学，以保证每个幼儿都能在适合自己能力水平的教学环境中充分发展。例如，在语言表达能力较弱的幼儿中，可以采用小组活动的方式，通过互动交流来促进他们的语言发展；对于数学能力较弱的幼儿，可以提供额外的辅助练习和个别指导，帮助他们提高数学水平。

在实施个别化和差异化教学时，乡村幼儿教师需要具备一定的专业知识和能力。第一，教师需要具备对幼儿发展心理学的深入了解，了解幼儿在不同年龄段的认知、语言、社交等方面的发展特点和规律，以便更好地进行个别化和差异化教学。第二，教师还应熟悉各种教育评估工具和方法，可以通过评估幼儿的学习水平和能力，为个别化和差异化教学提供科学依据。

（四）教育资源整合和利用的能力

由于乡村地区的教育资源相对匮乏，教师需要善于发掘周边环境和社会资源，将其融入教学中。例如，教师可以利用农田、田园、村落等自然环境开展实地观察和调查活动，让幼儿亲身体验和感知自然；可以利用当地的文化传统、手工艺等进行教学，激发幼儿对乡土文化的兴趣。此外，教育技术在乡村幼儿教育中的应用也非常重要，乡村幼儿教师应掌握一些基本的教育技术手段，如多媒体教学、电子资源利用等，帮助幼儿更好地接触和利用教育资源。

三、乡村幼儿教师应具备的课程设计和评估能力

（一）教学目标确定和课程设计的能力

乡村幼儿教师需要具备教学目标确定和课程设计的能力，这是教学工作的基础。教学目标的确定是为了明确教学的方向和要求，让幼儿在教学过程中获得有效的学习成果。乡村幼儿教师应该根据幼儿的特点、年龄阶段和发展需求，结合教材要求和实际情况，制定符合幼儿发展规律的教学目标。

教师需要对每个教学目标进行具体、明确和可操作化的描述，以确保教学目标的科学性和可达成性。在确定教学目标时，乡村幼儿教师可以参考教育部颁布的幼儿教育课程标准和教育要求，结合乡村幼儿的实际情况和需求，制定适合的

教学目标。

课程设计是指根据教学目标，有针对性地选择和安排教学内容、教学方法和教学资源，组织和设计一系列教学活动的过程。乡村幼儿教师应灵活运用多种方法和工具，结合幼儿的特点和需求，设计丰富多彩、互动性强的课程。

在课程设计中，乡村幼儿教师应根据幼儿的认知特点和学习风格，选择适合幼儿的教学方法和策略。例如，可以通过情境故事、角色扮演等方式，激发幼儿的学习兴趣和积极性；可以利用多媒体教具、音频视频等提供多样化的教学资源，丰富教学内容。

乡村幼儿教师还应注重教学环节的衔接和过渡，使幼儿能够在一个有机的整体中进行学习。他们可以通过课堂讲授、小组合作、游戏探究等形式，培养幼儿的综合能力和创造力。

（二）教学活动组织和实施的能力

乡村幼儿教师需要具备组织和实施教学活动的能力，以营造良好的学习氛围和激发幼儿的学习主动性。教师可以通过合理的活动安排和引导，让幼儿在积极参与中学习和成长。

在组织教学活动时，乡村幼儿教师可以采用多种形式，如小组合作、集体活动、游戏探究等。这些教学活动既能够满足幼儿的学习需求，又能够培养幼儿的合作精神和社交能力。

对于幼儿来说，游戏是一种非常有效的学习方式。乡村幼儿教师可以利用游戏的特点，设计一系列具有挑战性和趣味性的活动，激发幼儿的好奇心和求知欲，增强他们的学习动力。

乡村幼儿教师还应注重学习环境的创设和管理，为幼儿提供一个良好的学习场所。教师可以将教室布置得温馨舒适，设置各种丰富多样的教具和教学资源，为幼儿营造一个积极、主动的学习氛围。

（三）教学评估和反馈的能力

乡村幼儿教师应该具备教学评估和反馈的能力，以及时了解幼儿的学习情况和参与度，对学习成果进行评价和反馈。教师可以通过观察、记录、作品展示等方式，对幼儿的学习过程和学习成果进行评估。

教学评估的目的是了解幼儿在学习中的进步和问题，从而调整教学策略和方法，提高教学效果。乡村幼儿教师可以根据评估结果，针对幼儿的不同需求和困难，提供个性化的辅导和指导，帮助幼儿克服学习障碍，进一步提高学习水平。

教师还应注重对幼儿学习过程和学习方法的评估和引导。乡村幼儿教师可以帮助幼儿建立良好的学习习惯和学习策略，培养他们的自主学习能力和解决问题的能力。教师可以提供学习技巧和方法，引导幼儿进行积极的学习探索，培养他们的自主学习和解决问题的能力。同时，教师还应及时对幼儿的学习过程进行反馈，鼓励他们的努力和进步，激发他们的学习动力和兴趣。

在评估和反馈过程中，教师需要注重客观、公正和细致。评估不仅仅是对学习成果的检查，更应该关注幼儿的学习过程、习惯和思维方式等方面。教师可以通过记录观察、作品展示、口头反馈等方式，全面了解幼儿的学习情况，为他们提供准确的评价和指导。

在给予反馈时，教师应遵循尊重、鼓励和引导的原则。积极的反馈能够增强幼儿的自信心和积极性，激发他们的学习热情。同时，教师还应帮助幼儿认识到自己的成长和进步，并指导他们制定学习目标和规划，促进他们的自我管理和自我评价能力的发展。

（四）教学成果的评价和总结能力

乡村幼儿教师作为教育工作者，评价和总结幼儿的学习成果是非常重要的。评价和总结能够帮助教师更好地了解幼儿的学习情况，及时调整教学策略，提高教学效果。同时，对幼儿的学习成果进行准确的评价和全面的总结，可以给予他们正确的鼓励和建议，帮助他们进一步提高自己的学习能力和素质。

乡村幼儿教师在评价幼儿的学习成果时，应该采用多种评价方法和工具，综合考查幼儿的学习成果，这里列举两种评估方法。第一，幼儿教师可以通过观察、记录和检查幼儿的学习表现，了解他们的学习进度和学习态度。例如，观察幼儿们在课堂上的参与度、注意力集中程度，记录他们在学习过程中的问题和困难等。第二，幼儿教师还可以组织一些小测验或考试，评估幼儿们在学科知识和技能方面的掌握情况。除了定量评价，教师还应运用定性的评价方法，如幼儿们的作品展示、口头表达等，以全面了解他们的学习成果。

评价幼儿的学习成果只是第一步，教师还应该能够对幼儿的阶段性学习情况进行总结和分析。通过总结，教师可以发现幼儿在哪些方面存在问题或优势，并针对性地提出相应的建议和措施。教师可以将幼儿的学习情况和表现与自己设定的教学目标进行比较，分析幼儿的优势和不足之处，并制订相应的个别化或差异化教学计划。同时，教师还应该与幼儿的家长进行沟通，向他们介绍幼儿的学习情况和需要改进的方面，共同制订合理的学习目标和计划。

（五）学科交叉和综合评价的能力

学科交叉和综合评价是乡村幼儿教师应具备的能力之一。在幼儿园教育中，学科相关性很弱，而学科交叉和综合评价可以使学习更具整体性和综合性。乡村幼儿教师需要具备跨学科教学和评价的能力，将不同学科的知识和技能进行整合和融合，培养幼儿的综合素质。

乡村幼儿教师可以通过跨学科的教学设计，将不同学科的内容和技能进行有机结合。例如，在探究自然现象的活动中，可以引入科学知识、数学计量等学科，让幼儿通过观察、测量、记录等实际操作，培养他们的观察力、分析力和解决问题的能力。在艺术活动中，可以融入音乐、美术等学科元素，帮助幼儿提高审美能力和创造力。

综合评价不仅要考查幼儿在各学科上的学习成果，还要对幼儿的综合素质进行评价。乡村幼儿教师可以制定相应的评价标准，并根据幼儿的表现和成果进行综合评价。例如，评价幼儿的语言表达能力可以包括他们在口头表达、书面表达、听说读写等方面的表现，评价幼儿的社交能力可以包括他们是否能够与他人合作、分享、关心他人等。通过综合评价，可以更全面地了解幼儿的学习情况和发展情况，为他们提供更全面和个性化的发展指导。

（六）自我评价和专业发展的能力

自我评价和专业发展的能力是乡村幼儿教师必备的素质之一。自我评价是教师对自己教学行为和效果进行反思和评估的过程，可以帮助教师发现自身的优势和不足，进而改进教学方法和提高教育教学水平。乡村幼儿教师应该具备主动反思的习惯，定期对自己的教学实践进行评估，总结教学中的成果和经验，发现可以改进的地方，并制订相应的教学改进计划。

乡村幼儿教师还应了解最新的教育政策和教学理念，及时更新自己的知识和教学方法。教师可以通过参加教育培训、研讨会等活动，与其他教师进行交流和分享，互相借鉴和学习，提升自己的专业素养和教育教学能力。同时，教师还应关注教育研究的最新成果，了解前沿的教育理论和方法，应用到自己的教学实践中。

乡村幼儿教师还应该积极参与专业发展活动，持续提升自身的教学水平。他们可以加入教研组织或专业协会，与同行一起研究和探讨教育问题，分享教学经验和教育资源。通过参与教研活动，可以拓宽视野，获取更多的教学资源和灵感，提高自己的教学效果和专业水平。

乡村幼儿教师在自我评价和专业发展方面还可以利用现代科技手段，开展在线学习和教育资源的获取。例如，可以参与在线教育平台的课程学习，通过观看教学视频、参与在线讨论等方式，不断更新自己的知识和教学技能。此外，可以利用互联网上的教育资源，获取最新的教材、教案、教学设计等，丰富自己的教学内容和方法。

第三节 乡村幼儿教师的心理素质与人际沟通能力要求

一、乡村幼儿教师应具备的心理素质

（一）耐心和耐性

乡村幼儿教师需要有耐心和耐性来应对幼儿的各种特点和行为。幼儿阶段是一个充满好奇心、活泼好动的阶段，他们对新事物充满了探索欲望，经常会有无法控制自己的行为。在面对这样的情况时，教师不能因为幼儿的行为不守规矩而产生焦虑或失去耐心，而是要用耐心引导和指导幼儿。例如，当幼儿追逐玩耍时，教师可以通过游戏安排，引导幼儿进行有规则的游戏，培养他们的团队意识和合作精神。当幼儿表达方式不合适时，教师要有耐心去倾听，引导他们学会用正确的方式表达自己的需求和情感。只有教师具备耐心和耐性，才能与幼儿建立良好的师生关系，有效地开展教育教学工作。

（二）爱心与关怀

乡村幼儿教师应该对每个幼儿都充满爱心与关怀。幼儿正处于成长发展的关键时期，需要教师给予他们温暖和鼓励，关注他们的身心健康和成长发展。教师要经常与幼儿进行沟通交流，了解他们的需求和问题，耐心倾听他们的心声。例如，当幼儿在学习或生活上遇到困难时，教师要提供及时的帮助和支持，让他们感受到被关心和重视。教师还应关注幼儿的情感变化，引导幼儿正确处理情绪，培养他们积极向上的心态。通过爱心和关怀，教师可以建立起师生之间的良好关系，促进幼儿全面而健康地成长。

（三）观察力和洞察力

乡村幼儿教师需要善于观察和洞察幼儿的行为和表情，能够准确地了解幼儿的需求和情绪状态。通过观察，教师可以获取更多的信息，根据幼儿的表现来调整教学内容和方式，保障幼儿的身心健康与发展。例如，当幼儿在学习中出现困惑或不理解时，教师可以通过观察幼儿的表情和行为来判断他们的学习状态，并及时给予帮助和指导。教师还可以通过观察幼儿的日常活动，了解他们的兴趣爱好和特长，为他们提供更有针对性的教育资源和支持。观察力和洞察力是乡村幼儿教师必备的能力，只有深入了解幼儿，才能更好地开展个性化教育。

（四）循循善诱的调节能力

乡村幼儿教师需要具备循循善诱的调节能力，面对幼儿可能出现的不良行为或情绪反应时，要冷静处理，不激化矛盾，善于正确引导和调节，找到适合幼儿的解决方法。幼儿在成长过程中难免会出现情绪波动和行为问题，教师要以平和的心态面对，用温和的语言和方法引导幼儿。例如，当幼儿情绪失控时，教师可以通过安抚和倾听来理解幼儿的情感需求，帮助他们平静下来。当幼儿出现冲突或争吵时，教师要及时干预，采取合适的方法解决问题，培养幼儿的合作与沟通能力。只有具备忍耐力和调节能力，教师才能有效地引导幼儿走向正确的成长道路，促进他们全面发展。

二、乡村幼儿教师应具备的人际沟通能力

（一）与幼儿的沟通能力

乡村幼儿教师作为孩子们的引路人和启蒙者，需要具备良好的与幼儿进行有效沟通的能力。这种沟通能力不仅包括语言表达的清晰和准确，还包括倾听和理解幼儿的需求和意见，并给予积极的反馈和建议，以建立良好的师生关系。

教师应该使用简单明了的语言与幼儿进行交流。幼儿的语言能力和理解能力有限，教师需要通过清晰、简单的语言表达自己的意思，确保幼儿能够理解并回应。在与幼儿交流时，教师可以使用肢体语言、面部表情和声音的变化来增强沟通效果，使幼儿更好地理解。

教师应该倾听和关注幼儿的需求和意见。幼儿在成长过程中有各种各样的需求和想法，教师应该主动倾听他们的心声，并尊重他们的意见。教师可以通过与幼儿互动、提问和观察，了解他们的兴趣爱好、困惑和需求，以便更好地满足他们的学习和成长需求。

教师应该给予积极的反馈和建议。在幼儿的行为和表现中，教师可以及时发现并鼓励幼儿的优点和进步，增强他们的自信心和积极性。同时，教师也要善于引导和提供建议，帮助幼儿改进不足之处，激发他们的学习动力，提高学习效果。

（二）与家长的沟通能力

乡村幼儿教师不仅需要与幼儿进行有效沟通，还需要与家长保持密切的沟通联系。家长是孩子成长过程中最重要的伙伴，他们对幼儿的关注和支持起着至关重要的作用。因此，教师应该与家长建立良好的沟通渠道，及时了解幼儿在家庭中的情况，反馈幼儿在学校的表现，共同关注幼儿的发展，并提供专业的教育指导和建议。

教师可以通过定期召开家长会、家长工作坊等形式与家长进行面对面的交流。这样的交流可以增进教师和家长之间的了解和信任，共同讨论孩子的问题和发展方向，共同制订教育目标和计划。同时，教师还可以通过这样的机会向家长普及教育理念和方法，提供教育指导和建议，以促进家长更好地支持孩子的学习和发展。

教师可以运用现代科技手段与家长进行沟通。通过手机短信、微信、邮件等工具，教师可以随时向家长发送幼儿的学习情况和表现，与家长分享幼儿的成长点滴。同时，家长也可以通过这些途径向教师咨询和反馈问题，实现即时沟通和交流。

教师还可以定期给家长发放幼儿学习情况报告和评语，详细记录幼儿在学校的表现和进步。这样的反馈不仅可以向家长展示孩子的学习成果，也可以让家长更好地了解孩子在学校的情况，为孩子在家庭中提供有针对性的教育支持。

（三）与同事的合作能力

乡村幼儿教师在工作中需要与同事之间建立良好的合作关系，以实现共同的教育目标。合作能力是指教师与同事之间相互支持和协作的能力，能够以团队合作的方式共同制订和改进教育计划，分享教学经验和资源，提高教学质量，为幼儿提供更好的教育服务。

乡村幼儿教师应该积极主动与同事建立良好的沟通和合作关系。通过定期举行教研活动、参加专业培训等形式，教师们可以相互交流教学心得和经验，共同解决教学中的问题，并通过集体讨论和研究制定出更加科学有效的教育方案。

乡村幼儿教师应尊重和理解他人的观点和意见。不同的教师在教学方法、教育理念等方面可能存在差异，但教师应该以开放的心态对待、尊重并接纳多元的观点，通过合作研讨和互相借鉴，实现教学理念的共同进步。

乡村幼儿教师还应具备有效地协调和解决团队内部冲突的能力。在工作中难免会遇到意见不合或利益冲突的情况，教师需要善于沟通和协调，通过倾听、表达、妥协等方式，化解冲突，保持团队的稳定和谐。

乡村幼儿教师还应积极参与团队合作，共同承担任务和责任。团队合作不仅可以提高工作效率，还有助于教师之间的相互学习和成长。教师们可以互相支持和鼓励，在工作中分享资源和经验，相互补充优势，共同推动幼儿教育的发展。

（四）与社区和外界的沟通能力

乡村幼儿教师不仅需要与同事建立良好的合作关系，还需要积极地与社区和外界建立联系，以促进幼儿教育的发展。与社区和外界的沟通能力是指教师能够有效地与相关部门、机构以及社区居民进行沟通和合作，争取资源支持，举办多样化的教育活动，提升教师的专业水平。

乡村幼儿教师应该主动与社区居民建立联系，并了解他们对幼儿教育的需求和期望。教师可以通过参加社区活动、参与社区教育会议等形式，与家长和居民进行面对面的交流，听取他们的意见和建议，并以此为基础制定适合当地实际情况的教育方案。

乡村幼儿教师应积极寻求外界资源支持，与相关部门、机构建立合作关系。教师可以与当地政府、学校、社会组织等建立联系，争取经费和物资的支持，为幼儿提供更好的教育环境和资源。同时，教师还可以邀请专家学者、行业人士等来校进行讲座和指导，提升教师的专业水平。

乡村幼儿教师还应积极参与社区教育活动，举办多样化的教育活动，提高幼儿教育的社会影响力。教师可以组织家长会、亲子活动、社区义工活动等，促进教师、家长和社区居民之间的互动与合作，共同为幼儿提供良好的成长环境。

乡村幼儿教师还应注重与外界的信息交流和学习。教师可以通过参加学术研讨会、教育展览会等活动，了解最新的教育理念和方法，不断更新自己的专业知识和技能，提升教育教学水平。

三、乡村幼儿教师应具备的家校合作能力

（一）建立良好的家校关系

乡村幼儿教师需要与家长建立密切的联系，以实现家校合作，共同关注幼儿的发展，共同制订教育目标和计划。建立良好的家校关系是指教师与家长之间建立互信、互助、互动的良好合作关系，促进幼儿的全面发展。

乡村幼儿教师应主动与家长进行沟通和交流。教师可以通过家长会、家长信、电话等多种渠道进行沟通，及时了解幼儿在家庭中的情况、兴趣爱好、学习态度等，与家长分享幼儿在学校的表现和进展，共同探讨如何更好地支持幼儿的成长。

乡村幼儿教师应重视家长的意见和建议。教师可以定期邀请家长参加教育讲座、亲子活动等，通过与家长的互动交流，了解家长对幼儿教育的期望和需求，并根据家长的反馈调整教育方法和策略，为幼儿提供更加个性化的教育服务。

乡村幼儿教师应鼓励家长参与幼儿的学习和生活。教师可以向家长提供教育

指导，分享教育资源和方法，帮助家长了解幼儿的发展需求，提供支持和帮助，共同关注和促进幼儿的全面成长。

乡村幼儿教师应建立家校合作的长效机制。教师可以定期组织家长会，与家长分享幼儿的学习情况和表现，向家长传达学校的教育理念和政策，听取家长的意见和建议，并共同制订教育目标和计划。同时，教师还可以通过班级通讯录、互联网平台等方式与家长保持持续的沟通和联系，及时了解幼儿在家庭中的情况，为幼儿提供个别化的关怀和指导。

（二）定期开展家长会和家访

乡村幼儿教师应定期开展家长会和家访活动，以加强与家长的沟通和交流，向家长展示幼儿在学校的表现和进步，听取家长的意见和建议，共同讨论幼儿的教育问题，加强家校合作。

定期开展家长会是一种有效的家校沟通方式。教师可以组织家长会，邀请家长前来学校参加，向家长介绍幼儿在学校的学习情况、行为表现等方面的情况，让家长了解幼儿在学校的状态。同时，教师还可以分享教育经验和教学方法，与家长共同探讨如何更好地支持幼儿的成长。通过家长会的举办，可以增强家校之间的联系和互动，促进幼儿的全面发展。

定期进行家访是了解幼儿家庭环境和个体差异的重要途径。教师可以利用课余时间或节假日进行家访，走进幼儿家庭，了解幼儿在家庭中的情况、家长对幼儿教育的期望和需求等。通过家访，教师可以与家长更加深入地交流和了解，为幼儿提供更加个性化的教育服务，并与家长共同制订教育目标和计划。

家长会和家访还可以让家长参与幼儿教育决策和管理。教师可以借助家长会和家访的机会，征求家长的意见和建议，共同讨论与幼儿教育相关的问题，促进家校合作，实现教育资源的共享和优化。

（三）提供家庭教育指导

乡村幼儿教师在工作中需要向家长提供专业的家庭教育指导，以帮助他们更好地培养幼儿的良好生活习惯、情绪管理和社交能力。家庭教育指导是指教师通过与家长的密切合作，向他们传授相关知识和技巧，促进家庭和学校的良性互动，共同为幼儿的全面发展搭建良好的成长环境。

乡村幼儿教师应了解每个幼儿的家庭背景和特点，针对不同家庭的需求，提供个性化的家庭教育指导。教师可以通过家访、家长会等形式，与家长建立信任和沟通的基础，了解他们对幼儿教育的期望和关注点，根据幼儿的实际情况，制定相应的教育方案。

乡村幼儿教师可以向家长传授一些专业的方法和技巧，帮助他们引导幼儿养成良好的生活习惯。教师可以就饮食、卫生、安全等方面提供指导意见，指导家长如何培养幼儿的自理能力和自我管理能力，制定合理的作息时间表，确保幼儿的身心健康发展。

乡村幼儿教师还应向家长提供情绪管理方面的指导。幼儿是情绪世界比较脆弱的群体，教师可以向家长传授一些针对不同情绪状态的应对策略，教导他们如何与幼儿进行有效的情绪沟通，如何通过情绪调节技巧帮助幼儿树立积极的情绪态度，发展健康的情绪管理能力。

乡村幼儿教师可以通过家长会、亲子活动等形式，促进家庭和学校的良性互动。教师可以邀请家长参与幼儿教育活动，分享教育经验，互相交流，并共同探讨如何更好地支持幼儿的成长。同时，教师也可以组织家庭教育讲座、家长培训等活动，提供更多实用的教育指导和资源，帮助家长更好地履行育儿责任。

（四）定期反馈幼儿学习情况

图2-1 定期反馈幼儿学习情况

乡村幼儿教师应及时向家长反馈幼儿的学习情况，包括学习成绩、行为表现等方面的信息。定期反馈幼儿的学习情况是指教师通过与家长的沟通和交流，向家长提供幼儿在学校中的表现和进步情况，帮助家长了解幼儿的学习状况，与家长共同研究并制订适合幼儿的学习计划和方法，共同推动幼儿的全面发展。

乡村幼儿教师可以通过家长会、家访等形式，与家长建立良好的沟通渠道。教师可以向家长介绍幼儿在学校中的表现和进步情况，详细了解家长对幼儿学习的期望，听取家长的意见和建议，共同探讨如何更好地支持幼儿的学习和发展。

乡村幼儿教师可以通过学期评语、成绩单等方式，及时向家长反馈幼儿的学习成绩和进步情况。教师向家长传达幼儿在各个学科上的表现和发展情况，帮助家长全面了解幼儿的学习能力和兴趣特长，为幼儿的学习提供有针对性的指导。

乡村幼儿教师还应注意反馈幼儿的行为表现。教师可以观察幼儿在学校中的行为表现，包括纪律、合作与交往能力等方面，及时向家长反馈。通过与家长的沟通和交流，教师可以了解幼儿在不同情境下的行为特点和问题，与家长共同探讨如何引导幼儿养成良好的行为习惯，并提供相应的建议和方法。

除了定期反馈学习情况，乡村幼儿教师还应与家长共同研究并制订适合幼儿的学习计划和方法，共同推动幼儿的全面发展。教师可以与家长探讨如何在家庭环境中创造有利于幼儿学习的条件，如提供良好的学习资源、建立良好的学习习惯等。同时，教师还可以向家长提供一些实用的学习方法和技巧，帮助他们更好地支持幼儿的学习，培养幼儿的学习兴趣和自主学习能力。

第三章　乡村幼儿教师培养现状及存在问题

第一节　乡村幼儿教师培养的现状

一、乡村幼儿教师培养的背景

近年来，中国乡村幼儿教育事业取得了长足发展，对乡村幼儿教师培养的需求也日益增加。乡村幼儿教师培养的背景主要包括以下三个方面。

首先，中国政府高度重视乡村教育事业的发展，提出了“两基”攻坚战和乡村振兴战略，其中乡村幼儿教育作为基础教育的重要组成部分备受关注。其次，城乡教育差距逐渐减小，农村家庭对幼儿教育的重视程度不断提高，对乡村幼儿教师的需求也相应增加。最后，乡村幼儿教师队伍建设的不足也是培养的背景之一，需要加强乡村幼儿教师的专业知识和技能培训，提升其综合素质和教育水平。

针对这一背景，中国政府和教育部门出台了一系列的政策和支持措施，以推动乡村幼儿教师的培养和发展。

二、乡村幼儿教师培养的政策与支持措施

（一）政府政策支持

政府对乡村幼儿教师培养的政策支持体现在多个方面。

政府制定了一系列的政策文件，明确了乡村幼儿教师培养的重要性和紧迫性。这些政策文件提出了加强对乡村幼儿教育事业的投入，鼓励高校和教育机构开展乡村幼儿教师培养计划。

政府还通过财政补贴和奖励等方式，为乡村幼儿教师提供支持。例如，政府可以给予培训机构经费支持，以提供更好的培训设施和资源；还可以给予乡村幼

儿教师奖励补贴，激励他们在乡村从事幼儿教育工作。

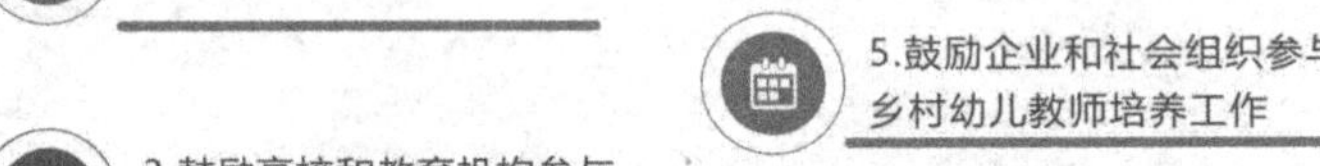

图3–1　政府对幼儿教师培养的支持

政府还鼓励高校和教育机构参与乡村幼儿教师培养计划，推动专家学者和教育专业人才走进乡村，为乡村幼儿教师提供专业指导。政府还鼓励学校与社会资源合作，建立乡村幼儿教师培训基地，提供更全面、丰富的培训机会。

政府还通过设立政策法规，对乡村幼儿教师提供保障和支持。例如，政府可以制定相关规定，要求各级教育部门加大对乡村幼儿教师培养工作的考核和评估力度，确保培养工作的质量和效果。同时，政府还可以完善乡村幼儿教师的职称评审制度，提高乡村幼儿教师的专业地位和待遇。

政府还鼓励企业和社会组织参与乡村幼儿教师培养工作。政府可以给予符合条件的企业和社会组织一定的优惠政策，鼓励他们开展乡村幼儿教师培养项目，并提供相应的资金和资源支持。

（二）培养项目设立

为了加强乡村幼儿教师培养工作，各地教育部门设立了专门的项目和计划。这些项目包括“特岗计划”“支教计划”等。通过招募志愿者、大学生和在职教师等，为乡村幼儿教师提供培训和支持，进一步加强乡村幼儿教师队伍建设。

特岗计划是一项针对乡村地区的幼儿教育人才培养计划。该计划通过选拔出优秀的大学生或应届毕业生，派往乡村从事幼儿教育工作，为他们提供培训和扶持。通过这一计划，可以有效解决乡村地区幼儿教育人才不足的问题，提高乡村幼儿教师队伍的整体素质。

支教计划则是鼓励在职教师到乡村学校担任幼儿教师的计划。通过奖励补贴、岗位调整等方式，吸引更多优秀的教师进入乡村幼儿教育领域。支教计划可以为在职教师提供更多的发展机会和晋升空间，同时也提升乡村幼儿教育的质量和水平。

各地教育部门还开展了针对乡村幼儿教师的培训项目。这些培训项目涵盖了教育教学理论知识、教育心理学、幼儿保健等多个方面，旨在提高乡村幼儿教师的专业素养和实践能力。培训项目通常通过集中培训、远程教育等形式进行，以满足乡村幼儿教师的学习和发展需求。

除了各地教育部门的培养项目，还有一些非政府组织和社会力量也积极投入乡村幼儿教师培养工作中。他们通过设立培训中心、开展专业培训课程、提供教学资源等方式，为乡村幼儿教师提供支持和帮助。这些非政府组织的参与丰富了乡村幼儿教师培养的渠道和资源，进一步提升了乡村幼儿教育的质量和可持续发展能力。

为了促进乡村幼儿教师培养工作的顺利进行，各地还建立了相应的管理机制和评估体系。这些机制和体系主要包括项目管理、教师评估和成果评价等方面。通过建立科学有效的管理机制和评估体系，可以对乡村幼儿教师培养工作进行监督和指导，确保培养工作的质量和效果。

（三）专业培训机构建设

为了提高乡村幼儿教师的专业素养和教学能力，各级教育部门加大了乡村幼儿教师培训机构的建设力度。这些机构通过设立培训基地、开展培训课程等方式，为乡村幼儿教师提供专业化的培训资源。

乡村幼儿教师培训机构的建设是提升乡村教育质量的重要举措之一。这些机构的建设主要包括以下三个方面：

1. 培训基地设立

为乡村幼儿教师提供实践教学和培训环境的培训基地得到了广泛关注和支持。这些基地可以在城市或乡村建设，设有教室、实验室、图书馆等教学和学习场所，为乡村幼儿教师提供了良好的培训条件。

2. 培训课程开展

乡村幼儿教师培训机构通过开展丰富多样的培训课程，为教师提供系统的专业化培训。培训课程内容涵盖了教育理论知识、教学技能、幼儿心理发展等方面，确保教师能够全面提升自己的教学素养。

3. 实践教学环节

乡村幼儿教师培训机构注重培养教师的实践教学能力。通过实地观摩、校园实习、教学设计与实施等实践活动，教师能够更好地将理论知识应用于教学实践中。这样的培训模式不仅提升了教师的教育教学能力，也提供了实际操作的机会，使教师能够更好地应对工作中的挑战。

乡村幼儿教师培训机构的建设为乡村教育事业发展提供了重要支持。这些机构不仅为乡村幼儿教师提供了学习和成长的平台，还为他们提供了专业化的培训资源，帮助他们提高教学水平，进一步推动乡村教育的发展。

（四）优先政策措施

为了吸引和鼓励更多的人员从事乡村幼儿教育工作，相关部门出台了一系列的优惠政策。这些政策包括奖励补贴、岗位调整、晋职晋级等。

政府通过奖励补贴来激励乡村幼儿教师从事幼儿教育工作。这些补贴可以包括生活补贴、住房补贴、交通补贴等，以提高教师的待遇和收入水平，增强他们从事教育工作的积极性和动力。

政府还可以通过岗位调整和晋职晋级等方式，为乡村幼儿教师提供更好的发展机会和待遇。通过对教师进行岗位调整，让他们有机会在更好的学校任教，提高自身的职业发展空间。同时，通过晋职晋级的机制，激励教师不断提升自己的教育教学水平和专业素质。

这些优先政策措施的出台，旨在营造良好的乡村幼儿教育工作环境，吸引更多人才从事乡村幼儿教育工作，提升乡村幼儿教师队伍的整体素质。

（五）专业化教育体系建设

为了提高乡村幼儿教师的专业素质和教学水平，各级教育部门加强了乡村幼儿教师培养的专业化教育体系建设。这包括优化课程设置，注重实践教学和实际操作能力的培养。

1. 优化课程设置

在课程设置方面，教育部门注重培养乡村幼儿教师的教育理论知识和教学技能，设计了相关专业课程。通过这些课程的学习，乡村幼儿教师能够全面掌握幼儿教育的理论基础和教学方法，为实际教学工作提供支持。

2. 注重实践教学

教育部门为乡村幼儿教师提供了实践教学的机会，让他们亲身参与教学实践并获得实际经验。这些实践教学活动可以是在幼儿园进行观察和指导，也可以是组织模拟教学环境，让乡村幼儿教师扮演教师角色进行实际操作。

通过实践教学，乡村幼儿教师能够更好地将理论知识转化为实际应用能力。通过实践教学，乡村幼儿教师能够观察和学习优秀教师的教学方法和技巧，了解如何与幼儿进行有效的互动和引导。同时，他们还能够面对真实的教学挑战，并通过实践不断完善自己的教学策略和技能。

3. 培养实际操作能力

注重实际操作能力的培养也是专业化教育体系建设的重要内容。乡村幼儿教师会接受一些实际操作方面的培训，例如，如何设计幼儿游戏和活动、如何进行幼儿体育和艺术教学等。这些培训通过模拟实际教学情境，让乡村幼儿教师能够熟悉各种教学工具的使用，并掌握如何有效引导幼儿的方法和技巧。

通过优化课程设置、实践教学和实际操作能力的培养，乡村幼儿教师的专业素质和教学水平得到了提升。他们能够更好地适应乡村幼儿的特点和需求，为幼儿的成长和发展提供更好的教育服务。

第二节 乡村幼儿教师培养的瓶颈与困境

一、乡村幼儿教师培养过程中的人才流失问题

乡村幼儿教师培养过程中存在人才流失的问题，主要体现在三个方面：

由于经济水平和生活条件的差异，乡村地区相对于城市地区存在着较大的吸引力不足。许多受过专业培训的乡村幼儿教师在获得相关资格证书后往往选择到城市就业，以追求更好的薪酬和发展机会。

乡村地区的教育资源相对匮乏，教育条件有限。乡村幼儿教师可能会面临教

学设备不完善、教育环境较为艰苦等问题，这也会导致他们对在乡村地区从事幼儿教育工作的动力不足。

乡村幼儿教师在职业发展方面面临着有限的晋升空间和提升机会。相对于城市地区，乡村幼儿教师的晋升机会较少，职业发展空间也有限，这也是一些乡村幼儿教师选择离开的原因之一。

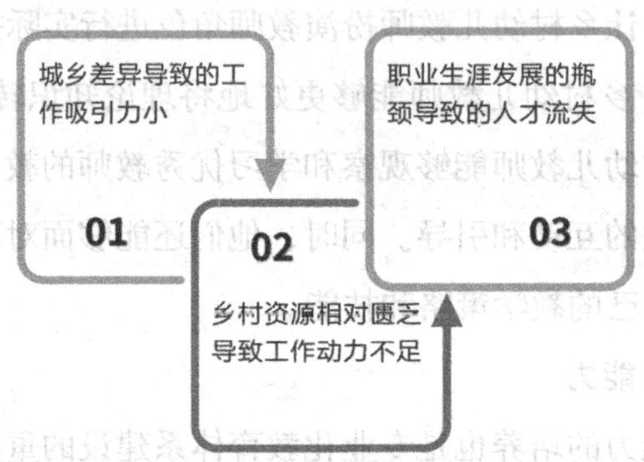

图3–2　乡村幼儿教师人才流失的原因

为了解决乡村幼儿教师培养过程中的人才流失问题，应采取以下措施。

第一，在政策层面上，应加大对乡村地区的支持力度。政府可以提高乡村幼儿教师的薪资待遇，提供更好的福利保障，以增加他们在乡村地区从事教育工作的吸引力。此外，政府还应加大对乡村教育事业的投入，改善乡村地区的教育环境和条件，提高教师的工作满意度。

第二，教育部门可以开展有针对性的培训和帮扶计划。例如，组织乡村幼儿教师参加专业发展培训班和研讨会，提供持续的学习机会，提高他们的专业知识和教学能力。同时，建立乡村幼儿教师的交流平台，促进他们之间的互动与学习，增强工作的成就感和认同感。

第三，可以鼓励乡村幼儿教师参与乡村教育改革和发展的相关决策，提高他们的参与度和归属感。通过这样的方式，可以激发乡村幼儿教师的工作热情，增强他们对乡村教育事业的责任感和使命感。

通过以上措施，可以有效减少乡村幼儿教师培养过程中的人才流失问题，留住更多优秀的幼儿教师在乡村地区从事教育工作，为乡村幼儿教育的发展做出更大的贡献。

二、乡村幼儿教师培养的资源不足问题

乡村幼儿教师培养过程中存在资源不足的问题，主要表现在以下几个方面。

乡村地区的教育基础设施相对薄弱，培养乡村幼儿教师所需的培训场所、实践基地、教材和教学资源等不足。这给乡村幼儿教师培养带来了很大的困难，也限制了他们的培养质量和专业发展。

乡村地区的专业教师队伍相对不足，无法满足培养乡村幼儿教师的需求。乡村地区的人口相对较少，专业教师资源有限，这导致乡村幼儿教师培养的资源供给不足。

乡村地区的经济条件相对较差，无法提供良好的资金支持。乡村幼儿教师的培养需要投入大量的经费，包括培训费用、教材费用等。然而，由于乡村地区的经济发展水平有限，往往无法提供充足的经济支持。

为了解决乡村幼儿教师培养过程中的资源不足问题，应采取以下措施（图3–3）。

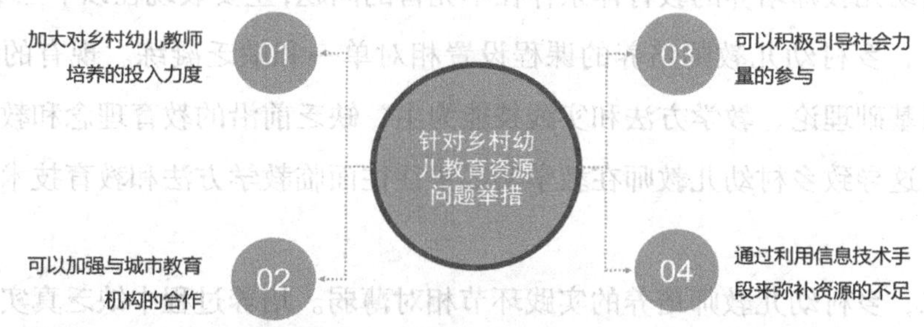

图3–3 针对乡村幼儿教师培养中的资源不足采取的措施

第一，加大对乡村幼儿教师培养的投入力度。政府可以通过增加财政拨款、设立专项基金等方式，提供乡村幼儿教师培养所需的资源支持。这包括建设更多的培训场所和实践基地，提供先进的教学设备和教材，以及开展针对乡村幼儿教师的专业培训和研修活动。

第二，可以加强与城市教育机构的合作。乡村幼儿教师培养可以与城市的教育学院、师范学校等进行合作，共享资源和教学经验。例如，可以派遣城市高水平的教师到乡村地区进行帮扶教学，提供指导和培训，并且可以将乡村幼儿教师

送往城市进行研修和学习，拓宽他们的职业视野和专业能力。

第三，可以积极引导社会力量的参与。政府可以与企事业单位、社会组织等建立合作关系，吸引各方面的资源投入乡村幼儿教师培养中。例如，鼓励企业提供赞助资金、奖学金或实习机会给乡村幼儿教师，提供职业发展的支持。同时，社会组织可以组织志愿者服务活动，为乡村幼儿教师提供帮助和支持。

第四，通过利用信息技术手段来弥补资源的不足。乡村幼儿教师可以利用互联网等技术，参与在线培训和学习，获取更多的教育资源和知识。政府和相关机构可以建立在线培训平台，提供高质量的学习资料和课程，方便乡村幼儿教师进行远程学习和交流。

通过以上措施，可以有效解决乡村幼儿教师培养过程中的资源不足问题，提升乡村幼儿教师的培养质量和专业水平，为乡村幼儿教育的发展提供更好的支持。

三、乡村幼儿教师培养的教育体系不完善问题

乡村幼儿教师培养的教育体系存在不完善的问题，主要表现在以下三个方面。

第一，乡村幼儿教师培养的课程设置相对单一和缺乏凝练。现有的培养课程主要以基础理论、教学方法和实践技能为主，缺乏前沿的教育理念和教育科技的内容。这导致乡村幼儿教师在教学实践中往往面临教学方法和教育技术应用的困惑。

第二，乡村幼儿教师培养的实践环节相对薄弱。培养过程中缺乏真实的教学实践机会和实习环境，使得乡村幼儿教师在实际教学中遇到的问题难以解决，对幼儿教育的实际情况了解不足。

第三，乡村幼儿教师培养的评估方式相对单一。目前的评估方式主要以笔试和口试为主，较少考查乡村幼儿教师的实际教学能力和综合素养。这种评估方式不利于发现和培养乡村幼儿教师的优势和特长。

为了解决乡村幼儿教师培养的教育体系不完善问题，应采取以下措施。

深化培养课程的改革。应根据乡村幼儿教师的实际需求和职业发展方向，设置多样化、前沿性的教育内容和课程。包括教育心理学、幼儿发展与教育、特殊

儿童教育等方面的知识，以及教育技术、创新教育模式等现代教育理念和技术的应用。

加强实践环节的建设。可以与乡村幼儿园建立合作关系，提供实习实践的机会，让乡村幼儿教师亲身参与幼儿教育实践，了解乡村教育的特点和需求。同时，可以开展教学观摩活动、教师交流和研讨会等，促进乡村幼儿教师之间的互动与学习。

第三节　乡村幼儿教师培养存在的问题与挑战

一、乡村幼儿教师培养存在的教育模式问题

乡村幼儿教师培养存在的教育模式问题主要表现在以下三个方面：

（一）教育内容单一化

当前，乡村幼儿教师培养存在着教育内容单一化的问题。在过去的培养过程中，注重知识传授，忽视了综合素质和能力的培养。教育部门过于注重书本知识的灌输，而忽略了将理论知识与实际工作相结合的实践教学。

在乡村幼儿教师的培养过程中，教育部门应该更加注重培养教师的综合素质和能力。除了传授教育理论知识外，还应该注重培养教师的实践能力、心理素质、沟通能力、创新思维等。只有掌握了这些综合素质和能力，乡村幼儿教师才能更好地适应多样化的教学环境，提供优质的教育服务。

（二）培养方式机械化

目前，乡村幼儿教师培养普遍采用传统的教育培训方式，如课堂讲授和考试评估等。这种机械化的培养方式存在一些问题，使得教师培训过程中的互动和创新性较少，难以激发教师的学习兴趣和潜力。

为了解决这个问题，教育部门应该推动乡村幼儿教师培养方式的创新。可以采用多种培训方法，如小组讨论、案例分析、实践教学等，以激发教师的创造力和动手能力。同时，教育部门可以鼓励教师参与教学研究和实践活动，促进教师的专业成长和交流。

（三）缺乏与实际需求的匹配性

乡村幼儿教师培养与实际需求之间存在较大的脱节。目前，乡村地区教育发展水平不同，但培养出的幼儿教师并未根据不同地区的实际情况进行有针对性的培养。因此，在实际工作中，乡村幼儿教师常常面临适应困难和教学资源匮乏等问题。

为了解决这个问题，教育部门应该制订不同地区的培养计划，根据当地的实际需求进行有针对性的培养。可以通过与当地教育局、幼儿园等单位的合作，了解当地的教育需求和资源情况，并进行相应的调整和改进。同时，还应该加强对乡村幼儿教师的政策扶持和培训支持，提高他们的教学能力和职业发展机会。

二、乡村幼儿教师培养存在的实践环节不足问题

乡村幼儿教师培养存在实践环节不足的问题主要体现在以下几个方面：

（一）实践内容缺乏多样性

当前，乡村幼儿教师培养的实践环节较为单一，主要以课堂观摩和简单实习为主。这种模式下，教师只能被动接受经验，缺乏自主实践和创新能力的培养。

为了解决这一问题，需要在乡村幼儿教师培养的实践环节中引入更多样化的内容。首先，可以通过组织丰富多彩的教育活动，让乡村幼儿教师有机会亲自参与并扮演不同的角色，从而提升他们的教学能力和综合素质。例如，可以组织幼儿园游戏日、艺术展示、科学实验等实践活动，让教师通过实际操作和亲身体验，掌握幼儿教育的各个方面的知识和技能。

其次，还可以设置团队合作项目，让乡村幼儿教师在小组中合作完成一些教育任务。通过这种方式，可以培养教师的团队协作能力和解决问题的能力，同时也能提高他们的创新能力和实践经验。例如，可以组织教师小组设计并实施一次主题活动，让教师们共同思考和规划，从而提高他们的教学水平和实践能力。

（二）实践机会少

由于资源分配不均和交通条件限制，乡村幼儿教师往往面临实践机会不足的问题。他们难以参与到城市或更先进学校的实践活动中，无法接触到前沿的教育理念和方法，限制了他们的专业成长。

为了解决这一问题，需要采取一系列措施，扩大乡村幼儿教师的实践机会。首先，可以通过建立跨地区合作的机制，让乡村幼儿教师有机会到城市或更先进的学校进行短期实践交流。例如，可以与城市的教育机构建立合作关系，安排乡村教师到城市的学校进行短期实践观摩，学习先进的教育理念和方法。

其次，还可以通过建立线上实践平台，提供在线实践活动和资源，让乡村幼儿教师可以通过互联网接触到前沿的教育资源和信息。例如，可以建立一个在线教育社区，教师可以在上面分享自己的实践经验，交流教学心得，同时也可以从其他教师那里获取实践指导和支持。

（三）实践指导不足

乡村幼儿教师在实践环节中缺乏有效的指导和支持。培养机构或学校对于实践活动的安排和指导不够细致，无法提供具体的目标和方法，导致实践环节变得模糊而无效。

为了解决这一问题，需要加强乡村幼儿教师实践环节的指导和支持。首先，培养机构或学校应该建立完善的实践指导体系，明确实践活动的目标、内容和评估标准，为教师提供具体的指导和支持。例如，可以制订实践教学计划，明确教师需要完成的任务和要求，同时还可以安排专业教师进行实践指导和评估。

其次，还可以鼓励乡村幼儿教师参与教师交流活动，通过与其他教师的互动和交流，获取更多的实践指导和支持。例如，可以组织教师研讨会、教学观摩活动等，让教师们有机会分享实践经验、借鉴优秀教学案例，并从中获得实践指导和启发。

三、乡村幼儿教师培养面临的社会认可度和待遇问题

乡村幼儿教师培养面临的社会认可度和待遇问题主要有以下两个方面：

（一）社会认可度不高

乡村幼儿教师的社会认可度普遍较低，主要是由于乡村地区教育资源相对匮乏。在乡村地区，教育条件相对落后，学校设施简陋，教材质量有限，教育质量与城市相比存在较大的差距。因此，乡村幼儿教师的职业地位和声誉在社会上没有得到足够的重视和认可。

与城市教师相比，乡村幼儿教师面临更为艰苦的工作环境和条件。他们需要面对农村孩子家庭经济困难、家长文化程度较低等问题，教学任务更加繁重。但这些努力和付出往往未能获得应有的社会认可。

社会认可度低对乡村幼儿教师造成了很大的心理压力。他们可能感到自己的付出没有得到应有的回报和认可，导致自信心和动力受到影响。久而久之，这种情况可能会导致乡村幼儿教师的工作热情逐渐减退，甚至出现辞职或转行的情况。

（二）待遇较低

乡村幼儿教师的待遇相对较低，主要体现在薪资水平、职称评定和福利待遇等方面存在差异现象。乡村地区经济相对欠发达，教育资源有限，因此乡村幼儿教师的工资水平往往无法与城市教师相比。

在职称评定方面，乡村幼儿教师由于缺乏一流的教育资源和学术环境，很难取得高级职称，从而影响了他们的职业发展和晋升空间。福利待遇方面，乡村教师享受的福利相对较少，如子女入学、医疗保障等方面福利更是不如城市教师。

这种待遇不公平现象使得乡村幼儿教师在物质上和精神上都面临一定的压力。他们为了尽职尽责地为乡村孩子们提供优质的教育，付出了巨大的努力和牺牲，却未能得到应有的回报和认可。

四、乡村幼儿教师培养存在的职业发展受限问题

乡村幼儿教师在职业发展方面面临着较大的难题。由于乡村地区教育资源的不足，他们很难获得进修学习和专业提升的机会。乡村地区的教育条件限制了他们拓宽自己的知识和技能的可能性，进而影响了他们的职业发展空间。

与城市教师相比，乡村幼儿教师往往无法参加一些专业培训，无法接触到最新的教育理念和教学方法。这使得他们在职业发展过程中面临较大的困境，无法有效提升自己的教学水平和专业能力。

另外，乡村地区由于经济发展水平相对落后，学校规模小、条件有限，很少能提供给乡村幼儿教师更好的职业晋升机会。相比之下，城市教师可以通过调动和竞聘等方式获得更广阔的职业发展空间。

第四章　乡村幼儿教师培养策略与方法

第一节　乡村幼儿教师培养策略的重要性与必要性

一、乡村教育发展的关键

乡村地区幼儿教师短缺问题一直以来是乡村教育发展的一个重要挑战。为了解决这个问题，需要从以下三个方面入手：

（一）增加对乡村地区幼儿师资的投入

政府应该加大对乡村地区幼儿教师的培训和补助力度，吸引更多的人才到乡村地区从事幼儿教育工作。

首先，可以通过建立专项基金，提供经费支持，用于培训乡村幼儿教师。这些经费可以用于培训课程的开展、教材和教具的购置、师资培训师的招聘等方面，确保乡村幼儿教师能够接受高质量的培训。

其次，可以建立乡村幼儿教师奖励制度，鼓励优秀的幼儿教师到乡村地区工作。这种奖励制度可以包括丰厚的薪资待遇、住房补贴、教育子女优先等福利，以及职称评定和晋升机会的优先考虑。通过这些激励措施，可以吸引更多有专业素养和热爱教育的人才到乡村地区从事幼儿教育工作。

最后，可以建立乡村幼儿教师培训基地和示范园，提供专业的培训课程和实践机会。这些培训基地可以与高校、研究机构和优质幼儿园等合作，共同开展培训和实践活动，提高乡村幼儿教师的专业能力和教育水平。同时，还可以邀请国内外专家和学者开展讲座、研讨会等学术交流活动，促进乡村幼儿教师的学术成长和思想创新。

（二）提供良好的职业发展机会

为了留住优秀的幼儿教师，乡村地区应为幼儿教师提供更多晋升机会和职业发展空间，激发他们的职业热情和工作动力。

首先，可以建立完善的职业发展通道，制定明确的晋升条件和标准。通过在岗位晋升、职称评定、继续教育等方面给予支持和鼓励，激发幼儿教师的职业发展动力。

其次，可以组织幼儿教师参与教育研究和课题研究，提供科研经费和支持。鼓励幼儿教师在教学实践中探索创新，开展教学研究，提升自身的专业水平和学术造诣。同时，还可以鼓励幼儿教师发表教学论文、参加学术会议等学术交流活动，提升其在学术界的声誉和影响力。

另外，可以建立乡村幼儿教师交流与合作机制。通过组织幼儿教师之间的交流活动、定期举办教学示范和观摩课程等方式，促进幼儿教师之间的交流与学习。同时，可以推动乡村幼儿教师与城市幼儿教师之间的合作与交流，共同推动教育的进步和发展。

（三）加强乡村教育基础设施建设

乡村地区应加大对幼儿园和学校的建设投入，改善教育环境和条件，提高乡村地区幼儿教育的吸引力。

首先，应加大对乡村幼儿园和学校的基础设施建设投资，提供良好的教学场所和设备。包括修建新的幼儿园、改造升级现有的学校、配备教学设备和教具等方面。

其次，应提供优质的教育资源和教育保障。通过建立教育资源共享平台，向乡村幼儿园和学校提供优质的教育教学资源，包括教材、教具、多媒体课件等。同时，可以组织一些优秀的幼儿教师到乡村地区进行支教或交流授课，提供师资支持和专业指导。

再次，应加强家庭教育和社区教育的支持和引导。通过开展家庭教育培训、提供家庭教育指导等方式，增强家长的教育意识和教育能力。同时，在社区中组织开展丰富多彩的教育活动，如幼儿艺术展示、科普教育讲座、亲子阅读活动等，促进家校社区的紧密合作，为乡村地区的幼儿提供全方位的教育支持。

最后，还可以加强对乡村幼儿教师的工作环境和待遇保障。通过完善相关法律法规，确保乡村幼儿教师享受与城市教师相当的权益和待遇。同时，加强工作条件改善，包括提供良好的办公和休息场所、健康保障和社会保险等福利待遇，提高乡村幼儿教师的职业满意度和工作积极性。

二、提升教师素质

提升乡村幼儿教师的素质是促进乡村幼儿教育发展的关键。以下是一些提高教师素质的策略：

（一）加强师范院校对乡村幼儿教师的培养

师范院校在乡村幼儿教师培养方面扮演着重要角色。为了提高乡村幼儿教师的专业水平，师范院校可以采取以下措施（图 4–1）：

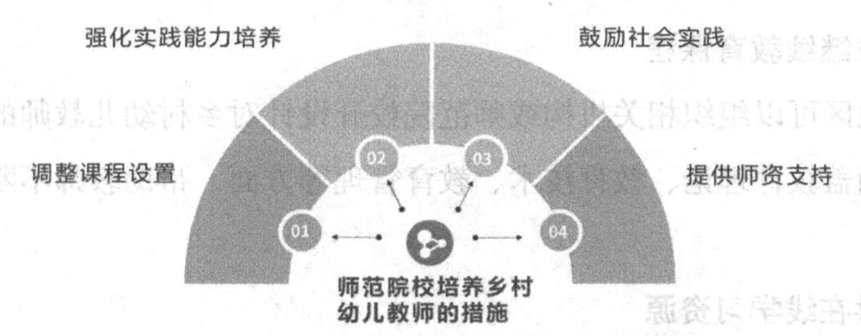

图 4–1　师范院校培养乡村幼儿教师的措施

1. 调整课程设置

根据乡村地区的实际需求，师范院校应重新评估和调整课程设置，旨在培养乡村幼儿教师所需的专业知识和技能。课程内容可以包括乡村教育特点、幼儿心理发展、教育技术与创新等方面。

2. 强化实践能力培养

除了传授理论知识外，师范院校还应注重培养乡村幼儿教师的实践能力。通过实习、实训、校外实践等方式，帮助幼儿教师将理论知识应用到实际教学中，增强他们的教学能力和专业素养。

3. 鼓励社会实践

师范院校可以鼓励幼儿教师参与乡村幼儿教育的社会实践活动。例如，开展暑期支教计划，组织幼儿教师利用假期去乡村地区进行教学实践，以增加他们对乡村教育的了解和认识。

4. 提供师资支持

师范院校可以邀请有丰富乡村教育经验的教师或专家来讲授相关课程，为幼儿教师提供实战经验和指导。此外，还可以鼓励幼儿教师参与乡村教育研究，并支持他们在该领域的专业成长。

（二）提供终身学习机会

乡村幼儿教师应具备不断学习和进修的意识，以适应社会发展和教育变革的需要。为此，应建立健全继续教育体系：

1. 制定继续教育政策

乡村地区应制定鼓励和支持乡村幼儿教师参加继续教育的政策，包括资金支持、学习时间安排等方面的优惠政策。

2. 开设继续教育课程

乡村地区可以组织相关机构或师范院校开设针对乡村幼儿教师的继续教育课程。内容涵盖教育理论、教育技术、教育管理等方面，帮助教师不断提升自己的专业能力。

3. 提供在线学习资源

借助现代科技手段，乡村幼儿教师可通过互联网平台获取丰富的在线学习资源。这样可以灵活安排学习时间，随时随地进行学习，满足个体化的学习需求。

4. 提供学术交流机会

组织学术研讨会、培训班等活动，为乡村幼儿教师提供学术交流和合作的平台。通过与其他教育专业人士分享经验，扩展教师的教育视野，提高教育水平。

（三）加强教师交流与合作

乡村幼儿教师工作孤立、资源匮乏是当前存在的问题。为了解决这些问题，可以加强教师之间的交流与合作：

1. 建立教师交流平台

乡村地区可以建立乡村幼儿教师交流平台，促进教师之间的交流与互动。通过在线社群、微信群等形式，教师可以分享经验、解决问题，并互相支持和鼓励。

2. 组织教师培训活动

定期组织乡村幼儿教师培训班、研讨会等活动，提供教师间交流和学习的机会。这样可以让教师们相互学习借鉴，提高教育教学水平。

3. 开展合作项目

乡村地区可以组织多所学校或幼儿园之间的合作项目，共同解决教育难题。例如，合作开展课题研究、资料共享、联合举办教育活动等。

三、缩小教育差距

缩小城乡教育差距是乡村教育发展的重要目标。以下是三种典型的缩小教育差距的策略：

（一）公平分配教育资源

乡村地区教育资源的不足是制约乡村教育发展的重要因素之一。政府应当加大对乡村地区教育的投入，确保公平分配教育资源，以提高乡村地区的教育水平。

1. 师资支持

政府应该制定相应的政策，吸引和鼓励优秀的教师到乡村地区从教，通过提供良好的工作条件、培训和奖励机制等方式，吸引更多教师投身乡村教育事业，提升乡村教师队伍的素质。

2. 教材支持

政府应该加强教材编写与出版工作，开发适应乡村地区实际的教材，并提供给乡村学校免费使用。同时，也要注重教材的内容和形式创新，使其能够吸引幼儿的兴趣和激发学习动力。

3. 设施支持

政府应该着力改善乡村学校的基础设施建设，包括校舍、图书馆、实验室等，保障幼儿有良好的学习环境。此外，还要加强信息化设施建设，提供先进的教育技术设备，为乡村幼儿提供更多学习资源和机会。

（二）加强家校合作

家庭教育对于孩子的发展起着至关重要的作用，在乡村地区尤为重要。学校应积极与家长开展合作，共同努力促进乡村幼儿的全面发展。

1. 家校沟通渠道

建立健全家校沟通渠道，定期组织家长会议、亲子活动等形式，加强学校与家庭之间的联系和交流，及时了解幼儿在家庭中的情况和需求。

2. 家长参与教育

鼓励家长积极参与孩子的学习和教育，提供家庭教育指导和支持。学校可以开设家长教育培训课程，帮助家长提升教育意识和教育能力。

3. 家校共育

学校和家庭应共同承担教育责任，形成家校共育的良好氛围。学校可以与家长合作，开展教育活动和社区服务，让家长参与到学校的管理和决策中来。

（三）推进现代教育技术在乡村教育中的应用

利用现代教育技术，可以弥补乡村地区教育资源的不足，提供更多的学习机会和优质教育资源。

1. 互联网资源

利用互联网资源，为乡村幼儿提供丰富的学习资料、教育课程和在线学习平台。政府可以加大对乡村地区互联网接入的投入，推动全面覆盖乡村地区的网络建设。

2. 远程教育

通过远程教育技术，将城市的优秀教师资源引入乡村学校，为乡村幼儿提供更好的教学资源。同时，也可以通过远程培训和研修，提升乡村教师的专业水平。

3. 移动学习

利用移动学习平台和移动应用，为乡村幼儿提供便捷的学习渠道。幼儿可以随时随地进行学习，通过手机、平板等移动设备获取知识和进行互动交流。

第二节 培养乡村幼儿教师的关键环节

一、选才与选拔

选才与选拔是指在招聘和选拔幼儿教师时，从众多应聘者中筛选出最合适的人才。这个过程需要考虑多个因素，包括个人素质、专业知识、沟通能力和团队合作能力等。

在选才过程中，需要明确幼儿教师的职责和要求。幼儿教师通常需要具备良好的沟通协调能力、有耐心且充满爱心、适合幼儿的教学技能、敏锐的洞察力、一定的团结合作能力和出色的问题解决能力等，以完成幼儿园的各项工作任务。因此，在选才时，可以通过简历筛选、面试和考核等环节，综合评估应聘者是否具备这些能力和素质。

基于招聘岗位的特点和要求，可以采用多种方式进行选拔。例如，可以组织笔试来考查应聘者的专业知识和分析能力，还可以组织面试，通过与应聘者的对话，了解其沟通能力、应变能力和团队合作意识等。此外，还可以结合幼儿园实际工作情境，设计模拟幼儿教学情境，以考查应聘者的综合教学能力。

在选拔幼儿教师时，还要注重公正性和公平性。选拔过程中应注意避免任何形式的歧视和偏见，确保所有应聘者都能够在公平的竞争环境中展示自己的能力和潜力。

二、基础理论与知识培训

基础理论与知识培训是幼儿教师必备的培养内容之一。幼儿教师需要具备一定的专业知识和理论基础，以便能够更好地完成各项工作任务。

基础理论培训可以包括相关领域的基本理论知识和概念。例如，在幼儿教师岗位上，可以进行幼儿心理学、幼儿美学、幼儿习惯行为管理等方面的基础理论培训，以便幼儿教师能够熟悉相关领域的基本理论原则和操作方法。

知识培训可以涵盖实际工作所需的专业知识和技能。例如，在办公自动化软件应用方面，可以进行相关软件的培训，包括 Word、Excel、PowerPoint 等。此外，还可以针对所属行业或工作领域开展专业知识培训，使幼儿教师能够更好地理解和适应实际工作环境。

在基础理论和知识培训中，可以采用多种教学方法和手段，如课堂教学、案例分析、互动讨论等，以便增强培训效果。同时，还可以结合实际工作情境，设计培训内容，让幼儿教师能够将所学知识应用到实际工作中，提升综合能力。

三、实践教学与实习

实践教学与实习是幼儿教师培养过程中的重要环节。通过实践教学和实习，幼儿教师能够将所学理论知识与实际工作相结合，提高实际操作能力和工作经验。

实践教学可以通过模拟案例或项目来进行。例如，在幼儿教师岗位上，可以设计一系列幼儿园常见案例，要求幼儿教师运用所学知识和技能，进行分析解决。通过实际操作，幼儿教师能够更好地理解和掌握相关工作流程和方法。

实习是幼儿教师培养的重要环节之一。通过实习，幼儿教师能够亲身参与实际工作，了解和体验工作场景和流程。在实习过程中，可以由专业导师或工作导师进行指导和辅导，帮助幼儿教师理解工作要求和技巧，并提供实际操作的机会。

实践教学与实习的内容和形式可以根据不同岗位的要求而有所差异。在设计实践教学和实习方案时，应根据幼儿教师的职责和能力需求，确定适合的实践任务和实习机会，以促进幼儿教师的全面发展。

四、师德师范与职业道德培养

师德师范与职业道德培养是培养幼儿教师的重要内容之一。作为幼儿教师，不仅需要具备一定的专业知识和技能，还需要具备良好的职业道德和行为规范。

师德师范的培养可以通过专业导师或师资团队进行。导师应该具备良好的师德修养和教学经验，能够以身作则，给幼儿教师树立正确的师德榜样。导师可以通过言传身教、亲身指导和示范等方式，引导幼儿教师遵守职业道德准则，如诚实守信、保守秘密、公正无私等。

职业道德培养需要注重树立正确的工作态度和行为规范。幼儿教师应具备良好的职业操守和主动性，具备对工作负责、积极主动地解决问题的能力，并具备团队合作意识和良好的沟通能力。在培养幼儿教师的过程中，可以通过案例分析、角色扮演和讨论等方式，引导幼儿教师了解并遵守相应的职业行为规范和职业伦理准则。

相关部门也可以通过举办职业道德培训讲座、组织职业道德考核等方式，加强幼儿教师的职业道德教育和培养。讲座可以邀请具有丰富经验的专业人士或行业领导者来分享经验和案例，启发幼儿教师的思考；职业道德考核可以通过模拟情景，考查幼儿教师在职业道德方面的应变和决策能力。

在师德师范与职业道德培养过程中，要注重实践与理论相结合，既要传授相关的职业知识、规范和道德准则，也要通过实际操作和案例分析等方式，引导幼儿教师将其运用到实际工作中，形成正确的职业行为习惯和素养。

第三节　乡村幼儿教师培养策略的主要内容

一、提升幼儿教师专业技能和素质

（一）继续教育机制

继续教育机制的建立是学校提升教师专业素养和教学能力的重要举措。该机制可以通过定期组织专业培训课程、学术研讨会等方式，为教师提供学习和成长的机会。

第一，学校可以与相关教育机构合作，开设专门的教师培训课程。这些课程可以涵盖教学方法、教育心理学、课程设计等方面的内容。通过教师培训课程，教师可以不断更新教育理念，了解最新的教学方法和技巧。他们可以学习到如何针对不同幼儿的特点和需求进行个性化教学，如何运用教育技术促进教学效果等。通过不断提升自身的专业知识和能力，教师可以更好地履行教育使命，提供高质量的教育服务。

第二，学校还可以定期组织学术研讨会、教学交流活动等，为教师提供展示和分享的平台。教师可以在这些活动中介绍自己的教学经验和成功案例，与其他教师进行深入的学术交流。这不仅有助于教师们相互学习借鉴，也能够激发创新思维和教学灵感。通过学术研讨会和教学交流活动，教师们可以拓宽视野，了解到国内外教育领域的最新研究动态和教育改革经验，推动自身的教育教学水平不断提升。

（二）实施导师制度

实施导师制度是帮助新任教师尽快适应学校教学环境和提高教学水平的有效途径。学校可以组建经验丰富、具备较高教学水平的导师团队，为新任教师提供指导和支持。

导师可以在新任教师入职之初，帮助其熟悉学校的教学环境和教学资源。导师可以向新任教师介绍学校的教学目标和课程设置，说明教学大纲和评估标准，指导新任教师如何制订教学计划和教学方法。导师还可以分享自己丰富的教学经验，教授新任教师一些教学技巧和策略，帮助他们更好地进行教学工作。

在新任教师实际进行教学的过程中，导师可以定期进行教学观摩和教学评估。观摩可以让新任教师了解到优秀教师的教学风采和教学方法，从而借鉴到一些好的教学策略和技巧。同时，导师可以对新任教师进行教学评估，提供针对性的指导和建议。通过这种形式的指导和支持，新任教师可以快速成长并提高专业素养。

（三）专业交流平台

学校应建立教师专业交流平台，以促进教师之间的学术交流和经验分享。这样的交流平台有助于提升教师的整体教学水平，推动学校教育教学的不断发展。

学校可以建立在线教师交流平台，为教师提供一个发布教学心得、优秀案例和教学资源的平台。教师可以在平台上分享自己的教学经验和成功案例，向其他教师展示自己的教学理念和创新实践。这样可以激发教师之间的学习欲望，促进彼此之间的学术交流和经验借鉴。

此外，学校还可以定期举办教师座谈会或研讨会，提供面对面的交流和讨论机会。这些座谈会或研讨会可以围绕教育教学中的热点问题展开，邀请专家学者和著名教育家进行主题演讲和分享。教师们可以通过参加这些活动，与专家学者进行深入的教育教学探讨，互相启发和借鉴。这样的专业交流平台有助于促进教师之间的沟通与合作，推动教育教学的不断创新与改进。

（四）学科竞赛和评比

学校可以积极组织和推动学科竞赛和评比活动，以激发教师的专业热情和创新能力，提高教学质量和效果。第一，学校可以设立多个学科竞赛项目，包括课堂比赛、学科项目设计等形式，旨在鼓励教师通过创新方法和策略提升教学质量。竞赛活动可以激发教师的竞争意识和求知欲，推动他们深入研究学科内容，不断提升自己的专业知识和教学技能。第二，学校可以定期组织评比活动，评选出优秀的教学案例和教学团队。评比可以根据教学成果、教学效果、教学创新等多个维度进行评估。评比活动的结果可以作为教师的荣誉和奖励，给予他们相关的奖项和荣誉称号，以鼓励和激励教师们进一步提高教学水平和专业素养。同时，评比活动也可以促进教师之间的交流与合作，推动教学经验的分享和借鉴。

（五）建立成果评价机制

学校应建立科学有效的教师绩效考核和评价机制，将教师的教学成果和教学效果作为重要的评价指标，激励教师提升教学水平和专业素养。第一，学校可以制定明确的评价标准和指标体系，包括教学成果、幼儿学习情况、教学科研成果等方面的考核内容。评价过程中应注重定性和定量相结合，综合评估教师的综合表现和能力。第二，学校可以通过定期教学观摩、课堂评价、幼儿评教等方式收集评价数据，对教师的教学效果进行客观评估。同时，还可以邀请专家进行抽样检查和评估，为评价结果提供第三方的权威性和公正性。评价结果可以作为教师晋升、聘任和奖惩的重要依据，给予表现优秀的教师更多的荣誉和发展机会，同时也为其他教师提供改进和提高的方向和目标。

二、加强幼儿教师的实践教学和实习环节

（一）设计实践教学课程

实践教学课程的设计需要考虑以下四个方面。首先，课程设计应该基于专业特点和职业需求，深入了解行业发展趋势和技术要求，确保幼儿教师能够获得实践操作能力和综合素质的培养。其次，课程设计需要制定详细的教学大纲，明确每门课程的目标、内容和要求，确保幼儿教师能够逐步掌握和运用所学知识。同

时，课程设计还应该注重教学方法的多样性，包括实验、实训和实地考察等形式，使幼儿教师能够亲自动手实践并解决实际问题。再次，引入案例分析和团队项目等形式也能够培养幼儿教师的创新思维和合作能力。最后，课程设计应该设置评估和反馈机制，及时了解幼儿教师的学习情况，为他们提供有效的指导和支持。

（二）与行业企业合作

学校与行业企业的合作是幼儿教师实践教学的重要环节。合作可以通过与相关企业签订合作协议来开展合作项目和实习机会。合作项目可以是幼儿教师带领幼儿参与企业实际项目的实践，如栽培花草、养小动物等。通过这样的实践项目，幼儿可以学习到相关的知识和技能，并培养动手能力和创造力，幼儿教师也可以从实践中总结出更多的教育经验。通过与企业合作，幼儿教师能够接触到行业前沿技术和最新发展趋势，了解企业的管理模式和工作流程。同时，学校还可以邀请企业专家来校进行讲座和指导，帮助幼儿教师深入了解行业需求和就业前景。

此外，合作还可以包括共同研究项目、创新创业平台建设等形式，为幼儿教师提供更广阔的实践机会和职业发展空间。

（三）指导实习教师

实习教师在实践教学中起着重要的角色，他们需要具备专业知识和教学经验，承担起指导幼儿实践活动的重要责任。为了提升实习教师的指导效果，学校可以为实习教师提供专业指导和培训。专业指导包括向实习教师传授实践教学的目标和要求，帮助他们准确理解课程设计和实施方式。培训可以包括教学方法的讲授和示范，帮助实习教师掌握有效的教学方法和技巧。同时，学校还可以建立实习教师交流平台，促进他们之间的互动和经验分享，提高实习教学的质量和效果。

（四）实践成果展示

为了让幼儿教师有机会展示实践成果，学校应定期组织实践成果展示活动。这样的活动可以提供专门的展示场所，让幼儿教师带领幼儿展示他们在实践项目中所取得的成果和创新。该展示活动不仅可以展示幼儿教师及幼儿们的能力和才华，还可以促进幼儿教师之间的交流与互动，激发他们的创新潜能和实践动力。同时，学校还可以邀请行业专家和企业代表参观和评价展示活动，他们的宝贵意见和建议可以对幼儿教师的教学成果起到指导作用。

在实践成果展示活动中，学校可以采取多种形式，如展览、演示、报告等。幼儿教师可以通过图片、视频、实物展示等方式将自己的教学成果呈现给观众。此外，学校还可以设置专门的评选和奖励机制，对优秀的实践成果进行表彰，以鼓励更多的幼儿教师积极参与实践活动并取得突出的成就。

（五）实践教学评价

为了科学有效地评价幼儿教师在实践环节中的表现和能力，学校应建立完善的实践教学评价体系。评价体系应该包括多个方面，如实践报告、项目成果、实际操作能力等。通过这些评价指标的考核，可以全面了解幼儿教师在实践活动中的表现和成长情况。

评价结果应该为幼儿教师提供个性化的指导和培养方案，帮助他们改进和提高自己的实践能力。评价结果还可以作为幼儿教师综合素质的参考，为他们的职业发展和就业提供参考依据。同时，评价结果也反映了幼儿教师教学的效果和课程设计的合理性，通过对评价结果的分析，学校可以不断优化实践教学的质量和效果。

在实践教学评价过程中，学校可以采用多种评价方法，如定量评估、定性评价、自评互评等。评价方法的选择应根据实践活动的性质和目标来确定，以确保评价的科学性和客观性。评价过程中还应注重及时反馈，将评价结果及时告知幼儿教师，并给予具体的指导意见，帮助他们进行改进和提升。

三、搭建多元化的幼儿教师培养平台

（一）学科竞赛和学术交流

学校应积极组织各类学科竞赛和学术交流活动，为幼儿教师提供展示自己才华、拓宽学术视野的机会。首先，学校可以邀请专业领域的专家和学者来校进行讲座和研讨，与幼儿教师分享最新的学术研究成果和经验。这样的活动不仅可以让幼儿教师了解最前沿的学术动态，还可以激发幼儿教师的学术兴趣和创新能力。其次，学校可以积极组织学科竞赛，如数学竞赛、物理竞赛等，为幼儿教师提供展示才华的舞台。竞赛形式的活动可以激发幼儿教师的学习热情和竞争意识，培养他们解决问题的能力和创新思维。通过这些活动，幼儿教师可以结识同行并进行深入的学术交流，拓宽自己的学术视野。

（二）社会实践和志愿者服务

学校应鼓励幼儿教师积极参与社会实践和志愿者服务活动，以锻炼幼儿教师的社会责任感和团队合作能力。学校可以与社区、非营利组织等建立合作关系，为幼儿教师提供丰富多样的实践机会。首先，学校可以组织暑期社会实践活动，让幼儿教师到社区、企业等地参与实践，深入了解社会需求和问题，并提出解决方案。通过实践，幼儿教师可以将所学知识应用到实际情境中，提升自己的实践能力和创新思维。其次，学校可以设立志愿者服务组织，鼓励幼儿教师参与各类志愿者服务活动。志愿者服务不仅可以帮助社会解决问题，也可以培养幼儿教师的社会实践能力和社会公民素养，使他们成为有责任心和有担当精神的公民。

（三）创新创业教育

学校应开设创新创业教育课程，培养幼儿教师的创新思维和创业能力。通过讲授创新创业理论知识、组织创新创业案例分析和实践项目等形式，激发幼儿教师的创新潜能和创业热情。学校可以邀请成功创业者和企业家来校进行讲座和指导，分享创业经验和成功之道。这样的活动可以让幼儿教师了解创业的实际情况和挑战，培养他们的创新思维、团队协作和解决问题的能力。同时，学校可以与创业孵化中心、科技园区等建立合作关系，为有创业意向的幼儿教师提供创业资源和支持，帮助他们实现创业梦想。创新创业教育不仅可以培养幼儿教师的创新创业能力，还可以促进社会经济的创新发展，为社会提供更多的创新人才。

（四）国际交流与合作

为了推进学校的国际化发展，学校应积极推动与国外高校的交流与合作。一方面，可以与海外高校签订合作协议，建立长期稳定的合作关系。这种合作形式可以包括幼儿教师交换项目、联合科研项目、教师互访等。通过此类项目，幼儿教师可以有机会到国外高校学习和交流，丰富自己的学术经历和国际视野。

另一方面，学校可以邀请国际知名学者和专家来校开展讲座、研讨会等学术活动，为幼儿教师提供与国际前沿学术思想接触的机会。学校还可以开设国际化的课程，加强对国际事务、跨文化交流等方面的教育，提升幼儿教师的全球竞争力和跨文化交流能力。

通过国际交流与合作，学校可以拓宽幼儿教师的眼界，让他们了解不同教育体系和学术思想，增加对世界各国的了解与认识。这样的经历不仅对幼儿教师的学术成长有积极影响，还能提升幼儿教师的综合素质和跨文化交流能力，为他们未来的国际化发展做好准备。

（五）艺术教育和体育教育

为了培养幼儿教师的审美能力和艺术修养，学校应注重开展艺术教育和体育教育培训。在艺术教育方面，学校可以开设艺术、音乐、舞蹈等课程或俱乐部，为幼儿教师提供专业的艺术教学和实践机会。同时，学校还可以邀请专业艺术家和教师来校进行授课，提供高质量的艺术培训。通过学习艺术课程和参与艺术活动，幼儿教师可以培养自己的审美情趣和创造能力，提升艺术表达和综合素质。

在体育教育方面，学校应注重培养幼儿教师的体育兴趣和锻炼习惯。学校可以提供多样化的体育活动和竞技项目，鼓励幼儿教师积极参与体育运动。同时，学校还可以组织专门针对教师组的体育比赛和运动会，营造良好的体育氛围。通过参与体育活动，幼儿教师可以增强身体素质，培养团队合作精神和竞争意识，促进身心健康发展。

艺术教育和体育教育的开展不仅对幼儿教师的个人发展有益，也能为学校创造多样化的文化氛围和丰富的课外活动。通过培养幼儿教师的审美情趣和体育兴趣，学校可以全面提升幼儿教师的综合素质和自身竞争力，为他们的未来发展打下坚实基础。

四、加强幼儿教师与学校、家长和社区的合作

（一）学校合作

学校与周边中小学、高校建立合作关系，可以实现教育资源共享和师资培训的目标，从而提升教育整体质量。学校之间可以开展多种形式的合作项目，如师生交流、办学经验分享等。

首先，学校可以进行师生交流活动。例如，定期组织幼儿教师互访、交流学习经验，通过这种方式，幼儿教师可以结识新朋友、了解其他学校的教学环境和学习方法，从而拓宽知识领域，提高跨文化交流和合作的能力。

其次，学校可以开展教师间的交流与合作。可以举办教学研讨会、教育论坛等活动，让教师分享各自的教学经验和教育研究成果，激发教师的创新思维和教学热情。此外，学校还可以邀请其他学校的优秀教师来校进行授课和指导，为教师提供专业的培训和发展机会，提高他们的教学水平和教育观念。

（二）家校互动

建立健全的家校沟通机制是促进幼儿教师全面发展的关键。学校应与家长保持及时沟通，了解孩子的学习情况和成长需求。

第一，学校可以定期召开家长会议或家长工作坊。通过这样的活动，学校可以向家长介绍学校的教育理念和教学方案，分享学校的办学成果和发展规划。同时，学校还可以与家长交流教育心得和教育问题，共同探讨如何更好地引导和教育孩子。

第二，学校可以利用现代通信技术与家长保持联系。可以通过电话、短信、电子邮件等方式向家长提供教育指导和建议，及时将孩子在学校的表现和成绩反馈给家长，帮助他们更好地了解孩子的学习情况，并给予必要的支持和帮助。

（三）社区合作

学校应积极参与社区教育活动，利用社区资源为幼儿教师提供教育支持和服务。可以与社区教育机构合作，共同推进社区教育事业的发展。

学校可以开展丰富多彩的社区教育活动，如文化艺术展演、科普知识讲座、职业规划咨询等。通过这些活动，学校可以为社区居民提供优质的教育资源和服务，丰富居民的文化生活，提高社区居民的综合素质。

此外，学校还可以与社区合作开展社会实践活动，让幼儿教师深入社区了解社会发展和社会问题。通过实践活动，幼儿教师可以增强社会责任感和团队合作能力，培养良好的社会交往能力和公民意识。

（四）社会参与

学校应鼓励幼儿教师积极参与社会实践和志愿者服务活动，以培养他们的社会责任感和公民意识。

学校通过组织幼儿教师参与社会实践项目，使他们能够亲身体验社会工作和社会问题，加深对现实挑战的认识，并培养解决问题的能力。学校可以与社会组织、企业或政府部门合作，开展实践活动，如社区调研、环境保护行动、社会公益活动等。这些活动将使幼儿教师更好地了解社会、关注社会问题，并通过实际行动为社会做出贡献。

学校还应引导幼儿教师积极参与志愿者服务活动。志愿者服务是一种无私奉献的行为，通过参与志愿者活动，幼儿教师可以帮助他人，培养同情心和奉献精神。学校可以鼓励幼儿教师参与各类志愿者服务项目，如扶贫帮困、关爱老人、关爱儿童等。此外，学校还可与志愿者组织或社会团体合作，提供给幼儿教师参与志愿活动的机会和平台，让他们感受到参与社会公益活动的成就感和价值意义。

（五）家长教育

学校应积极开展家长教育活动，提供专业的指导和支持，帮助家长更好地理解和引导孩子的成长。通过邀请专家来校进行讲座和研讨，学校可以为家长提供教育指导、育儿知识和教育方法。专家可以分享家庭教育经验，介绍科学的育儿理念和教育技巧，以启发和引导家长正确的教育观念和行为模式。

此外，学校还可以定期发布家长教育手册或在线教育资源，为家长提供实用的教育指南和工具。这些教育资源可以涵盖多个方面，如学习方法指导、家庭沟通技巧、家庭教育案例等，旨在帮助家长解决教育难题、增进家庭教育效果。学校还可以组织家长工作坊、交流会等形式的活动，让家长之间互相交流、分享教育经验，形成家长群体的互帮互助氛围。通过家长教育的开展，学校、幼儿教师与家长之间的合作关系将得到进一步加强，共同关注幼儿的全面发展。

第四节　培养乡村幼儿教师的实施方法

一、制订完善的培养计划和课程体系

在幼儿教师的培养中，制订完善的培养计划和课程体系是非常重要的。首先，需要明确幼儿教师的培养目标和需求，结合实际情况，综合考虑各方面因素，制订具体的培养计划。这个计划应该包括培养的时间安排、学习内容、教学方法、评估方法等。

在培养计划中，应该注重全面培养幼儿教师的能力和素质。这包括专业知识、技能和职业道德等方面。培养计划可以根据不同的岗位需求，设置基础知识课程、技术培训和职业道德教育等模块，确保幼儿教师能够全面掌握所需的知识和技能。

此外，培养计划还应该强调实践教学的重要性。通过实践教学，幼儿教师可以将学到的理论知识运用到实际工作中，提升实际操作能力和解决问题的能力。可以组织实践活动、实习实训、参观考察等形式，让幼儿教师亲身感受和体验实际工作环境，增强实践能力。

二、配置优质的教育资源和教学设施

为了保证幼儿教师的培养效果，需要提供优质的教育资源和教学设施。这包括教材、参考书籍、学习资料、实验设备等方面。

首先，教材和参考书籍是幼儿教师学习的重要依据。应该选择权威、全面、系统的教材和参考书籍供幼儿教师使用。可以邀请相关领域的专家和学者编写教材，确保其准确性和实用性。

其次，学习资料的提供也非常重要。可以建立电子资源库，收集整理与幼儿教师培养相关的各类学习资料，包括学术论文、实践案例、行业报告等，方便幼儿教师进行学习和研究。

最后，实验设备和教学设施是幼儿教师培养中必不可少的一部分。根据具体

的岗位需求，提供相应的实验设备和教学设施，让幼儿教师有机会进行实际操作和实践训练，提高实际工作能力。

三、开展有针对性的培训和研修活动

为了提高幼儿教师的综合素质和专业技能，需要开展有针对性的培训和研修活动。这可以包括内部培训、外部培训和专业研修等形式（表 4–1）。

表 4–1 培训和研究的三种典型形式

培训和研修	培训和研修的具体阐释
内部培训	由组织机构或领导者组织，根据幼儿教师的具体需求和岗位要求，进行系统的培训。培训内容可以涵盖专业知识、技术操作、沟通协调、团队合作等方面，以此提高幼儿教师的综合素质
外部培训	通过邀请行业专家、学者和企业高管等来进行，让幼儿教师接触到最新的行业动态和研究成果，拓宽视野，增加专业知识
专业研修	指让幼儿教师有机会深入参与某个特定领域的研究和实践。可以组织幼儿教师参与项目研究、学术交流、实践调研等，提高幼儿教师在特定领域的专业水平和实际应用能力

四、推行师德师范教育和职业道德引导

在幼儿教师的培养中，师德师范教育和职业道德引导是必不可少的。这是为了确保幼儿教师在工作中能够遵守职业道德准则，具备良好的职业操守和道德素养。

师德师范教育可以通过讲座、研讨会、班会等形式进行。可以邀请具有丰富经验的导师或领导者来分享经验和案例，启发幼儿教师的思考，树立正确的师德榜样。

职业道德引导可以通过案例分析、角色扮演和讨论等方式进行。可以组织幼儿教师讨论一些具有争议性或道德难题的情景，引导他们进行思考和讨论，培养其正确判断和决策的能力。

五、加强实践基地建设和校企合作

为了提供更好的实践环境和机会，可以加强实践基地建设和校企合作，从而使幼儿教师能够更好地将所学知识应用于实际工作中。

（一）实践基地建设

学校与相关行业或企事业单位合作，共同建设实践基地。这些实践基地可以是实习实训基地，也可以是科研实验室、创新创业基地等。通过与实践基地的合作，幼儿教师能够接触到真实的工作环境，了解行业的发展趋势和技术需求。

具体来说，学校可以与企事业单位或相关机构签订合作协议，共同建设实践基地。合作协议中可以明确基地的功能定位、设施建设、资源支持等内容。在基地建设过程中，学校可以充分利用自身的教育资源和专业师资力量，提供相应的支持和指导。

一般来说，幼儿教师的实践基地通常是已经运营的幼儿园或教育机构、教育学院、师范学校等。实践基地为幼儿教师提供以下重要功能：

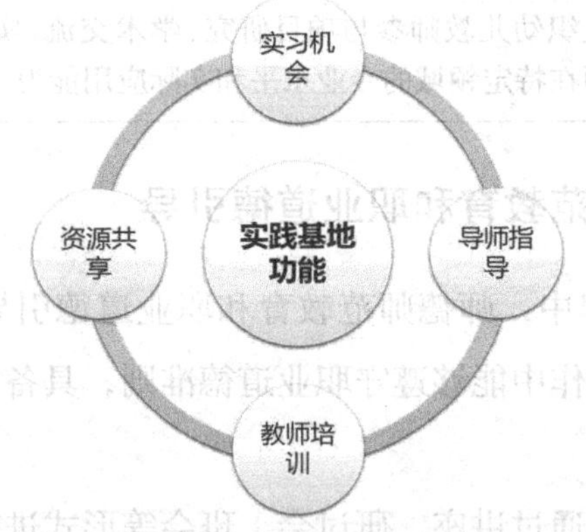

图4-2　实践基地功能

通过与实践基地的合作，幼儿教师可以获得真实的实践机会，提高实际操作能力和解决问题的能力，提升教学能力和专业素养，强化实践经验和创新能力。

（二）校企合作

学校积极与企事业单位进行校企合作，开展实习、实训和科研等活动。校企合作可以为幼儿教师提供与实际工作相关的机会，增强他们的实践能力和就业竞争力。

一方面，学校可以与企业签订合作协议，建立稳定的合作关系。通过合作协议，学校与企业可以明确合作的范围、内容和目标，共同推进人才培养和科研创新。合作的形式可以包括但不限于实习实训、科技合作、人才培养等。

另一方面，学校可以与企业合作开展实践性教学活动。例如，学校可以组织幼儿教师到企业进行实习，让他们真实地参与到企业的工作中，了解并适应实际的工作环境。同时，学校还可以邀请企业专家和技术人员来校进行讲座、培训和指导，为幼儿教师提供最新的行业信息和技术动态。

通过校企合作，幼儿教师可以更好地了解企业的管理模式、创新理念和实际工作流程，增强专业素养和实践能力。

第五章　提升乡村幼儿教师的专业能力

第一节　加强幼儿教育专业知识的培养

一、幼儿教育理论与研究

（一）幼儿教育的概念与意义

1. 幼儿教育的概念

幼儿教育是指对年龄处于 3 岁至 6 岁阶段的幼儿进行有计划、有组织、有针对性的教育活动，旨在促进幼儿的全面发展。幼儿教育强调以儿童为中心，通过创设适应幼儿特点和需求的教育环境，提供适合幼儿年龄段的教育内容和教育方法，培养幼儿的认知、情感、社交和动手能力。

2. 幼儿教育的意义

幼儿教育的意义表现在多方面，诸如促进幼儿的全面发展；有助于培养幼儿良好的生活习惯，塑造幼儿的品格；为幼儿创造出丰富多彩的社会成长环境；开发幼儿的潜能；促进家庭教育的连续性等，具体来说（图 5–1）：

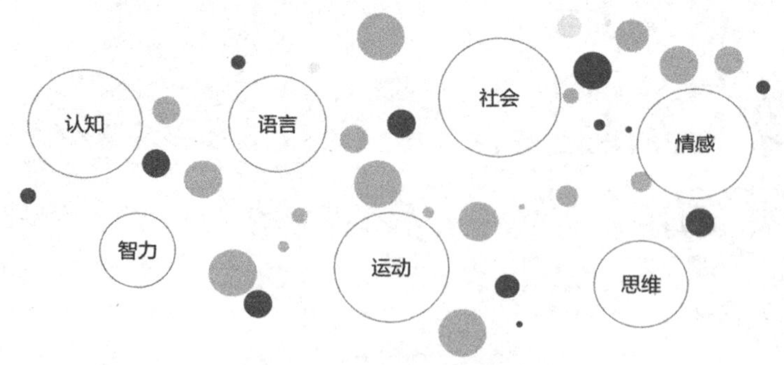

图5–1　幼儿全面发展项

第一，促进幼儿全面发展。幼儿教育注重培养幼儿的认知、语言、社会、情感、运动等各个方面的能力，帮助幼儿全面发展，建立良好的人际关系和自我形象，为将来的学习和生活奠定基础。

在认知方面，幼儿教育通过启发性的教育方法和活动，激发幼儿的好奇心和探索欲望，帮助他们积极主动地参与学习，培养他们的观察力、思维和解决问题的能力。在语言方面，幼儿教育注重提供丰富的语言环境和语言活动，帮助幼儿提高口头表达和听力理解的能力，为日后的语言发展打下基础。在社会方面，幼儿教育创设多样化的社交环境和机会，促进幼儿与同伴的互动、合作和竞争，培养他们的合作意识、分享精神和团队合作能力。在情感方面，幼儿教育注重培养幼儿的情感认知和情绪调适能力，帮助他们建立积极的自我形象，增强自信心，培养正面的情感体验和人际关系能力。在运动方面，幼儿教育提供丰富的运动机会和活动，促进幼儿的身体发展和协调能力，培养他们的健康意识和运动技能。

通过注重幼儿各个方面能力的培养，幼儿教育帮助幼儿全面发展，使他们在身心各个方面得到充分的发展，为将来的学习和生活打下坚实的基础。

第二，培养幼儿良好的行为习惯和价值观。幼儿教育注重培养幼儿的道德品质和社会行为规范，引导幼儿树立积极的人生观、价值观，培养良好的行为习惯和道德意识。

幼儿教育注重培养幼儿的自律能力和社会行为规范。幼儿教师通过设置明确的规则和日常生活的安排，帮助幼儿养成良好的生活习惯和行为习惯。同时，幼儿教育也注重培养幼儿的道德意识和道德观念，幼儿教师通过启发性的教育方法和活动，帮助幼儿理解并接受社会公德、个人品德和家庭美德的规范，培养他们的道德情感和行为准则。

幼儿教育也注重引导幼儿树立积极的人生观和价值观。通过故事、游戏、讨论等方式，幼儿教师向幼儿传递积极、正确的人生观和价值观，引导他们形成正确的人生目标和价值取向。幼儿教育也注重培养幼儿的公民意识和社会责任感，引导他们尊重他人、关心社会，培养他们的社会关系和公众意识。

通过培养良好的行为习惯和价值观，幼儿教育帮助幼儿成为品德高尚、有社会责任感的人，并为他们今后的发展奠定道德基础。

第三，提供良好的社交经验。幼儿教育提供丰富的社交环境和机会，促进幼儿通过与同伴互动、合作和竞争等方式，学会与他人相处、分享和支持，培养幼儿的社交能力和团队合作精神。

在幼儿教育中，我们重视提供良好的社交经验，促使幼儿通过与同伴互动、合作和竞争等方式，学会与他人相处、分享和支持，培养他们的社交能力和团队合作精神。

在教育环境中，幼儿教师创设丰富多样的社交环境和机会，鼓励幼儿积极参与各种社交活动。通过小组活动、游戏、合作项目等，促进幼儿与同伴之间的互动和交流，鼓励他们分享自己的想法、观点和感受。同时，幼儿教育也注重教育幼儿学会倾听和尊重他人，培养他们与他人相处的基本礼仪和沟通技巧。

在幼儿教育中，幼儿教师通过组织集体活动、团队合作和角色扮演等方式，培养幼儿的团队合作精神。通过这些活动，幼儿学会与他人合作、共同解决问题，培养他们的团队意识、协作能力和领导能力。同时，幼儿教师也注重培养幼儿的分享意识和支持他人的精神，鼓励他们乐于助人、关心他人，培养他们的友善和包容心态。

通过提供良好的社交经验，幼儿教育帮助幼儿发展良好的社交能力和团队合作精神，使他们能够适应不同的社交环境，与他人建立良好的人际关系，并为他们将来的学习、工作和生活打下坚实的基础。

第四，开发幼儿潜能。幼儿教育通过启发性的教育方法和活动，激发幼儿的学习兴趣和主动性，开发其潜能，培养幼儿的创造力和解决问题的能力。

幼儿教育倡导以幼儿为主体，根据幼儿的兴趣和发展需要，进行个性化的教育。幼儿教师通过观察和了解每个幼儿的特点和潜能，可以有针对性地设计教学活动，满足幼儿的发展需求，并激发他们的学习动力。

幼儿教师鼓励幼儿主动参与各种学习活动，并提供适宜的学习环境和资源，激发他们的好奇心和探索欲望。

幼儿教育注重培养幼儿的创造力和解决问题的能力。幼儿教育鼓励幼儿思考和提问，培养他们独立思考和解决问题的能力。幼儿教师通过让幼儿参与各种创造性活动，如绘画、手工制作、角色扮演等，鼓励他们发挥想象力和创造力，培养他们的创新思维和艺术表达能力。同时，幼儿教育也注重培养幼儿的逻辑思维和问题解决能力，幼儿教师通过提供有挑战性的问题和活动，让幼儿积极思考和寻找解决办法。

通过开发幼儿的潜能，幼儿教育帮助幼儿发展自己独特的才能和潜力，培养他们的创造力和解决问题的能力，为他们未来的学习和生活打开更广阔的可能性。

第五，促进幼儿家庭教育的连续性。幼儿教育与家庭教育是相辅相成的，两者应该紧密结合，共同促进幼儿的全面发展。在幼儿教育中，我们注重与家长的密切配合和沟通，共同关注幼儿的成长和发展，实现幼儿教育与家庭教育的连续性。

幼儿教育鼓励家长参与幼儿教育，提供家庭教育的支持和指导。幼儿教师定期开展家长培训和家庭活动，向家长提供有关幼儿教育的知识和技能，并与家长分享教育经验和方法。同时，幼儿教师也注重与家长的沟通和合作，定期举行家长会、家访等活动，了解幼儿在家庭中的情况和需求，与家长共同制订教育计划和目标，共同评估和跟踪幼儿的发展情况。

（二）幼儿教育的基本原则

幼儿教育的基本原则符合幼儿阶段的发展规律，指导着幼儿教育的实践，确保了幼儿在教育环境中得到全面的发展，促使他们快乐地学习、成长。幼儿教育的基本原则大致有五种（图 5–2）：

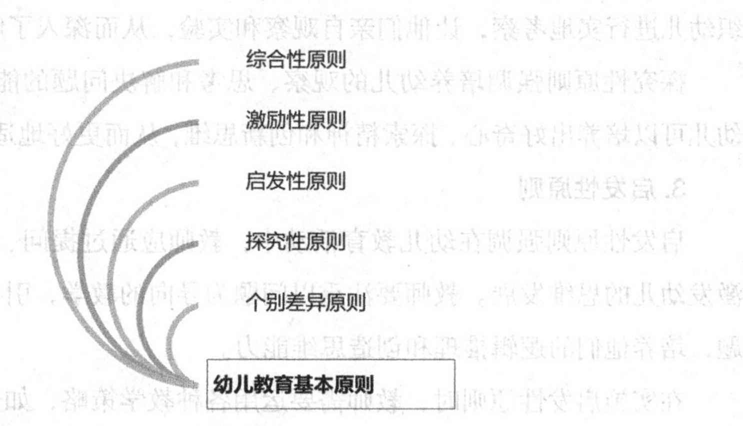

图 5–2　幼儿教育基本原则

1. 个别差异原则

个别差异原则是指在幼儿教育中要重视每个幼儿的个体差异性，认识到幼儿在身体、智力、情感等方面存在着差异。这一原则强调根据幼儿的特点和需求，采取因材施教的教育方式和方法，个别化地促进幼儿的发展。

在实施个别差异原则时，教师需要对幼儿进行全面的观察和评估，了解他们的兴趣、特长、学习风格等方面的差异。基于这些了解，教师可以通过个别辅导、小组活动、分层教学等方式，满足幼儿不同的学习需求。例如，对于学习能力较好的幼儿，可以提供更高难度的学习任务，挑战他们的思维能力，而对于学习困难的幼儿，可以提供更多的指导和支持，帮助他们克服困难。

个别差异原则的核心是尊重幼儿的个体差异，关注他们的发展潜力和独特性。通过个别化的教育方式和方法，可以更好地满足幼儿的学习需求，促进他们的全面发展。

2. 探究性原则

探究性原则是指幼儿教育注重培养幼儿主动、积极地探索和构建知识的能力。这一原则认为幼儿在学习过程中应该成为知识的创造者和探究者，而不仅仅是被动接受知识的接收者。

在实施探究性原则时，教师需要创设情境和提供资源，引导幼儿进行触摸、观察、实验、解决问题等活动。通过这些活动，幼儿可以主动地与周围的事物互动，积极地探索并构建自己的知识体系。例如，在学习自然科学时，教师可以组织幼儿进行实地考察，让他们亲自观察和实验，从而深入了解自然界的规律。

探究性原则强调培养幼儿的观察、思考和解决问题的能力。通过自主探究，幼儿可以培养出好奇心、探索精神和创新思维，从而更好地适应日益变化的社会。

3. 启发性原则

启发性原则强调在幼儿教育活动中，教师应通过提问、引导、提示等方式，激发幼儿的思维发展。教师要注重以问题为导向的教学，引导幼儿思考、解决问题，培养他们的逻辑推理和创造思维能力。

在实施启发性原则时，教师需要运用各种教学策略，如开放式提问、情境引导、多样化的教学资源等，激发幼儿的思维活动。通过提出有挑战性的问题，教师可以促使幼儿思考并寻找解决问题的方法。同时，教师还要给予适度的引导和提示，帮助幼儿逐步建立起解决问题的思维模式和策略。

启发性原则注重培养幼儿的思维能力和解决问题的能力。通过启发性的教学方式，幼儿可以主动思考、独立分析，并形成自己的观点和见解。这种思维方式不仅有助于幼儿的认知发展，还能激发他们的创造力和创新精神。

4. 激励性原则

激励性原则强调在幼儿教育活动中需要注重激发幼儿的学习兴趣和主动性。通过赞美、鼓励、奖励等方式，激励幼儿参与学习并取得进步，培养他们的学习动力和积极性。

在实施激励性原则时，教师需要及时发现和肯定幼儿的优点和努力。通过赞美和鼓励，可以让幼儿感受到自己的价值和成就，增强他们的自信心和积极性。同时，教师还可以设置一些小奖励，如表扬、小礼品等，激发幼儿的学习兴趣和动力。

激励性原则强调以积极的方式影响幼儿的行为和情绪，培养他们的自我激励能力。通过积极的激励措施，幼儿会更加主动地参与学习，并享受到学习过程中的快乐和成就感。

5. 综合性原则

综合性原则强调幼儿教育应关注幼儿的全面发展，促进各个领域能力的综合发展。教师要注重培养幼儿的认知、语言、社会、情感、运动等多方面的能力，通过整合不同领域的教育内容和活动，实现幼儿的全面培养。

在实施综合性原则时，教师需要设计丰富多样的教育活动，涵盖幼儿各个发展领域。比如，在游戏中培养幼儿的社交技能和情感管理能力，在艺术活动中发展幼儿的创造力和审美能力，在体育运动中培养幼儿的肢体协调和健康意识等。

综合性原则强调将不同领域的教育内容有机地结合起来，促进幼儿的全面发展。通过综合性的教育，幼儿可以获得更广泛的经验和知识，培养出多元化的能力和素质，为其未来的学习和成长奠定坚实的基础。

在幼儿教育中，个别差异原则、探究性原则、启发性原则、激励性原则和综合性原则是非常重要的指导原则。这些原则旨在关注每个幼儿的个体差异，培养幼儿的探究能力、思维发展、学习动力和全面发展。通过有效地应用这些原则，教师可以为幼儿提供个性化的学习支持，激发他们的学习兴趣和主动性，促进他们在各个领域的发展。同时，这些原则也有助于培养幼儿的自主学习能力和解决问题的能力，为他们未来的学习和生活打下坚实的基础。因此，在幼儿教育实践中，教师应当充分理解并运用这些原则，以满足幼儿的学习需求，促进他们的全面成长与发展。

（三）幼儿教育的教学方法

在幼儿教育中，采用适当的教学方法对于促进幼儿的全面发展和有效学习至关重要。下面介绍四种常见的幼儿教育教学方法（表 5-1）：

表 5-1　四种常见的幼儿教育教学方法

教学方法	教学方法简介
启发式教学法	启发式教学法注重激发幼儿思考和解决问题的能力。教师通过提出开放性问题、情境引导或提示，引导幼儿进行积极思考，自主探索，并从中获得新的知识和理解。这种教学方法强调幼儿的主动性和创造性，培养他们的思维能力和解决问题的技巧
情境教学法	情境教学法通过创设真实或虚拟的情境，将学习与生活经验相结合，使幼儿在参与情境活动中获得知识和技能。教师可以通过角色扮演、游戏、模拟等方式创建情境，让幼儿在情境中体验学习，主动探索并应用所学内容。这种教学方法有助于提高幼儿的实际操作能力和综合应用能力
合作学习法	合作学习法强调幼儿之间的互动与合作。通过组织合作小组活动，促使幼儿在合作中相互交流、分享想法、共同解决问题。这种教学方法不仅培养了幼儿的社交技能和团队合作意识，还能促进他们的思维发展和学习效果
游戏教学法	游戏教学法将游戏与学习相结合，通过有目的的游戏活动来达到教育目标。游戏教学法以幼儿的兴趣和需求为出发点，设计具有教育意义的游戏任务，让幼儿在游戏中体验、探索和学习。游戏教学法能够激发幼儿的积极性和主动性，提高他们的学习动力和效果

（四）幼儿教育的评价与改进

幼儿教育的评价与改进是为了保证教育质量和持续改善教学效果。下面介绍几种常见的幼儿教育评价与改进方法：

1. 观察记录法

教师通过观察幼儿在学习和活动中的表现、行为和态度，记录下来并进行分析。这种方法可以了解幼儿的兴趣、优势、困难等情况，为教学提供参考和改进方向。

2. 测验法

通过针对性的测验或测试，评估幼儿在某个领域的学习成绩和能力水平。测验结果可以揭示幼儿的学习状况和问题所在，为教学改进提供依据。

3. 问卷调查法

教师或家长可以通过问卷调查的方式获取幼儿的反馈意见和感受。问卷可以包括关于教学活动、教学环境、教材等方面的问题，以了解幼儿对教育活动的满意度和意见建议，从而针对性地进行改进。

4. 反思研究法

教师可以通过定期反思自己的教学实践，回顾教育活动的过程和效果，分析教学中存在的问题和不足，并寻找改进的方法和策略。这种方法可以促使教师不断提高教学水平，提供更好的教育服务。

5. 经验交流与专业培训

教师可以参加教育研讨会、专业培训或与其他教师进行经验交流，借鉴他人的成功经验和教学方法。通过与同行的互动和分享，教师能够拓宽视野，更新教育理念，提升教学质量。

评价结果和改进措施的落实需要与教师、家长、管理者等多方合作。根据评价结果，及时调整教学内容、教学方法和教学资源，提供个性化的学习支持；加强教师培训，提高教师的专业素养和教学能力；改善教学环境，营造良好的学习氛围；不断完善教育管理体制和政策支持，推动幼儿教育的发展和改进。

二、幼儿发展心理学

（一）幼儿发展心理学的定义与意义

1. 幼儿发展心理学的定义

幼儿发展心理学是研究幼儿在不同年龄阶段的心理特点、心理能力和心理发展规律的学科。它关注幼儿从出生到 7 岁左右这一阶段的心理变化和发展趋势，旨在了解幼儿的认知、情感、社会和性格等方面的发展过程。

2. 幼儿发展心理学的意义

幼儿发展心理学在以下四个方面具有重要意义（表 5–2）：：

表 5–2　幼儿发展心理学意义

意义	幼儿发展心理学意义的具体表现
儿童教育指导	通过了解幼儿的心理发展规律，幼儿发展心理学可以为儿童教育提供科学依据和有效指导。教育者可以根据幼儿的认知、情感和社交发展水平，制定相应的教育活动和方法，促进幼儿全面发展
父母抚育参考	对于父母来说，了解幼儿的心理特点和发展阶段可以帮助他们更好地理解孩子的行为，因此能够更有针对性地进行抚养和教育。了解幼儿发展心理学的知识，可以帮助父母培养正确的育儿观念和方法，提供温暖、关爱和适宜的成长环境
幼儿心理健康	幼儿期是个体心理发展的关键时期，幼儿的心理健康对其一生的发展具有重要影响。通过幼儿发展心理学的研究，可以更好地识别幼儿发展中可能存在的问题和障碍，并及早进行干预，促进幼儿心理健康的发展
社会政策制定	幼儿发展心理学研究的成果可以为制定幼儿保健、教育和社会政策提供科学依据。政府和相关机构可以根据研究成果，制定相应的政策和规划，为幼儿提供更好的成长环境和发展机会

（二）幼儿认知发展

1. 感知的发展

幼儿的感知能力在出生后不久就开始发展，并且随着年龄的增长逐渐提高。初期，幼儿主要通过感觉器官接收外界信息，逐渐形成对环境的感知和理解。例如，幼儿能够通过视觉感知物体的颜色、形状和大小。

2. 运动的发展

幼儿在运动方面的能力也随着年龄的增长而逐步提高。他们通过反复地运动探索和练习，逐渐掌握身体的协调性和动作技巧。这种运动的发展对于幼儿后续的认知发展具有重要的影响。

3. 对象永恒性的认识

在18个月左右，幼儿开始逐渐形成对对象永恒性的认识。他们能够意识到当一个物体消失或移动时，并不意味着它的存在终止，它仍然存在于其他地方。这种认识是幼儿认知发展中的一个重要里程碑，标志着他们对世界的持续存在有了更深入的理解。

4. 运算思维的出现

随着年龄的增长，幼儿开始逐渐表现出一些基本的运算思维能力。他们能够进行简单的数量比较、分类和序列等操作。这种运算思维的发展为后续数学和逻辑思维的形成奠定了基础。

5. 概念的形成

在2—3岁之后，幼儿开始逐渐形成一些简单的概念。他们能够将事物归类，并通过共同特征来区分不同的对象。例如，他们能够将动物分为猫、狗、鸟等不同的类别。

6. 形象思维的发展

幼儿在认知发展的早期主要依靠感知和感觉，更倾向于使用形象思维。他们通过观察和模仿来学习和理解世界。随着年龄的增长，幼儿逐渐发展出符号思维能力，能够使用语言和符号来进行思维活动。

（三）幼儿语言发展

1. 幼儿语言发展的阶段

幼儿语言发展经历了以下几个阶段：无言期、孤立词期、简单句期和复合句期。在无言期，幼儿还没有掌握语言能力，主要通过哭泣和表情来交流需求和情感。随着年龄的增长，幼儿逐渐进入孤立词期，开始发出单个词汇，如“妈妈”“狗”等，并能够理解一些简单指令。接下来，幼儿进入简单句期，能够组成简单的主谓结构，如“我吃饭”“猫跑了”等。最后，幼儿进入复合句期，能够使用较复杂的句子，如“我想去公园，然后玩秋千”等。

2. 影响幼儿语言发展的因素

幼儿语言发展受到多种因素的影响，其中包括基因遗传、家庭环境、社会互动和个体差异等。基因遗传决定了幼儿的语言天赋和语音发育的潜力，但家庭环境也起着至关重要的作用。幼儿在家庭中接触到的语言环境对其语言发展有着深远影响，如父母的语言输入和交流方式。社会互动也是幼儿语言发展的重要因素，通过与他人的互动，幼儿能够学习和模仿语言表达。此外，每个幼儿的发展速度和方式存在个体差异，一些幼儿可能在特定领域表现更出色，而在其他领域则较为薄弱。

3. 促进幼儿语言发展的方法

家长和教师可以采取以下四种方法来促进幼儿的语言发展：

提供丰富的语言输入：在日常生活中，向幼儿提供丰富的语言输入，如通过与幼儿交流、读故事书和唱儿歌等方式，帮助幼儿接触到更多的词汇和句型。

创造语言环境：营造良好的语言环境，让幼儿有机会进行语言交流，如与家人朋友开展对话、参加语言游戏等。同时，还可以在家中设置标识、贴纸等，帮助幼儿认识和学习新的词汇。

鼓励幼儿表达：鼓励幼儿用语言表达自己的想法和感受，倾听并回应他们的发言。同时，要给予幼儿积极的反馈和鼓励，增强他们使用语言的自信心。

提供适当的语言模型：成人可以为幼儿提供正确的语音模型和语言模式，帮助幼儿正确学习和使用语言。当幼儿在语法或发音上出现错误时，可以适时纠正，但要注意方式和态度，避免给幼儿带来过多的压力。

（四）幼儿社会情感发展

1. 幼儿社会情感发展的阶段

幼儿社会情感发展经历了以下三个阶段，如图（表 5–3）所示：

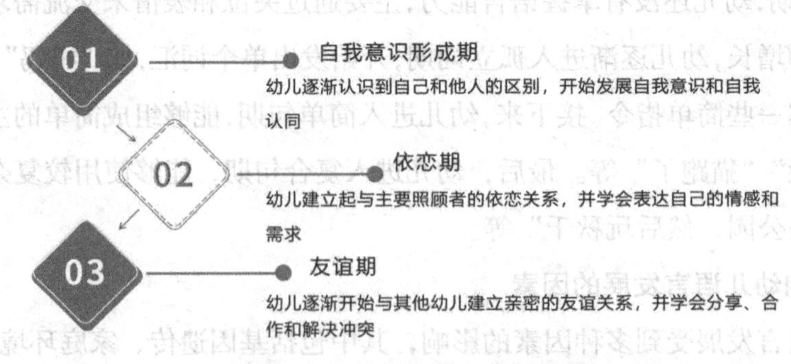

图5–3　幼儿社会情感发展阶段

2. 影响幼儿社会情感发展的因素

幼儿社会情感发展受到多种因素的影响，其中包括家庭教育、社会环境、个体特点等。家庭教育是幼儿社会情感发展的重要因素，父母的教养方式和家庭氛围对幼儿的情感发展有着深远影响。同时，社会环境也对幼儿的社交能力和人际关系形成起着重要作用，如幼儿园和其他社交场合的互动经验。此外，每个幼儿的个体特点也会影响其社会情感发展，如性格特点、情绪调节能力等。

3. 促进幼儿社会情感发展的方法

家长和教师可以采取以下五种方法来促进幼儿的社会情感发展：

提供温暖和支持：家长和教师应给予幼儿温暖和支持，建立起安全的环境和信任关系。通过爱的表达和接纳幼儿的情感需求，培养其积极的自我认同和情感表达能力。

培养合作意识：家长和教师鼓励幼儿参与团队活动，如合作游戏、小组讨论等，培养其合作意识和团队合作能力。同时，教授幼儿分享、互助和妥协的技巧，帮助他们学会与他人建立良好的关系。

教授冲突解决技巧：家长和教师引导幼儿学会识别和表达自己的情感，教授他们积极解决冲突的技巧，如倾听他人的观点、表达自己需求和寻求妥协等。同时，教育幼儿尊重他人的感受和权利，培养他们的共情能力和友善行为。

提供社交经验：家长和教师为幼儿提供丰富的社交经验，如参加幼儿园集体活动、与其他幼儿进行互动交流等。通过与不同的人交往，幼儿可以学会与他人相处、理解并尊重他人的不同观点和文化差异。

角色建模和教育：成人是幼儿社会情感发展的重要角色，他们应以身作则，成为良好的榜样。成人可以通过正确的行为和语言示范积极的社交技巧和情感表达方式，引导幼儿学习和模仿。

三、幼儿教育方法与技巧

（一）游戏教育法

游戏是幼儿最主要的学习方式之一，它能够激发幼儿的学习兴趣和积极参与的态度。在幼儿教育中，采用游戏教育法可以帮助幼儿获得全面的发展。下面将详细介绍游戏教育法的特点：

1. 以幼儿为中心

游戏教育法注重幼儿的主动性和创造力。教师应该关注每个幼儿的兴趣、需求和水平，根据幼儿的特点提供适合他们的游戏活动，确保每个幼儿都能够参与到游戏中来。

2. 提供具体的情境和任务

游戏教育法通过创设具体的情境和任务，让幼儿在游戏中进行自主探索和实践。这些情境和任务可以模拟真实生活中的场景，如角色扮演、家庭游戏等，也可以是抽象的问题和挑战，如拼图游戏、迷宫游戏等。通过这样的游戏活动，幼儿可以在情境中学习，并将所学知识和技能应用到实际生活中。

3. 注重集体合作和交流

游戏教育法强调幼儿之间的集体合作和交流。在游戏中，幼儿可以与其他同伴一起玩耍、交流和合作，共同完成任务或解决问题。这种集体合作的过程可以培养幼儿的社交能力、团队意识和合作精神，同时也能够促进他们的语言表达和交流能力的发展。

（二）启发式教育法

启发式教育法是通过引导和激发幼儿的思维活动，培养其独立思考和解决问题的能力。在幼儿教育中，启发式教育法可以促进幼儿的认知和智力发展。

1. 注重问题提出和解决的过程

启发式教育法注重培养幼儿的问题意识和解决问题的能力。教师可以通过提出具有挑战性和思维启发作用的问题，激发幼儿的思考和探索。在问题的提出和解决的过程中，幼儿可以运用自己的知识和经验，进行观察、比较、分类、推理等思维活动。

2. 鼓励幼儿进行思维活动

启发式教育法鼓励幼儿进行积极的思维活动。教师应该引导幼儿主动思考问题，提供适当的提示和指导，激发幼儿的思维潜能。在教学过程中，教师可以通过让幼儿观察现象、探索规律、解决矛盾等方式，培养他们的思维能力和创造性思维。

3. 提供适当的材料和资源

为了支持启发式教育法的实施，教师需要提供适当的材料和资源。这些材料可以是实物、图片、视频等，能够激发幼儿的学习兴趣和好奇心，并且能够帮助他们进行思维活动和问题解决。教师还可以创造富有挑战性的环境，提供多样化的学习资源，让幼儿有更多的机会进行观察、实验、探索和发现。

通过游戏教育法和启发式教育法，可以促进幼儿在认知、情感、社交和身体等方面的全面发展。同时，教师在实施这些教育方法时也应注意以下三点：

第一，平衡指导与自主。教师应该在引导幼儿的思考和解决问题过程中找到平衡点，既要给予适当的指导和提示，又要尊重幼儿的个性和独立思考能力，鼓励他们进行自主学习和探索。

第二，个性化教学。教师应根据每个幼儿的特点和学习需求，提供个性化的教育服务。不同幼儿之间存在差异，教师应灵活调整教学策略和方法，使每个幼儿都能够得到适合他们的学习机会和支持。

第三，评估与反馈。教师应定期对幼儿的学习进行评估和反馈。通过评估可以了解幼儿的学习进展和困难，及时提供帮助和支持。同时，教师还可以根据评估结果调整教学内容和方法，使教育活动更加有效和有针对性。

（三）情感教育法

1. 情感引导和示范作用

情感教育法注重教育者的情感引导和示范作用。教育者应该成为幼儿情感发展的良好榜样，通过积极乐观的情绪表达和情感态度，引导幼儿树立正确的情感观念和价值观。

2. 提供情感体验和情景模拟机会

为了让幼儿能够体会和理解不同情感的表达方式，情感教育法提倡提供情感体验和情景模拟的机会。通过情感学习活动和角色扮演等方式，让幼儿亲身经历和感受各种情感，培养他们的情感认知和情绪调节能力。

3. 鼓励情感交流和合作活动

情感教育法鼓励幼儿积极参与情感交流和合作活动，培养他们的情感表达和处理问题的能力。通过情感分享、情感绘画、情感游戏等形式，让幼儿学会与他人有效地沟通和合作，培养良好的人际关系和社交技能。

（四）多元智能教育法

1. 认识和尊重每个幼儿的独特智能类型

多元智能教育法的依据是加德纳的多元智能理论。此理论认为，智能不是一个统一的概念，而是由多种独立智能组合而成。

表 5–3　多元智能理论简介

多元智能	多元智能解析
语言智能	善于运用语言进行交流和理解
逻辑智能	善于逻辑思考、运用数学知识进行推理
空间智能	善于感知和处理空间信息，如图形和图像
动觉智能	善于运用身体各部分的协调能力，如运动、手工技能等
音乐智能	善于感知音乐、演奏乐器和创作音乐
人际智能	善于理解他人情感，并有效地与他人交流互动
内省智能	善于了解和理解自己的内心世界
观察智能	善于观察、了解自然界和环境
趣味智能	善于发现、追求和表达个人的兴趣和热情

幼儿教育的关键点在于认识和尊重每个幼儿的独特智能类型。教育者应该了解幼儿的智能特点和优势，并提供相应的学习机会和资源，促进其全面发展。

2. 提供多样化的学习体验和活动

多元智能教育法提倡提供多样化的学习体验和活动，满足幼儿不同智能类型的需求。通过音乐、艺术、运动、逻辑思维等多样的学习任务，激发幼儿的潜能和兴趣，培养他们各种智能的能力。

3. 鼓励跨学科学习和综合运用各种智能

多元智能教育法鼓励幼儿进行跨学科学习和综合运用各种智能。通过多学科的教学设计和项目活动，让幼儿能够整合和运用不同的智能，在解决问题和实践中发挥多方面的能力。

4. 个性化教学和评估

多元智能教育法强调个性化教学和评估。教育者根据幼儿的不同智能类型和发展水平，设计差异化的学习任务和评估方式，帮助幼儿充分发展其独特的智能潜能。

通过情感教育法和多元智能教育法的实施，可以有效促进幼儿的情感表达能力、社交技能和综合智能的发展。教育者在实践中应注重个体差异和全面发展，创造积极、丰富的学习环境，激发幼儿的学习兴趣和动力，培养他们自信、乐观、有爱心的情感态度，并帮助幼儿充分发展其潜能和优势。

四、幼儿教育评价与测量

（一）综合评价方法

综合评价方法是指通过多种评价手段和工具，对幼儿进行全面、客观的评价。在幼儿教育中，采用综合评价方法可以帮助教育者了解幼儿的学习情况和发展水平，为后续的教学提供参考。下面将详细介绍综合评价方法的特点：

1. 多种评价手段和工具

综合评价方法包括观察记录、评语评定、作品展示、个别测试等多种评价手段和工具。这些手段和工具可以从不同角度、不同方面评价幼儿的认知、情感、社交和身体等各个方面的发展。

2. 全面客观评价

综合评价方法注重对幼儿的全面评价。教育者通过多种评价手段和工具，获取关于幼儿学习能力、兴趣爱好、人际交往等方面的信息，从而形成全面客观的评价结果。

3. 避免片面评判

综合评价方法避免单一指标评价和片面评判。教育者应当综合考虑各项评价指标和数据，形成综合评价结果，以充分了解幼儿的全面发展情况。

（二）动态评估方法

动态评估方法是指通过对幼儿的学习过程和发展变化进行连续观察和记录，及时调整教学策略并提供支持。采用动态评估方法可以帮助教育者及时发现幼儿的学习困难和需求，为幼儿提供有效的干预和支持。下面将详细介绍动态评估方法的特点：

1. 连续观察和记录

动态评估方法强调对幼儿学习过程和发展变化的连续观察和记录。教育者通过日常观察、学习档案记录等方式，收集幼儿在学习中的表现和进步，并及时反馈和记录。

2. 及时调整教学策略

基于动态评估结果，教育者能够及时调整教学策略，根据幼儿的发展需要提供有针对性的教学支持。这样能够更好地满足幼儿的学习需求，促进其良好的发展。

3. 注重个体差异和个性化发展

动态评估方法关注幼儿的个体差异和个性化发展。教育者应根据不同幼儿的特点，因材施教，为每个幼儿提供针对性的支持和指导，助其达到最佳的发展。

（三）参与式评估方法

参与式评估方法是指幼儿和家长主动参与评价过程，并对评价结果进行反思和共同决策。采用参与式评估方法可以增强幼儿和家长的主体地位，在评价中体现教育的民主性和人权性。下面将详细介绍参与式评估方法的特点：

1. 幼儿和家长的参与

参与式评估方法强调幼儿和家长的参与，让他们成为评价过程的主体。教育者可以通过家长问卷调查、家访交流、评价会议等方式，邀请家长积极参与评价工作，分享对幼儿学习和发展的观察和意见。

2. 反思和共同决策

参与式评估方法注重对评价结果进行反思和共同决策。教育者可以与家长一起讨论评价结果，并根据反馈意见进行调整和改进。通过与家长的合作，为更好地了解幼儿的需求和发展方向，提供了个性化的支持和指导。

3. 建立良好的家校合作关系

参与式评估方法鼓励建立良好的家校合作关系。教育者与家长之间的互动和沟通有助于加强双方的合作，促进幼儿的全面发展。

第二节 提高乡村幼儿教师的教学技能

一、教学设计与实施

幼儿园教学设计与实施是幼儿教师的基本功之一，其重要性在于它能够根据幼儿的特点和需求，提供有针对性的学习环境和活动，促进幼儿全面发展，培养学习兴趣和主动性，奠定学习习惯和价值观，关注并促进个别发展。教学设计与实施可以从五方面入手：

（一）目标明确

1. 确定教学目标

幼儿教师需要根据幼儿的年龄特点和课程要求，确定具体的学习目标。目标应该明确、具体，能够被衡量和达到。例如，在语言教学中，目标可以是让幼儿掌握一定数量的汉字，并能运用它们进行简单的阅读和书写。

2. 关注整体发展

目标的设定应该关注幼儿的整体发展，包括认知、语言、社交、情感等方面。幼儿教师可以结合幼儿的发展水平和需求，适当调整目标的难度和内容，确保幼儿能够全面发展。

（二）任务分解

1. 分解学习目标

在教学设计中，幼儿教师需要将学习目标分解为具体的任务和活动。任务应该与目标密切相关，帮助幼儿逐步实现学习目标。例如，如果目标是发展幼儿的动手能力，那么任务可以是给幼儿提供各种材料，让他们制作手工作品。

2. 培养自主学习能力

任务分解的过程中，幼儿教师可以逐步引导幼儿培养自主学习能力。通过设置不同难度的任务，鼓励幼儿思考和解决问题，激发他们的学习动力和创造力。

（三）教学策略选择

1. 多元化教学方法

在教学设计中，幼儿教师可以选择多种教学方法，以满足幼儿的学习特点和学科内容的要求。例如，在数学教学中，可以通过游戏、实际操作、观察等方式让幼儿更好地理解抽象的数学概念。

2. 互动和合作学习

幼儿教师可以倡导互动和合作学习，让幼儿在交流和合作中共同进步。通过小组讨论、合作项目等活动，鼓励幼儿互相帮助和分享，促进他们的思维发展和社交能力的培养。

3. 情境化教学

幼儿教师可以利用情境化教学，将学习内容和真实生活情境结合起来。通过模拟实际情境、角色扮演等方式，增加幼儿的学习兴趣和参与度，提高他们的学习效果。

（四）教学资源准备

1. 教学素材

在教学资源的准备中，幼儿教师需要准备丰富多样的教学素材。这些素材可以包括绘本、图片、音频、视频等，用于教授知识和激发幼儿的学习兴趣。幼儿教师可以选择与教学内容相关的素材，根据幼儿的认知水平和兴趣爱好进行筛选和组织。

2. 教具

在幼儿教育中，适当的教具可以提供更直观、具体的学习体验。幼儿教师可以准备一些教具，如拼图、积木、计数棒等，用于幼儿的手脑协调能力和操作能力的培养。幼儿教师还可以根据教学需求选择其他合适的教具，帮助幼儿更好地理解和掌握知识。

3. 技术设备

随着科技的发展，幼儿教师可以利用一些技术设备来辅助教学。例如，可以使用电子白板或投影仪展示教学素材和多媒体资源，增强幼儿的视觉体验和学习效果。同时，幼儿教师还可以利用智能手机、平板电脑等设备提供在线资源和学习应用程序，为幼儿提供个性化学习的机会。

（五）评估与反馈

1. 及时评估学习情况

幼儿教师在教学过程中应及时评估幼儿的学习情况。评估可以通过观察、记录和交流等方式进行，以此了解幼儿的学习进展和掌握情况。通过评估，幼儿教师可以及时调整和优化教学策略，满足幼儿的学习需求。

2. 提供反馈和指导

根据评估结果，幼儿教师应提供有针对性的反馈和指导。反馈可以是口头的赞扬和鼓励，也可以是书面的评语和建议。幼儿教师应注重正面的反馈，激发幼儿的自信心和积极性，同时帮助他们发现和改进学习中的不足之处。

3. 多种评估方式

评估可以采用多种方式进行，如观察评估、测验测试、作品展示等。不同的评估方式可以全面了解幼儿的学习情况和能力发展，为后续教学提供科学依据。幼儿教师应根据教学目标和幼儿的特点选择合适的评估方式，并确保评估过程公正、客观。

二、课堂管理与教育环境创设

（一）积极的课堂氛围

营造积极的课堂氛围对于幼儿的学习和发展至关重要。幼儿教师应该创造一个让幼儿感到安全、舒适和愉快的环境，激发他们的学习兴趣和积极性。下面将详细介绍如何营造积极的课堂氛围：

1. 鼓励和表扬

幼儿教师应该积极鼓励和表扬幼儿的努力和成就，让他们感受到被认可和赞赏的价值。通过正面的反馈和肯定，可以增强幼儿的自信心和动力，培养积极向上的学习态度。

2. 创设有趣的学习环境

幼儿教师可以设计丰富多样的学习材料和活动，创设有趣的学习环境。通过游戏、故事、音乐等方式，激发幼儿的好奇心和探索欲望，引导他们主动参与学习。

3. 促进良好的人际关系

幼儿教师应该倡导和谐、友善的人际交往，培养幼儿之间的合作精神和团队意识。通过小组活动、伙伴合作等方式，让幼儿学会与他人合作、分享、互助，建立积极的人际关系。

4. 关注情感需求

幼儿教师应该关注幼儿的情感需求，给予他们安全感和温暖。在课堂中，幼儿教师可以提供适当的关怀和慰藉，帮助幼儿处理情绪问题，促进幼儿的情感发展和自我认知能力的培养。

（二）组织有序的教学活动

组织有序的教学活动对于保持课堂秩序和营造良好的学习氛围至关重要。幼儿教师需要制定明确的规则和纪律，建立良好的师生关系，并提供清晰的指导和指令，引导幼儿按时完成任务。下面将详细介绍如何组织有序的教学活动：

1. 明确目标与规则

幼儿教师应该明确教学活动的目标，并向幼儿解释相关的规则和纪律。幼儿需要清楚地知道在课堂中应该做什么、怎么做，以及为什么需要遵守规则。通过明确目标和规则，可以提高幼儿的学习效果和参与度。

2. 建立良好的师生关系

幼儿教师应该与幼儿建立良好的师生关系，以促进有效的教学和学习。幼儿教师应该展现友善、关心和尊重的态度，倾听幼儿的需求和意见，与他们进行积极的互动和沟通。

3. 提供清晰的指导和指令

幼儿教师在组织教学活动时应该提供清晰的指导和指令，使幼儿明确任务和步骤。幼儿教师可以使用简洁明了的语言，结合示范和实际操作，帮助幼儿理解和掌握学习内容，并在需要时给予适当的提示和支持。

4. 灵活安排活动和互动

幼儿教师应该根据幼儿的兴趣、能力和发展水平，灵活安排教学活动和互动形式。通过多样化的教学方式和小组合作，激发幼儿的参与热情，增加他们的学习动力和互动交流，提高课堂的活跃度和效果。

5. 关注个体差异和个性化发展

幼儿教师应该注意每个幼儿的个体差异和个性化发展，根据他们的不同需求和能力进行有针对性的指导和支持。通过差异化的教学策略和个别辅导，帮助幼儿克服困难，实现个人目标，促进全面发展。

（三）个体差异的关注

1. 尊重发展特点和需求

幼儿教师在关注幼儿的个体差异时，首先要尊重幼儿的发展特点和需求。每个幼儿都有自己独特的学习风格、兴趣爱好和学习节奏，幼儿教师应对此予以理解和关注。

2. 个别辅导

针对部分幼儿的个体差异，幼儿教师可以提供个别辅导。通过与幼儿一对一的交流和指导，了解他们的学习困难和问题，并提供针对性的学习支持和帮助。

3. 差异化教学

在教育过程中，幼儿教师可以采用差异化教学的方法来满足不同幼儿的学习需求。差异化教学包括根据幼儿的能力水平和学习进展调整教学内容和难度，提供个性化的学习任务和挑战。

（四）合作与共享的精神

幼儿教师可以通过小组合作和互助学习的方式来帮助幼儿学会合作和共享。

1. 小组合作

幼儿教师可以组织小组合作的活动，让幼儿在团队中相互协作。通过小组合作的方式，可以培养幼儿团队合作意识、沟通交流能力和解决问题的能力。

2. 互助学习

幼儿教师可以鼓励幼儿之间进行互助学习，即在学习中相互帮助和分享经验。幼儿之间的互助学习可以促进他们之间的友谊和互信，同时提高学习效果和学习动力。

（五）安全与卫生的保障

1. 教室环境的安全与卫生

幼儿教师应定期检查教室设施，确保其安全可靠。例如，检查桌椅的稳定性，确保学习区域没有尖锐物品，防止幼儿发生意外伤害。此外，幼儿教师还应保持教室的卫生清洁，定期消毒并妥善处理垃圾。

2. 正确使用教具和器材

在教育过程中，幼儿教师要教育幼儿正确使用教具和器材，避免错误操作造成伤害。幼儿教师可以向幼儿演示正确的使用方法，并监督他们在使用教具和器材时的行为。

通过关注个体差异、鼓励合作与共享、确保安全与卫生，幼儿教师能够为幼儿提供一个良好的学习环境，并促进他们的全面发展。幼儿教师在实践中应根据幼儿的特点和需求灵活运用相关策略，同时与家长保持紧密的沟通和合作，共同关注幼儿的成长和发展。

三、深入了解幼儿，因材施教

（一）观察与记录

1. 观察幼儿表现

观察是了解幼儿的重要方法之一。幼儿教师可以通过观察幼儿在不同情境下的表现，如在游戏中的参与程度、与他人的互动、表达能力等，来获取信息。观察还包括对幼儿的兴趣爱好、行为举止、情绪状态等方面的观察，从而深入了解幼儿的个性特点和发展水平。

2. 记录观察信息

幼儿教师应及时记录观察到的信息，不仅有助于自身对幼儿的了解，也可以为后续的因材施教提供依据。记录可以采用文字、图片、音频或视频等多种形式，选择适合自己的方式进行。同时，记录的内容应具体、客观，包括观察到的幼儿行为、表现以及自己的观察感受等。

（二）个体化教学计划

1. 考虑幼儿差异性与需求

幼儿在兴趣、学习风格、智能类型等方面存在差异，幼儿教师应充分考虑这些差异性，制订个体化的教学计划。根据观察和记录的信息，幼儿教师可以了解每个幼儿的学习需求和发展潜力，从而针对性地设计学习活动和任务。

2. 设计适合幼儿的学习活动

个体化教学计划需要根据幼儿的兴趣、学习风格等方面来设计适合他们的学习活动。例如，对于喜欢视觉学习的幼儿，可以提供图画故事书、拼图游戏等视觉刺激的学习材料；对于喜欢动手操作的幼儿，可以提供计数棒、积木等培养操作能力的学习活动。

3. 提供支持和指导

在个体化教学计划中，幼儿教师应为每个幼儿提供相应的支持和指导。根据幼儿的学习需求和能力水平，幼儿教师可以采用不同的教学策略和方法，帮助幼儿掌握知识和技能。同时，及时反馈和鼓励幼儿的努力和进步，激发他们的学习动力和自信心。

个体化教学计划可以更好地满足幼儿的学习需求，促进他们的全面发展。幼儿教师在制订个体化教学计划时，应通过观察和记录获取准确的信息，并根据幼儿的差异性和需求进行因材施教。同时，幼儿教师还应与家长和其他教育工作者密切合作，共同关注幼儿的成长和发展。

（三）灵活小组合作

灵活的小组合作是一种因材施教的重要策略，可以促进幼儿之间的相互学习和成长。幼儿教师可以根据幼儿的能力水平、兴趣爱好和学习目标，灵活地组合小组，让不同能力的幼儿相互搭配，进行合作学习。以下是如何实施灵活小组合作的具体措施：

1. 分析幼儿的能力和需求

幼儿教师需要对每个幼儿进行全面的能力评估和需求分析，了解他们的学习特点和差异。通过观察、记录、评估等方式，收集幼儿的数据，并综合分析得出结论。

2. 灵活组合小组

根据幼儿的能力和需求，幼儿教师可以灵活地组合小组。可以将能力较强的幼儿与能力较弱的幼儿搭配，让他们互相协助和借鉴，也可以将兴趣相投的幼儿放在一起，激发他们的学习积极性。

3. 定制个性化任务和角色

在小组合作中，幼儿教师可以为每个幼儿定制个性化的任务和角色。根据幼儿的能力和兴趣，给予他们适当的挑战和责任。例如，对于能力较强的幼儿，可以担任组长或帮助其他成员解决问题；对于能力较弱的幼儿，可以提供更简单的任务，并给予额外的指导和支持。

4. 提供合作学习机会和资源

幼儿教师应该创造丰富多样的合作学习机会和资源，激发幼儿的学习兴趣和动力。可以设计小组活动、探究任务、项目实践等，让幼儿通过合作与交流，共同解决问题和完成任务。

（四）差异化教学策略

差异化教学策略是因材施教的基础，旨在满足幼儿个体差异的学习需求。通过差异化教学策略，幼儿教师可以根据幼儿的学习特点、兴趣爱好和进展速度，提供个性化的指导和支持。以下是实施差异化教学策略的具体措施：

1. 个性化评估和诊断

幼儿教师需要通过观察、测试和评估等方式，对幼儿进行个性化的评估和诊断。了解幼儿的学习兴趣、强项和需求，为后续差异化教学的设计提供依据。

2. 灵活调整教学内容和方法

根据幼儿的学习需求和能力水平，幼儿教师可以灵活调整教学内容和方法。对于掌握较好的幼儿，可以提供更深入、更复杂的学习内容；对于掌握较慢的幼儿，可以以更渐进、更简化的方式引导学习。

3. 个别化指导与支持

针对个别幼儿的学习需求，幼儿教师可以提供个别化的指导与支持。可以安排一对一辅导时间，与幼儿进行面对面的交流和指导，帮助他们克服学习困难。

4. 提供多样化的学习资源和活动

幼儿教师应该为幼儿提供多样化的学习资源和活动，以满足不同幼儿的学习需求。可以准备不同水平的练习册、教具、游戏等，让幼儿根据自己的能力选择适合自己的学习材料。

5. 鼓励自主学习和自主选择

幼儿教师应该鼓励幼儿进行自主学习和自主选择，并提供相应的支持。可以引导幼儿设定学习目标、制订学习计划，并给予他们自主选择学习内容和方式的机会。

四、多元化教学策略与工具运用

（一）多媒体教学

1. 利用多种媒体工具

多媒体教学可以利用计算机、投影仪、幻灯片等多种媒体工具，将图像、声音、文字等多种形式的信息融入教学中。通过展示丰富多样的学习资源和情境，幼儿教师可以吸引幼儿的注意力，并激发他们的学习兴趣。例如，在学习数字的过程中，幼儿教师可以利用数字卡片、数字图形、数字动画等多媒体资源，让幼儿通过视觉和听觉感受数字的特点和变化。

2. 促进学习效果和体验

多媒体教学可以提供更加生动、直观的学习材料和模拟情境，从而促进幼儿的学习效果和体验。通过图像的展示、声音的播放等方式，可以使抽象的概念和知识更加具体和可感知，帮助幼儿深入理解和记忆。同时，多媒体教学还可以创造互动性的学习环境，让幼儿参与其中，发挥自主、探索和合作的能力。

（二）教具运用

1. 选择合适的教具

幼儿教师在教学过程中可以根据幼儿的学习目标和需要，选择合适的教具进行教学。不同的教具可以帮助幼儿直观地认识和理解知识，培养他们的操作能力和问题解决能力。例如，在学习字母的过程中，幼儿教师可以使用字母卡片、字母拼图等教具，让幼儿通过手动操作和视觉感知来认识和记忆字母。

2. 增加互动性和实践性

教具的运用可以增加幼儿的互动性和实践性，提高他们的学习积极性和参与度。通过与教具的互动，幼儿可以主动触摸、操作和探索，从而更好地理解和应用所学知识。例如，在学习几何形状的过程中，幼儿教师可以利用棱镜、立体几何模型等教具，让幼儿观察、比较和构造不同的几何形状，提升他们对几何概念的理解和运用能力。

幼儿教师在多媒体教学和教具运用中应根据幼儿的发展水平和学习特点，选择合适的教学资源和教具。同时，还应关注教学过程中的反馈和引导，及时调整教学策略，让幼儿在多媒体和教具的辅助下，获得更好的学习效果和体验。此外，幼儿教师还可以与家长和其他教育工作者进行合作，共同推动幼儿的学习和发展。

（三）探究式学习

1. 主动探索和实践

探究式学习强调幼儿的主动性，鼓励他们通过探索和实践来获取知识和解决问题。幼儿教师可以设计引发幼儿兴趣的情境和问题，激发他们主动思考和尝试解决方法。例如，在科学实验中，幼儿可以动手操作、观察现象，从而深入理解科学原理。

2. 培养思维能力

探究式学习注重培养幼儿的思维能力，如观察、比较、推理等。幼儿教师可以引导幼儿进行观察、分类、对比等思维活动，从而促进他们思维的灵活性和深度。通过提出问题让幼儿自主寻找答案，培养他们的逻辑推理和问题解决能力。

3. 提供指导和支持

在探究式学习过程中，幼儿教师的角色是引导者和支持者。幼儿教师可以提供适当的问题、材料和资源，引导幼儿进行学习和探索。同时，幼儿教师还应及时给予幼儿反馈和指导，帮助他们理清思路、克服困难、获得成功体验。

（四）合作学习

1. 小组合作

合作学习强调小组合作的重要性。幼儿教师可以组织幼儿进行小组活动，让他们在合作中相互交流和学习。通过小组合作，幼儿可以学会倾听他人意见、表达自己观点、分工合作等社交技巧。

2. 共同解决问题

在合作学习中，幼儿教师可以设置问题或任务，要求小组成员共同努力去解决。通过集思广益，各个幼儿可以共享彼此的想法和知识，提高解决问题的效率和质量。

3. 提供引导和评价

在合作学习中，幼儿教师起着引导和评价的作用。幼儿教师可以提供必要的引导，例如明确小组目标、设定进程和时间管理，以保证小组能够有序地进行合作。同时，幼儿教师还应对小组合作进行评价，鼓励合作精神、积极参与和互助行为。

第三节　发展幼儿教师的创新思维与教育实践能力

一、培养教师的观察力和反思能力

观察力是教师在了解幼儿的过程中必备的能力之一。培养教师的观察力可以通过以下五个方面来实现：

1. 提供专业观察培训

为了提高教师的观察能力，教育机构可以组织专业的观察培训课程。这些观察培训课程可以包括以下内容（表5–4）：

表5–4　观察培训内容简介

观察培训	观察培训的具体内容
观察技巧	教师可以学习如何准确地观察幼儿的行为举止、表情变化等细节，可以学习如何观察并解读幼儿的身体语言和非语言信号，从而获取更全面准确的信息
观察方法	教师可以学习不同类型的观察方法，例如自然观察法、事件抽样法、时间抽样法等。他们可以了解每种方法的优缺点，并学会选择适合的方法来观察幼儿
观察工具	教师可以学习使用各种观察工具，例如观察记录表格、观察量表、摄像机等。他们可以了解如何正确使用这些工具，并学会将观察结果进行记录和分析

通过专业观察培训，教师可以提升自己的观察能力，准确观察幼儿并获取有用的信息，从而更好地理解和满足幼儿的学习需求。

2. 建立观察记录系统

为了帮助教师记录和整理观察到的信息，教育机构可以建立一个有效的观察记录系统。这个系统可以包括以下两方面：

观察记录表格：可以设计一份观察记录表格，包括幼儿的个人信息、观察内容、观察时间等。教师可以根据需要进行填写，并将观察结果进行整理和归档。

数字化系统：可以采用数字化的方式来记录观察数据。教师可以使用电子设备或软件来记录观察结果，实现更便捷的操作和管理。同时，数字化系统还可以提供数据分析和统计功能，帮助教师更好地利用观察结果。

通过建立观察记录系统，教师可以随时查阅和分析观察结果，从而更好地了解幼儿的学习需求和发展情况。

3. 互相交流和讨论

为了促进教师之间的观察能力提升，教育机构可以鼓励教师之间进行观察结果的交流和讨论。这种交流和讨论可以包括以下方式：

教师会议：定期组织教师会议，为教师提供一个互相交流和分享观察心得的平台。教师可以在会议上分享自己的观察结果、经验和困惑，与其他教师进行讨论和交流。

专题研讨：组织专题研讨会，邀请专家或有丰富经验的教师进行讲座或分享。教师可以参与讨论，学习他人的观察方法和技巧，并借此启发和促进自己的观察能力提升。

通过互相交流和讨论，教师可以从彼此的观察心得和经验中受益，相互启发和促进观察能力的提升。

4. 定期反思评估

为了提高观察能力，教师应该定期对自己的观察能力进行反思和评估。这可以通过以下方式实现：

反思观察过程：教师可以回顾自己的观察记录和观察过程，思考是否存在盲点、偏见或其他不足之处。他们可以思考自己在观察过程中是否有主观臆断、过早下结论或遗漏重要细节等问题，并寻找改进的方法。

自我评估：教师可以对自己的观察能力进行自我评估。他们可以思考自己在观察中的优势和挑战，以及需要进一步提升的方面。教师可以制订具体的目标和行动计划，通过积极的自我反省和自我管理来提高观察能力。

多元评估：教师还可以寻求其他教师或专家的评估和意见。他们可以邀请同事观察并评估自己的观察能力，从不同的角度获得反馈。此外，教师还可以参加观察能力评估的培训课程或工作坊，通过专业评估来了解自己的观察水平。

通过定期反思评估，教师可以发现自己在观察中的不足之处，并采取相应的改进措施，提升自己的观察能力。

5. 持续学习更新

观察能力是一个不断提升和更新的过程，教师应该持续进行专业学习，以保持与最新观察理论和方法的接轨。以下是一些持续学习的方式：

参加培训课程：教师可以参加相关的培训课程，了解最新的观察理论、方法和工具。培训课程可以包括线上或线下的学习活动，如研讨会、短期培训班等。

阅读专业文献：教师可以阅读相关的专业书籍、期刊和研究论文，了解最新的观察研究成果和经验分享。他们可以通过阅读来扩充自己的观察知识和技能，从而提高自己的观察能力。

参与社群交流：教师可以积极参与教育社群的交流和讨论。例如，加入相关的教育专业组织、参与在线教育社区等。通过与其他教师和专家的交流与互动，教师可以获取更多的观察经验和学习资源。

持续学习和更新是提高观察能力的关键。教师应该保持对教育领域的关注，不断学习、探索和应用新的观察理论和方法，以提升自己的观察能力，并为幼儿的发展提供更好的支持。

二、鼓励教师进行教育创新和实践探索

教育创新和实践探索是教师在因材施教中不可或缺的环节。为鼓励幼儿教师进行教育创新和实践探索，可以从以下几个方面进行扩展：

（一）提供良好的支持环境

1. 提供丰富的教育资源

学校和教育机构应提供多样化的教育资源，包括图书馆、实验室、艺术工作室等设施，以满足幼儿教师的创新需求。同时，还可以建立数字资源库，收集整理各类教育资料和教学资源，供幼儿教师使用。

2. 开放的教研平台

学校和教育机构可以建立开放的教研平台，鼓励幼儿教师进行交流与合作。通过分享教学经验、研讨教学问题，幼儿教师可以相互启发、互相学习，促进专业成长和创新实践。

3. 鼓励创新的氛围

学校和教育机构应营造鼓励创新的氛围，鼓励幼儿教师提出新思路、尝试新方法。可以设立教育创新奖项，表彰幼儿教师在教学中的创新成果，激发教师的积极性和创造力。

（二）鼓励合作与分享

1. 组织教师团队进行项目合作

学校和教育机构可以组织幼儿教师团队开展项目合作，共同研究和解决教学中的问题。通过集思广益，幼儿教师可以互相借鉴经验、共享资源，实现优势互补，提高教学效果。

2. 进行经验交流与分享

学校或教育机构可以定期组织教师座谈会、专题讲座等活动，为幼儿教师提供交流与分享的平台。幼儿教师可以分享成功经验、教学案例等，从中获得启发和借鉴。

（三）提供专业培训

1. 教育创新培训

学校和教育机构可以开设教育创新的培训课程，提供相关知识和技能的学习。通过培训，幼儿教师可以了解最新的教育理论和实践，拓宽视野，提高教学水平。

2. 实践探索培训

学校和教育机构可以组织实践探索培训，引导幼儿教师进行实践和反思。通过培训，幼儿教师可以学习到问题解决的方法和策略，提高解决问题的能力。

（四）开展研究性学习

1. 支持行动研究

学校和教育机构可以支持幼儿教师进行行动研究，鼓励他们通过实践来解决问题。幼儿教师可以自主选择研究课题，进行教学实验和数据收集，从而得出有效的教学策略。

2. 提供研究资源和指导

学校和教育机构可以提供研究资源和指导，帮助幼儿教师进行研究工作。例如，提供专门的研究资料和文献、安排专家指导、组织研究报告交流等活动。

（五）提供奖励和认可机制

1. 设立教育创新奖项

学校和教育机构可以设立教育创新奖项，鼓励幼儿教师在教学中进行创新实践。通过评选出一批优秀的教育创新项目，对幼儿教师进行奖励和认可，激发他们的积极性和创造力。

2. 表彰优秀教师

学校和教育机构可以定期表彰优秀幼儿教师，公开表扬他们在教学创新和实践探索方面的成果。通过表彰，给予幼儿教师肯定和鼓励，激发更多幼儿教师的投入和热情。

三、提供教育技术与信息化应用培训

（一）教育技术的重要性

1. 提供丰富多样的教学资源和工具

教育技术可以通过网络、软件等形式，为幼儿教师提供各种丰富多样的教学资源和工具。例如，幼儿教师可以通过互联网获取到大量的教学资料和教学视频，便于他们在课堂上进行知识传授和教学展示。教育技术还可以提供各类教学软件和应用工具，增加教育的趣味性和互动性。

2. 促进教育教学的创新和改革

教育技术的应用可以促进教育教学的创新和改革。通过利用教育技术，幼儿教师可以采用更加灵活多样的教学方式和方法，满足不同幼儿的学习需求。例如，通过在线教育平台，可以实现远程教学和个性化教学；通过虚拟实验室，可以进行科学实践和模拟实验等。这些创新的教学方式和方法可以有效提升教育的质量和效果。

（二）培训内容和方式

1. 教育技术的基本概念和原理

在教育技术与信息化应用培训中，应该向幼儿教师介绍教育技术的基本概念和原理。这包括教育技术的发展历程、基本理论体系、应用范围等。通过了解教育技术的基本概念和原理，可以帮助幼儿教师全面认识教育技术的重要性和应用前景。

2. 教育软件和应用工具的介绍

在教育技术与信息化应用培训中，还应该向幼儿教师介绍各类教育软件和应用工具的使用方法和特点。例如，幼儿教师可以学习如何使用智能白板、教学管理系统、在线作业平台等工具，提高他们的教学效果和工作效率。

3. 教学设计和评价的方法与技巧

在教育技术与信息化应用培训中，还应该向幼儿教师介绍教学设计和评价的方法与技巧。幼儿教师可以学习如何根据幼儿的不同特点和需求设计教学活动，以及如何有效评估幼儿的学习效果和教学质量。

（三）因材施教原则

1. 分级培训

针对不同幼儿教师的需求和水平差异，应该进行分级培训。培训可以根据幼儿教师的实际情况，设置不同的培训班或分组，使得培训内容和方式更加贴近幼儿教师的需要。

2. 小组分享

在教育技术与信息化应用培训中，可以组织小组分享活动，让幼儿教师相互交流和学习。通过小组分享，幼儿教师可以了解其他幼儿教师的经验和做法，获取新的教学思路和方法。

3. 个别指导

对于一些特殊需求或较为薄弱的幼儿教师，可以提供个别指导。通过一对一的指导，幼儿教师可以获得更加专业和个性化的支持，帮助他们解决遇到的具体问题和困难。

（四）评估与反馈

1. 评估培训效果

在教育技术与信息化应用培训结束后，应进行培训效果的评估。可以通过问卷调查、观察记录等方式，了解幼儿教师在培训中所取得的成果和进步，以及对培训内容和方式的反馈意见。

2. 及时反馈和建议

在评估的基础上，向幼儿教师提供及时的反馈和建议。可以针对幼儿教师在应用过程中出现的问题和困惑，提供解决方案和指导措施，帮助他们更好地应用教育技术。

教育技术与信息化应用培训的目的是帮助幼儿教师掌握教育技术的应用能力，促进教育教学的创新和改革。通过合理设计培训内容和方式，并遵循因材施教的原则，可以确保幼儿教师真正掌握教育技术的应用能力，提升教育质量和效果。评估与反馈的环节可以帮助幼儿教师不断改进和提升自己的教育技术水平，实现长期的教育改革和发展。

四、强化团队合作和交流分享的机制

（一）建立合作学习平台

合作学习平台是促进团队合作和交流分享的重要机制之一。建立这样的平台可以通过搭建在线论坛、共享资源库等功能来方便幼儿教师与团队成员进行交流和分享。幼儿教师可以在平台上发布问题、答疑解惑，并与其他幼儿教师进行讨论和交流。另外，平台还可以提供在线协作工具，如实时文档协作、视频会议等，使团队成员能够方便地进行共同探讨和协作。通过这样的平台，幼儿教师可以实现知识共享和协同学习的目标，不仅可以帮助自己解决问题，也可以借助团队的力量共同提高。

（二）组织定期研讨会与分享会

定期组织研讨会与分享会是加强团队合作和交流分享的有效方式。这样的活动可以邀请领域专家、教育科技公司代表等进行专题报告和分享经验，帮助幼儿教师获取最新的教育技术动态和应用案例。同时，幼儿教师也可以在研讨会和分享会上展示自己的研究成果和教学实践，与其他幼儿教师进行互动和交流。通过这样的活动，幼儿教师可以不断拓宽自己的视野，了解最新的教育理念和方法，同时也可以借助他人的经验和意见来改进自己的教学实践。

（三）建立合作导师制度

建立合作导师制度可以有效地支持幼儿教师的团队合作和交流分享。通过配备有丰富教育技术经验和资源的导师，幼儿教师可以获得个别指导和支持，解决教学过程中遇到的问题和困惑。导师可以与幼儿教师进行定期沟通，了解其教学需求和发展方向，提供针对性的培训和指导。导师还可以分享自己的教学经验和成功案例，帮助幼儿教师更好地应用教育技术，提高教学效果。通过这样的合作导师制度，幼儿教师可以得到专业的支持和指导，提升自己的教育能力和教学水平。

（四）鼓励跨学科合作

鼓励跨学科合作是强化团队合作和交流分享的重要途径。幼儿教师可以与其他学科的教师合作，开展跨学科教学活动和项目，实现知识的整合和交叉应用。通过共同研究、教学设计和评估等工作，可以促进团队成员之间的合作和互动，丰富幼儿教师的教学经验和视野。跨学科合作可以帮助幼儿教师拓宽自己的知识领域，了解其他学科的教学方法和理念，从而更好地应用到自己的教学实践中。同时，跨学科合作也可以促进不同学科之间的交流和合作，培养幼儿的综合素养和跨学科思维能力。

第六章　培养乡村幼儿教师的心理素质与人际沟通能力

第一节　培养乡村幼儿教师的心理素质

一、培养乡村幼儿教师的情绪管理能力

情绪管理是指个体在面对不同情境时，有效地识别、理解和调节自身情绪的能力。对于乡村幼儿教师来说，他们需要面对各种挑战和压力，如人际关系、工作要求、幼儿行为等。因此，培养乡村幼儿教师的情绪管理能力具有重要意义。

乡村幼儿教师需要学会识别自己的情绪。情绪识别是情绪管理的基础，乡村幼儿教师应该能够准确地辨别出自己的情绪状态，包括愤怒、焦虑、沮丧等。只有通过了解自己的情绪，才能更好地应对和调节。

乡村幼儿教师需要学会理解情绪的来源和影响。他们需要认识到情绪往往是由外界刺激或内心体验引起的，并且情绪的变化会对自己和他人产生影响。通过深入了解情绪的本质和机制，乡村幼儿教师可以更好地应对情绪波动，从而提高工作效率和教学质量。

乡村幼儿教师需要学会有效的情绪调节策略。面对工作中的压力和挑战，他们应该掌握一些适合自己的情绪调节技巧，如积极思考、放松训练、寻求支持等。这些策略可以帮助他们更好地管理情绪，保持冷静和平衡，更好地应对各种困难和挑战。

乡村幼儿教师还需要培养积极的情绪态度和情感表达能力。积极的情绪态度可以增强他们的抗压能力和自我调节能力，使他们在工作中更加乐观和积极。而

情感表达能力则可以帮助他们与幼儿、家长和同事建立良好的互动关系，促进教学有效开展。

二、培养乡村幼儿教师的压力调适能力

压力调适是指个体在面对压力时，通过有效的应对方法，减轻或消除压力的过程。乡村幼儿教师在从事教学工作中常常面临着各种压力，如工作量大、时间紧张、家长期望高等。因此，培养乡村幼儿教师的压力调适能力对于提高工作效能和促进个人健康具有重要意义。

乡村幼儿教师需要学会识别和评估自身的压力源。他们应该清楚了解导致自己压力的具体因素，并评估其对个人身心健康和工作表现的影响程度。通过对压力源的准确定位，乡村幼儿教师可以有针对性地制定应对策略，减轻或消除压力。

乡村幼儿教师需要学会灵活运用不同的应对方式。面对不同的压力源，他们应该灵活运用多种应对方式，如积极思考、问题解决、情绪调节、寻求支持等。合理选择应对方式可以帮助他们更好地处理压力，提高工作效率和工作满意度。

乡村幼儿教师需要学会放松和调节自己的身心状态。他们可以通过运动、休闲娱乐、艺术创作等方式，缓解工作压力和焦虑情绪，提升自身的心理健康和抗压能力。此外，建立健康的生活方式和规律的作息时间也是调适压力的重要手段。

乡村幼儿教师还需要培养积极的心态和价值观。建立正确的工作观念和人生观，以及树立积极向上的心态，可以帮助他们更好地应对工作中的挑战和压力。同时，鼓励乡村幼儿教师进行自我反思和成长，提升自身的专业素养和能力，也是调适压力的重要方面。

三、提高乡村幼儿教师的自我认知与自我反思能力

在提高乡村幼儿教师的自我认知与自我反思能力方面，可以从以下四个方面进行着手：

（一）提供专业培训

为了增强乡村幼儿教师的自我认知与自我反思能力，可以组织针对性的专业

培训。这些培训可以包括以下方面的知识：

1. 幼儿心理学

通过学习幼儿心理学知识，教师可以更好地理解幼儿的发展特点和心理需求，从而在教学中更好地满足他们的需求。

2. 教育心理学

教师可以学习教育心理学的相关知识，了解不同教育方法对幼儿的影响，以及如何运用有效的教育策略来促进幼儿的全面发展。

3. 教育管理学

乡村幼儿教师还需要具备一定的教育管理能力，包括班级管理、资源管理等方面的知识。通过学习教育管理学知识，教师可以更好地组织教学活动，提高教学效果。

通过这些培训，可以帮助教师深入了解自己在教育中的角色和责任，并学会对自己的工作进行反思和总结。同时，培训还可以提供实际案例和教学经验分享，让教师们从中学习借鉴，提高自己的教学水平。

（二）引导幼儿教师思考

鼓励乡村幼儿教师在教学过程中不仅关注结果，更注重过程。幼儿教师可以通过以下方式引导幼儿进行思考：

1. 引导观察

幼儿教师可以组织幼儿参观实际的场所或进行实地考察，引导他们观察周围环境、事物和现象，培养他们的观察力和发现问题的能力。

2. 探索性学习

幼儿教师可以设计一些探索性的学习任务和活动，让幼儿在实践中主动思考问题、解决问题，并从中获得满足感和成就感。

3. 提问与回答

幼儿教师可以给予幼儿提问的机会，并鼓励他们表达自己的观点和思考。同时，幼儿教师也要耐心回答幼儿的问题，引导他们深入思考，并激发他们的好奇心和求知欲。

通过引导幼儿进行观察、探索、提问等活动，幼儿教师会主动思考和反思自己的教学方式和教育理念，进而提高自我认知和自我反思能力。

（三）开展教学研究

鼓励乡村幼儿教师积极参与教学研究活动，例如，组织教研讨论会、观摩课堂等。这些活动可以提供以下好处：

1. 交流与分享

通过与其他幼儿教师的交流和分享，幼儿教师可以互相借鉴、共同成长。他们可以分享自己的教学经验和成功案例，学习其他教师的优秀实践，拓宽自己的视野。

2. 探索与创新

幼儿教师可以从教研讨论会和观摩课堂中获取新的教学方法和策略，尝试运用到自己的教学实践中。同时，幼儿教师还可以通过研究探索一些教育问题，提出自己的见解和解决方案。

3. 反思与改进

幼儿教师可以通过参与教学研究活动，对自己的教学进行反思和改进。他们可以通过观察和分析他人的课堂，找到自己的不足之处，并尝试改进自己的教学策略和方法。

通过积极参与教学研究活动，乡村幼儿教师可以不断提升自己的教学水平，提高教育质量。

（四）提供良好的反馈机制

建立一个良好的教学反馈机制，让乡村幼儿教师能够及时获取他们的工作表现和教学效果的信息。具体方式可以包括（表 6–1）：

表 6–1　教学反馈机制简介

反馈机制	反馈机制具体内容
定期评估	定期对教师进行评估，评估内容可以包括教学设计、课堂教学、幼儿评价等方面。评估结果可以为教师提供有针对性的改进建议
教学观摩	教师可以相互观摩课堂，通过观摩他人的教学实践，发现自己的不足之处，并借鉴他人的优点

续表

反馈机制	反馈机制具体内容
幼儿家长反馈	鼓励家长积极参与幼儿的教学，建立良好的家校合作关系。幼儿家长可以提供对教师的反馈意见和建议，帮助教师了解自己的优势和改进的方向
同事合作评估	教师之间可以互相进行合作评估，通过相互观摩、课后讨论等方式，提供宝贵的建议和反馈
使用教学技术和工具	利用现代化教学技术和工具，如教学录像、在线评价问卷等，收集幼儿和家长对教学效果的反馈

良好的反馈机制可以帮助乡村幼儿教师不断了解自己的教学情况，及时发现问题并做出改进。幼儿教师可以借助反馈信息，调整教学策略，提高教学质量，达到更好的教学效果。同时，透明和公正的反馈机制也能够提升幼儿教师的工作动力和干劲，激励他们不断成长和进步。

四、倡导乡村幼儿教师的积极心态与抗挫折能力

为了倡导乡村幼儿教师的积极心态与抗挫折能力，可以从以下四个方面进行努力：

（一）心理辅导与职业支持

1. 组织专业心理咨询师提供心理辅导和职业指导

针对乡村幼儿教师面临的各种挑战和压力，学校可以组织专业的心理咨询师来为幼儿教师提供心理辅导和职业指导。这些心理咨询师应具备专业的心理学知识和技能，能够通过个别咨询或小组讨论等方式，帮助幼儿教师调整自己的心态，增强抗挫折的能力。他们可以引导幼儿教师探索和解决问题，提供有效的应对策略，帮助幼儿教师更好地应对工作和生活中的困难。

2. 建立心理辅导和职业支持体系

学校和教育部门可以建立完善的心理辅导和职业支持体系，确保乡村幼儿教师能够及时获得需要的支持和帮助。这个体系可以包括定期的心理辅导活动、专业培训和研讨会，以及教师交流平台等。通过这些途径，幼儿教师可以不断学习

和发展，提升自身的专业素养和心理素质。

（二）确立可行的目标与期望

1. 制定明确的工作目标和期望

乡村幼儿教师需要明确自己的工作目标和期望，并将其转化为可行的和具体的行动计划。学校和教育部门可以帮助教师制定目标，并提供相应的支持和资源，使教师在工作中有所依靠和动力。同时，学校还可以定期对教师的目标进行评估和反馈，帮助他们不断调整和完善自己的工作计划。

2. 提供支持和资源

为了帮助乡村幼儿教师实现工作目标，学校和教育部门可以提供相应的支持和资源。这包括教育培训、教学资源、教育技术等方面的支持。同时，学校还可以建立导师制度，由有经验的教师给予新教师指导和支持，帮助他们更好地适应和成长。

（三）建立合作共享的学习氛围

1. 组成学习小组或团队

乡村幼儿教师可以组成学习小组或团队，通过互相支持、合作、分享经验和资源，共同提高教学水平。学校可以提供这样的学习平台，鼓励教师参与其中，并提供相应的支持和指导。通过小组或团队的互动和交流，乡村幼儿教师可以从中获得积极正面的影响，增强自己的积极心态和抗挫折能力。

2. 开展教师交流和分享活动

为了促进乡村幼儿教师之间的交流和分享，学校可以定期组织教师交流会、工作坊等活动。教师可以借此机会分享自己的教学经验和心得，互相学习和借鉴，共同成长。同时，学校还可以邀请专家学者或优秀教育家给予指导和讲座，拓宽教师的思路和视野。

（四）建立奖励机制和激励措施

1. 建立奖励机制

学校和教育部门可以建立一套奖励机制，对乡村幼儿教师的优秀表现进行认可和奖励。这些奖励可以是物质上的，如奖金、福利待遇等，也可以是精神上的，如表彰、嘉奖等形式。通过奖励机制的建立，可以激励教师积极向上，增强他们的工作动力和干劲。

2. 提供职业晋升机会

学校和教育部门可以为乡村幼儿教师提供职业晋升的机会和途径。例如，可以设立专业技术职务评聘制度，通过认定幼儿教师的教学成果和专业能力，为其提供晋升的机会。同时，学校还可以组织相应的培训和进修，提供给幼儿教师发展的平台，鼓励教师不断提升自己的专业水平。

第二节　提升乡村幼儿教师的人际沟通技巧与能力

一、发展乡村幼儿教师的有效倾听技巧

倾听是有效沟通的基础，对于乡村幼儿教师来说尤为重要。他们需要学习和发展有效倾听技巧，以确保能够真正理解幼儿和家长的需求、感受和意见。

乡村幼儿教师应重视倾听的态度。他们需要持开放和包容的心态，尊重对方的意见和表达，积极倾听而不打断或插话。通过示意性的肢体语言和眼神交流，表达对对方的关注和理解。

乡村幼儿教师可以采用积极的倾听技巧，如反复确认和概括对方的观点和意见，以确保自己正确理解。例如，可以使用回馈语句，如（图 6–1）：

- “我明白你的意思是……”
- “你的想法是……”
- “我能理解你的感受，你是不是感觉……”
- “看得出你有点难过，能不能告诉我……”
- “你的微笑很好看，能和我分享你高兴的事情吗……”

图6–1　积极倾听语句模式举例

幼儿教师可以经常使用这些语句，以此来验证自己的理解是否准确，与此同

时，还能共情到幼儿的真实想法。

通过提问来促进对方更详细地表达。他们可以使用开放性问题，如“你是怎么感受到这个问题的？”“你对这个事情有什么看法？”等，以引导幼儿和家长更多地表达自己的想法和感受。

主动倾听幼儿和家长的反馈和建议。他们可以定期组织家长会议或座谈会，鼓励家长与自己分享对教育工作的意见和建议。同时，也可以通过一对一的交流方式，关注每个幼儿的成长和需求，并及时采取行动。

二、培养乡村幼儿教师的非语言沟通能力

除了语言沟通，非语言沟通也是乡村幼儿教师必须具备的重要能力。通过身体语言的运用，他们能够更加准确地表达自己的态度和意图，向幼儿和家长传递关爱和理解。

乡村幼儿教师应注重肢体语言的运用。他们需要学会运用适当的姿势、动作和面部表情来传达自己的情感。例如，微笑可以展示友善和亲切，眼神接触可以传递关注和尊重，身体微微前倾可以表达积极倾听和理解的态度。

注重自己声音的运用。他们应当保持语速适中、语调平稳，并注意语音的抑扬顿挫，以让幼儿和家长感受到关心和理解。在与幼儿对话时，可以使用柔和的声调和亲切的语言，以营造轻松和融洽的沟通氛围。

通过适当的身体接触来传递关爱和理解。适当的拥抱、轻拍或握手可以让幼儿感受到安全和亲近的情感。当幼儿面临困难或需求时，教师的温柔触摸能够给予他们更多的安慰、真诚和支持。然而，教师必须尊重幼儿的个人空间和边界，确保接触行为在适度范围内，不引起幼儿的不适。

三、提升乡村幼儿教师的冲突解决与协商能力

为了提升乡村幼儿教师的冲突解决与协商能力，我们可以从以下五个方面进行努力：

（一）加强冲突解决技巧的培训

为了帮助乡村幼儿教师有效解决冲突，可以组织专业培训机构或专家，开展

冲突解决技巧和沟通能力培训。培训内容可以包括以下方面：

1. 冲突的原因分析

幼儿教师需要了解冲突产生的原因和背后的动机。通过深入分析，帮助幼儿教师更好地理解问题的本质。

2. 解决方法

培训中可以介绍不同的冲突解决方法，如妥协、合作、顺从等。幼儿教师可以学习何时选择何种方法，并学会灵活运用。

3. 有效沟通和倾听技巧

幼儿教师需要学习如何进行有效的沟通，包括表达自己的观点和需求，倾听他人的意见和想法。培训中可以介绍积极倾听等技巧，帮助幼儿教师改善沟通方式。

培训可以通过理论学习和实战演练相结合的方式进行。在理论学习环节，专家可以讲解相关概念、理论和技巧，引导教师了解冲突解决的基本原则和方法。在实战演练环节，可以进行角色扮演、案例分析等活动，让教师亲身体验不同场景下的冲突解决过程，并提供针对性的指导和反馈。

（二）建立有效的反馈机制

为了及时发现和解决潜在的冲突，乡村幼儿教师团队应建立有效的反馈机制。以下是一些建议：

1. 教师间互相反馈

鼓励幼儿教师之间互相反馈，定期组织教学观摩、教师沙龙等活动，促进教师之间的交流和分享。幼儿教师可以通过观摩他人的教学实践，发现自己的不足之处，并借鉴他人的优点。

2. 面对面交流

管理者应定期与幼儿教师进行面对面的交流，了解他们的需求和困难，帮助他们解决问题。这种直接的交流方式能更好地促进反馈信息的传递和理解。

3. 幼儿和家长的反馈

鼓励幼儿家长积极参与幼儿的教育，建立良好的家校合作关系。幼儿和家长可以提供对幼儿教师的反馈意见和建议，帮助幼儿教师了解自己的优势和改进的方向。

4. 利用技术工具

可以利用现代化教学技术和工具，如教学录像、在线评价问卷等，收集幼儿和家长对教学效果的反馈。这样可以更全面和客观地了解幼儿教师的工作表现。

（三）促进合作文化的建设

为了培养乡村幼儿教师之间的合作意识和团队精神，推动建设积极向上的合作文化，可以采取以下措施：

1. 团队活动

组织一些团队活动，如集体研讨、教学经验分享等，鼓励幼儿教师之间相互借鉴和学习。这些活动可以提供一个共同的平台，促进幼儿教师之间的交流和合作。

2. 合作课题研究

鼓励幼儿教师参与合作课题研究，共同探讨和解决教学中的问题。通过共同研究，幼儿教师可以相互借鉴经验、分享资源，并形成良好的合作关系。

3. 建立合作分享平台

建立一个在线平台或社交媒体群组，供幼儿教师们分享教学资源、经验和心得。这样可以促进幼儿教师间的互动和合作，丰富教学内容，提高教学质量。

4. 鼓励互助互帮

鼓励幼儿教师之间相互帮助，形成良好的团队氛围。幼儿教师可以合作备课，互相观摩课堂，相互提供宝贵的建议和支持。

（四）创造良好的工作环境

提供一个和谐、公平、开放的工作环境是提升乡村幼儿教师冲突解决与协商能力的基础。管理者应加强对幼儿教师的关怀和支持，提供必要的资源和培训支持，减少工作中的不确定性和压力，同时营造一个相互尊重、信任和宽容的氛围。为了创造良好的工作环境，可以采取以下措施（表 6–2）：

表 6–2　创造良好工作环境举措

良好环境	良好工作环境的表现
关怀和支持	管理者应对乡村幼儿教师给予关怀和支持，了解他们的需求和困难，并积极提供帮助。可以定期组织一对一的沟通会议，倾听教师的心声，及时解决问题和困扰
资源和培训	提供必要的资源和培训支持，确保教师有足够的工具和知识来开展教学工作。可以组织专业的培训课程，帮助教师提升专业能力，增加他们的自信心和满意度
减少压力	减少工作中的不确定性和压力，例如明确教学目标、工作要求和评价标准，提前做好计划和准备，为教师提供稳定的工作环境
尊重和信任	建立相互尊重和信任的工作氛围，鼓励教师之间互相支持和合作。管理者可以设立定期的团队会议，让教师分享经验和交流想法，促进彼此之间的理解和协作
宽容和包容	营造宽容和包容的文化氛围，鼓励教师勇于尝试和创新，容忍错误和失败。管理者应鼓励教师敢于表达意见和建议，给予肯定和鼓励，从而激发他们的积极性和创造力

（五）加强专业交流与合作机会

促进乡村幼儿教师之间的专业交流与合作，可以组织教研活动、参加学术研讨会等，分享最新的教育理念和教学经验。通过与他人的交流与合作，教师可以拓展自己的眼界，提高解决冲突和协商的能力。

为了加强专业交流与合作机会，可以采取以下措施：

1. 教研活动

组织幼儿教师参与教研活动，例如，教学设计研讨会、教学案例分享等。这些活动可以让幼儿教师展示自己的教学经验和成果，与他人互相学习和借鉴。

2. 学术研讨会

鼓励教师参加学术研讨会，了解最新的教育理念和研究成果。可以支持教师提交论文或演讲，并组织交流和讨论的机会，促进教师之间的学术交流与合作。

3. 专业社群

建立乡村幼儿教师的专业社群，通过线上或线下的方式进行交流与合作。可以建立专业交流平台，分享教学资源、经验和问题解决方案，搭建师资共享的平台。

4. 跨校交流

组织乡村幼儿教师之间的跨校交流活动，参观其他学校的教学实践，了解不同学校之间的差异和共同点。可以开展合作课题研究，促进不同学校之间的合作与共赢。

四、加强乡村幼儿教师的团队合作与合作能力

为了加强乡村幼儿教师的团队合作与合作能力，可以从以下五个方面进行努力：

（一）培养团队意识

通过组织团队建设培训，引导乡村幼儿教师提升团队意识。培训内容可以包括团队合作的重要性、团队角色的分工、协作技巧等方面的知识，通过理论学习和实践演练，增强教师的团队合作意识和能力。

团队建设培训可以采取以下措施：

1. 理论学习

幼儿教师可以参加团队合作理论知识的学习班或研讨会，了解团队合作的原理、特点和优势。通过系统的学习，培养幼儿教师对团队合作的认识和意识。

2. 实战演练

组织幼儿教师参与各种团队合作的实践活动，如小组讨论、团队项目等。通过实战演练，让教师亲身体验团队合作的过程和效果，增强他们的合作技巧和团队意识。

3. 团队角色分工

引导教师了解不同团队角色的特点和职责，并根据自身特长和兴趣进行角色分工。通过明确分工，教师可以更好地发挥各自的优势，提高团队的整体效能。

4. 团队建设活动

定期组织团队建设活动，如户外拓展训练、团队游戏等，增强幼儿教师之间的理解和信任。这些活动可以促进幼儿教师之间的情感交流，打破彼此之间的隔阂，增强团队凝聚力。

通过培养团队意识，乡村幼儿教师可以更好地融入团队合作中，形成协作共

赢的氛围，提升冲突解决和协商能力。

（二）激发合作动力

通过设立奖励机制和激励措施，激发幼儿教师之间的合作动力。例如，可以评选出优秀团队或合作项目，并给予相应的奖励和荣誉，鼓励幼儿教师们积极参与团队合作，形成良好的合作氛围。激发合作动力可以采取以下措施：

1. 奖励机制

设立合作奖励机制，对具有突出合作表现的幼儿教师或团队进行表彰和奖励。奖励可以包括荣誉称号、奖金、晋升机会等，激励教师们积极投入团队合作中。

2. 合作项目评选

定期评选出优秀的合作项目，并公开展示其成果和效果。这不仅可以激发幼儿教师们的合作动力，还可以向外界展示团队的实力和能力，提升乡村幼儿教育的形象和声誉。

3. 个人贡献认可

在团队合作中，及时认可和赞赏幼儿教师的个人贡献和努力。可以通过口头表扬、写信致谢等方式，鼓励幼儿教师们持续为团队的发展做出贡献。

4. 合作分享会

定期组织合作项目的分享会，让幼儿教师们展示自己的合作成果和经验。通过分享会的形式，可以促进幼儿教师之间的相互学习和借鉴，激发更多的合作动力。

通过以上措施，可以有效激发乡村幼儿教师之间的合作动力，增强他们的参与度和积极性，推动团队合作的深入开展。

（三）促进信息共享

建立信息共享平台，方便乡村幼儿教师之间的信息交流和资源共享。通过共享教学经验、教学资源和教育研究成果，提高教师的教学水平和综合素质，促进团队合作的效果。促进信息共享可以采取以下措施：

1. 建立信息共享平台

搭建一个在线平台，供幼儿教师们分享和交流教育资源、教学经验和教育研究成果。可以利用现有的网络技术，建立一个专门的网站或社交媒体群组，方便教师们进行信息发布和交流。

2. 分享教学设计和案例

幼儿教师可以将自己的教学设计和教学案例分享到信息共享平台上，供其他教师参考和借鉴。这样可以充分利用教师们的创新和经验，促进教学质量的提升。

3. 教育资源共享

鼓励幼儿教师之间共享教育资源，如教材、教具、多媒体资源等。通过信息共享平台，幼儿教师们可以相互借用和共享各类教育资源，充分利用资源的共享效益，提高教学的质量和效果。

4. 教育研究成果交流

鼓励幼儿教师们将自己的教育研究成果分享到信息共享平台上，进行学术交流和讨论。这可以促进教师之间的思想碰撞和专业成长，推动教育教学的创新和发展。

5. 专家指导与讲座

组织专家进行在线指导和讲座，为乡村幼儿教师提供专业的教学指导和培训。通过专家的分享和指导，可以拓宽教师们的思路和视野，提高他们的教学水平和专业素养。

通过促进信息共享，乡村幼儿教师可以充分利用集体智慧，快速获取教育资源和教学经验，提升自身的教学能力和综合素质，从而有效促进团队合作的效果和成果。

（四）建立合作机制

在乡村幼儿教师团队中建立有效的合作机制，对于提升冲突解决与协商能力至关重要。以下是一些具体的措施：

1. 明确团队目标和任务分工

团队成员应明确共同的目标和任务，并建立清晰的任务分工，确保每个人都知道自己的责任和职责。这样可以避免冲突和混乱，提高团队的工作效率。

2. 建立沟通和协作渠道

为了提升团队的合作能力，应建立多种沟通和协作渠道。例如，定期组织团队会议，让幼儿教师们共同商讨问题、制订计划，并监督实施。此外，还可以利用现代科技手段，如在线平台和社交媒体等，方便团队成员之间的交流和协作。

3. 培养团队合作精神

通过鼓励团队成员之间的互相支持和帮助，培养团队合作精神，可以设立奖励机制，表彰团队中出色的合作表现，激励其他成员以积极的态度参与合作。此外，还可以组织团队建设活动，增进成员之间的了解和信任。

4. 建立良好的反馈机制

及时的反馈对于改进和调整合作机制至关重要。管理者应定期与团队成员进行个别沟通，了解他们的意见和反馈，并对团队的运作进行总结和评估。根据反馈结果，进行必要的调整和改进，以保持合作机制的有效性和适应性。

（五）加强跨学科合作

促进不同学科的幼儿教师之间的合作，可以为乡村幼儿教育带来更多的创新和发展。以下是一些具体的措施：

1. 跨学科教学设计

鼓励幼儿教师们开展跨学科的教学设计，将多个学科的内容有机地结合起来，提供更丰富的学习体验。例如，在儿童绘本教学中，可以融入语言、美术、音乐等多个学科的元素，培养幼儿的多元思维和创造力。

2. 学科教师间的合作交流

组织定期的学科教师间的合作交流活动，让幼儿教师们分享各自学科的教学经验和教学资源。通过学科间的交流与合作，可以拓宽教学的视野，提高幼儿教师们的专业素养和能力。

3. 跨学科课题研究

鼓励幼儿教师们进行跨学科的课题研究，探索多学科融合的教学模式和方法。例如，在科学和数学的教学中，可以通过实践探究的方式，培养幼儿的科学思维和数学推理能力。

4. 联合活动与项目

组织跨学科的联合活动和项目，为幼儿提供更广阔的学习机会和体验。例如，开展学校艺术展览，让美术、音乐、舞蹈等多个学科的教师共同参与，并与其他学科的教师合作，展示幼儿的综合素养和创造力。

通过加强跨学科合作，可以打破传统学科之间的壁垒，激发幼儿的学习兴趣和能力，提升教学的质量和效果。同时，跨学科合作也有利于幼儿教师的专业发展和提升，增强他们解决冲突和协商的能力。

第三节　增强乡村幼儿教师的服务意识与责任心

一、培养乡村幼儿教师的家庭与社区合作意识

（一）加强与家庭的联系和沟通

为了加强乡村幼儿教师与家庭之间的联系和沟通，可以采取以下措施：

1. 定期开展家长会议

每学期至少组织一次家长会议，邀请所有家长参加。会议上可以介绍幼儿的学习情况、活动安排以及教育理念等内容，同时倾听家长的意见和建议。通过家长会议，可以增进教师与家长之间的了解，建立起良好的互信关系。

2. 定期进行家访活动

乡村幼儿教师可以定期拜访幼儿家庭，了解幼儿在家庭环境中的情况。通过与家长面对面的交流，教师可以更深入地了解幼儿的兴趣爱好、个性特点、家庭教育方式等信息，从而更好地指导幼儿的学习和发展。

3. 建立家校沟通平台

搭建一个便捷的家校沟通平台，如微信群、在线家长论坛等。幼儿教师可以及时发布学校的通知、活动安排等信息，家长也可以通过平台与教师进行交流和咨询。这样的平台既方便了信息传递，又加强了教师与家长之间的沟通和合作。

4. 发放家庭教育指南

为了帮助家长更好地支持孩子的学习和成长，乡村幼儿教师可以定期向家长发放家庭教育指南。指南可以包括如何建立良好的家庭教育环境、如何培养孩子的学习习惯、如何与孩子进行有效的沟通等内容。这样可以引导家长正确地对待教育问题，与教师形成合力，共同促进幼儿的全面发展。

（二）建立健全家长参与机制

为了让家长能够积极参与到乡村幼儿教育中来，需要建立健全的家长参与机制，具体措施如下：

1. 定期举办家长讲座和培训

邀请专业人士或教育专家为家长们开展主题讲座和培训。讲座内容可以涵盖家庭教育、亲子关系、心理健康等方面的知识和技巧。这样可以使家长们了解更多的教育理念和方法，并在家庭教育中能够更加有效地支持孩子的成长。

2. 设立家长志愿者小组

鼓励家长自愿参与到学校的志愿者活动中来，例如协助组织活动、陪伴孩子参观外出等。通过参与志愿者活动，家长们可以更好地了解学校的教育环境和教育目标，同时也能够更深入地与教师和其他家长互动，共同为孩子的成长贡献力量。

3. 组织家庭活动日

定期组织家庭活动日，邀请家长与孩子一同参与各类游戏、手工制作、亲子运动等活动。通过这样的活动，促进家长与幼儿的亲密互动，增强家长对孩子教育的主体性和积极性。

4. 定期召开家委会

设立家委会，由家长代表和教师代表组成，定期召开会议，就学校的管理、教育教学等方面进行讨论和决策。家委会可以成为家长们的代表，为家长发声，参与学校事务的决策，共同推动学校的发展和进步。

通过加强与家庭的联系和沟通，以及建立健全的家长参与机制，乡村幼儿教师可以与家长形成紧密的合作关系，达到共同促进幼儿发展的目标。同时，这也能够增强教师对乡村幼儿家庭情况的了解，有针对性地开展教育工作，推动乡村幼儿教育的全面发展。

（三）加强与社区的合作

乡村幼儿教师在教育工作中，应积极与社区进行合作，共同推动幼儿教育的发展。加强与社区的合作有助于共同利用资源、互相支持、互相借力，为幼儿提供更多的学习机会和体验机会，丰富他们的生活经验和知识储备。

1. 与社区建立长期合作关系

与社区建立稳定的合作伙伴关系，可以促进教育资源、信息和经验的共享。教师可以与社区志愿者、社工等组织开展联合活动，共同策划并实施各类教育项目。比如，可以利用社区资源和场所，组织户外教学活动、社区参观等，让幼儿在实践中学习与感知。

2. 充分发挥社区资源的优势，开展各类教育活动

社区可能具备丰富的文化资源、自然资源和社会资源，例如图书馆、博物馆、自然保护区、农田等。教师可以与社区合作，利用这些资源开展教育活动。比如，在图书馆开展故事会、阅读推广活动；在博物馆组织参观与解说；在农田开展小农场体验等。通过这些活动，幼儿能够在实践中学习和感知，培养他们的观察力、思考力和探索精神。

3. 与社区家长建立良好的互动和沟通机制

通过定期召开家长会、家访等形式，了解家长对幼儿教育的需求和期望，与家长共同探讨幼儿教育问题。同时，教师还可以为家长提供一些家庭教育指导和支持。可以组织家长培训班、家庭教育讲座等活动，增强家长的教育意识和能力，帮助他们更好地参与幼儿教育，共同促进孩子的成长和发展。

（四）开展家庭与社区教育指导工作

乡村幼儿教师可以在课余时间开展一些家庭与社区教育指导工作，为家庭和社区提供专业的教育指导和支持。这样的工作可以有效地促进家庭与社区的教育发展，提高整个社区的教育水平。

1. 乡村幼儿教师可以组织家长培训班

通过开设家长培训班，教师可以向家长传授一些基础的教育理念和方法。课程内容可以包括儿童心理学、教育法律法规、亲子沟通技巧等方面的知识。通过培训，家长可以增加对幼儿教育的了解，掌握一些科学有效的教育方法，更好地与孩子进行交流。

2. 乡村幼儿教师还可以组织家庭教育讲座

讲座可以邀请专业人士、教育专家等进行讲解和授课，通过专业的讲解和案例分析，帮助家长更好地理解和应对家庭教育中的问题。讲座内容可以包括儿童情绪管理、家庭时间管理、孩子学习方法等方面的内容，旨在提供实用的教育指导和建议。

3. 乡村幼儿教师向社区提供一些教育咨询服务

对于家长和社区居民在教育方面的问题和困惑，教师可以进行解答和指导。这可以通过电话咨询、在线咨询或者面对面咨询等方式进行，为他们提供针对性的教育建议和支持。

通过开展家庭与社区教育指导工作，乡村幼儿教师可以将专业的教育知识和经验传递给更多的人群，提高整个社区教育水平。同时，也能够与家长和社区建立更紧密的联系，形成良好的教育合力，共同关注孩子的健康成长。

二、提高乡村幼儿教师对幼儿和家长的关爱与服务能力

（一）建立爱心关怀制度

乡村幼儿教师在工作中应建立起对幼儿和家长的爱心关怀制度，注重从心理和情感上关怀和照顾每个幼儿和家庭。这有助于为幼儿提供更加温暖和安全的学习环境，以及有效的家校沟通和合作，促进幼儿的全面发展。

乡村幼儿教师可以通过定期的心理辅导活动来关心和照顾幼儿的心理健康。幼儿阶段是个体发展的关键时期，他们的心理状态和情绪表达能力较为脆弱。教师可以了解幼儿的个体特点，积极倾听他们的想法和感受，并提供适当的支持和引导。可以采取一些游戏、故事或绘画等形式，让幼儿通过自我表达和沟通来舒缓情绪，培养积极的心态和良好的情感表达能力。

乡村幼儿教师还应注重与家长的沟通和合作，了解他们的困难和需求，为他们提供必要的支持。可以通过家长会、家庭访问等方式，与家长进行交流，共同关注幼儿的成长和发展。教师可以主动了解家庭背景、生活环境等因素对幼儿的影响，并及时与家长沟通，制定相应的教育方案，提供家庭教育的支持和指导。此外，教师还可以组织家长参与学校的教育活动，增进彼此的了解和信任，形成良好的家校合作关系。

另外，乡村幼儿教师可以通过注重细节上的关怀，体现对幼儿和家庭的关爱。在日常工作中，教师可以注意观察每个幼儿的特点和需求，并根据个体差异进行

个性化的引导和陪伴。教师可以关注幼儿的饮食、睡眠、卫生等方面的需求，确保他们的身体健康和安全。同时，也要关注幼儿的兴趣和潜能，积极引导他们参与适合自己的学习和活动，激发他们的积极性和创造力。

此外，乡村幼儿教师还可以通过家访等方式，进一步了解幼儿和家庭的情况。家访可以使教师更加直观地了解幼儿的生活环境、家庭教育方式等，为其提供更加个性化的教育服务。在家访中，教师可以与家长进行深入交流，了解他们的期望、困惑和需求，并根据实际情况，提供相应的教育指导和支持。

（二）提升专业能力

为了更好地履行乡村幼儿教师的职责，提供高质量的教育服务，乡村幼儿教师应不断提高自身的专业能力。持续学习和提升专业能力，可以帮助教师更好地适应教育发展的需求，在实践中提供更有效的教学与指导。

乡村幼儿教师可以参加相关培训班和研讨会等活动，不断拓宽自己的知识面。这些培训班和研讨会可以涉及多个方面，如幼儿教育理论、教育心理学、教育法律法规等。通过学习新的理论和知识，教师可以更新自己的教育观念，增进对幼儿发展的认识，并将学到的理论与实践相结合，提高教育教学的水平。

乡村幼儿教师可以积极参与学科研究和教育实践的探索。可以借助学校或教育机构的支持，开展小型研究项目，关注幼儿教育领域中的热点问题和挑战，并通过实践和数据收集来探索解决方案。例如，可以研究如何更好地培养幼儿的创造力和想象力，如何应对幼儿教育中的行为问题等。通过参与学科研究和实践，乡村幼儿教师可以不断提升自己的专业素养和能力，为幼儿提供更加优质的教育服务。

此外，乡村幼儿教师还应注重实践中的反思和总结。在教育实践中，教师可以注意观察和记录幼儿的学习情况和进步，并对自己的教学方法和策略进行反思和调整。通过反思和总结，教师可以发现自己的不足之处，并寻找改进的方法和途径。

乡村幼儿教师还可以积极参与专业交流和合作。可以与其他教师、专家学者以及相关机构建立联系，分享经验和教育资源，互相学习和借鉴。可以参加教育研讨会、学术论坛等活动，与同行进行深入交流，共同探讨教育问题和解决方案。

（三）创设良好的教育环境

乡村幼儿教师在教育工作中，应努力创设一个温馨、舒适、安全的教育环境，为幼儿提供良好的学习和成长条件。创设良好的教育环境对于幼儿的身心健康和学业发展具有重要意义。

乡村幼儿教师可以通过精心布置教室来创设良好的教育环境。在教室的布置上，可以注重营造艺术氛围，例如摆放一些幼儿绘画作品、手工艺品等，让教室充满活力和创造力。同时，要保持教室的整洁和宜人，营造一个舒适宽敞的学习空间。合理使用色彩和光线，选择柔和、温暖的色调，为幼儿营造安全感和亲近感。

乡村幼儿教师可以提供丰富多彩的教育教具和玩具。幼儿教具和玩具是幼儿学习和探索的重要工具，能够激发他们的学习兴趣和动手能力。教师可以根据幼儿的年龄和兴趣，提供丰富多样的教育教具和玩具，包括拼图、积木、游戏卡片等，让幼儿通过自主探索和互动游戏来学习和成长。

另外，乡村幼儿教师应注重教室安全和卫生管理。教师需要定期检查和维护教室设施设备，确保其安全可靠。同时，要加强日常的环境清洁和消毒工作，保持教室的整洁卫生，预防疾病传播。还应制定相应的安全规范和紧急处理预案，以应对在教育环境中可能出现的突发事件。

（四）提供个性化的教育服务

乡村幼儿教师应根据每个幼儿的特点和需求，提供个性化的教育服务。每个幼儿都有自己的兴趣、优势和发展需求，教师应根据这些特点，采取不同的教学方法和活动设计，满足幼儿的个性化需求，帮助他们全面成长。

1. 观察和了解幼儿的兴趣爱好和学习风格

在教学中，可以针对不同幼儿的特点，采取个别化或小组化的教学方式。比如，对于喜欢音乐的幼儿，可以多安排音乐活动；对于喜欢动手制作的幼儿，可以多开展手工制作课程。通过个性化的教学，激发幼儿的学习兴趣和积极性。

2. 利用多种教育资源满足不同幼儿的发展需求

可以结合游戏、实验、讨论等多种活动形式，引导幼儿进行探索和发现。同时，可以引导幼儿参与团体活动，培养他们的合作意识和团队精神。例如，组织小组活动、角色扮演等，让幼儿在与他人交往中学习和成长。

3. 与家长密切合作也是个性化教育服务的重要环节

教师可以与家长建立良好的沟通机制，了解幼儿在家庭环境中的表现和需求，与家长共同关注和引导幼儿的发展。可以通过家访、家长会等形式，与家长交流并反馈幼儿的学习情况和进展，协调家庭与学校教育的衔接，共同促进幼儿的全面发展。

通过提供个性化的教育服务，乡村幼儿教师可以更好地满足幼儿的学习需求，促进他们的全面成长。个性化教育服务的实施需要教师具备丰富的教育知识和经验，并不断提高自身的专业水平，以更好地应对幼儿的教育需求和挑战。

三、强化乡村幼儿教师的职业道德观念与责任意识

职业道德是乡村幼儿教师必须具备的重要品质，关系到教师在职业发展中的行为规范和职业操守。强化乡村幼儿教师的职业道德观念和责任意识，对于提升他们的教育教学水平和专业素养具有重要意义。

乡村幼儿教师需要树立正确的职业道德观念。他们应该明确自己的教育使命和社会责任，始终将幼儿的利益放在首位。乡村幼儿教师要坚持教书育人、德育为先的原则，注重培养幼儿的品德修养和社会责任感，引导幼儿健康成长。

乡村幼儿教师要积极践行职业道德。他们应该以身作则，成为幼儿的榜样和引路人。乡村幼儿教师要注重自身的修养和素质提升，不断追求教育教学的专业化和科学化。同时，乡村幼儿教师要遵守教育法律法规，坚守职业道德底线，严禁任何形式的虐待、体罚和变相教育等不良行为。

此外，乡村幼儿教师还要关注个体差异，尊重每个幼儿的发展特点和需求。他们应该积极倾听幼儿的心声，理解他们的情感和需求，用心去关爱和引导。乡村幼儿教师要从孩子的角度出发，给予他们足够的关注和支持，努力满足他们的成长需求。

四、推动乡村幼儿教师参与社会公益活动的意识和行动

乡村幼儿教师作为基层教育工作者，应当具备社会责任感，积极参与社会公益活动，为社区和学校的发展做出贡献。推动乡村幼儿教师参与社会公益活动的

意识和行动，有助于提高他们的综合素质和社会影响力，同时也能够促进乡村幼儿教育的发展。

乡村幼儿教师需要加强对社会公益活动意义的认识。他们应该深刻理解社会公益活动对社会和个人的积极影响，明白参与公益活动是一种责任和义务。通过参与公益活动，乡村幼儿教师可以拓宽自己的视野，增强社会意识，培养乐善好施的品格，同时也能够提升自身的教育教学水平和综合素质。

乡村幼儿教师要积极寻找参与社会公益活动的机会。他们可以主动联系社区、学校、NGO 等组织，了解社会公益活动的需求和机会。乡村幼儿教师可以参与扶贫助困、环境保护、文化传承等多样化的公益活动中，为社会的发展和进步贡献自己的力量。

此外，乡村幼儿教师还可以发挥自身专业特长，开展与幼儿教育相关的社会公益活动。他们可以组织幼儿艺术展示、体验活动，为社区的幼儿提供免费的教育资源和服务。乡村幼儿教师还可以开展家庭教育指导工作，为社区的家长提供专业的教育指导和支持，提高家庭教育水平。

第七章 加强乡村幼儿教师的实践锻炼

第一节 拓宽实践渠道，增加实践机会

一、开展校内外实习实训活动

实习实训活动是幼儿师范专业或其他有志于从事幼教工作的大学生综合素质培养的重要环节，通过实际操作和实践锻炼，帮助有志于从事幼儿工作的学生将所学理论知识与实际工作相结合，提升专业技能和职业素养。为了有效地开展校内外实习实训活动，可以采取以下措施：

（一）制订实习实训计划

为了确保实习实训活动的有序进行，需要制订详细的实习实训计划。该计划应根据所学专业和学生的需求，明确活动目标、内容和时间安排。以幼教类专业大学生的实习实训来说，具体步骤如下（图 7–1）：

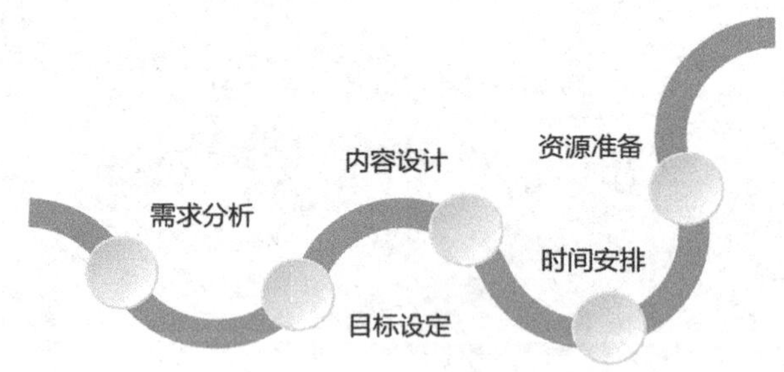

图7–1 幼教类专业大学生的实习实训步骤

1. 需求分析

了解幼教相关专业学生的实习需求和专业背景，与学生进行沟通和调研，明确他们希望在实习实训中获得的技能和经验。

2. 目标设定

根据幼教相关专业学生的需求和实习实训的目的，制定明确的目标。目标可以包括提升专业素养、培养实践能力、增强团队合作能力等方面。

3. 内容设计

根据目标，确定实习实训的具体内容。可以包括实地考察、岗位实习、模拟项目等，以帮助幼教相关专业学生在真实场景中应用所学知识和技能。

4. 时间安排

合理安排实习实训的时间，确保其与正常课程的衔接。可以将实习实训分为几个阶段，每个阶段设立明确的时间节点和任务要求。

5. 资源准备

为实习实训活动提供必要的资源支持，包括实验设备、场地、材料等。同时，还需与幼儿园、教育机构等建立合作关系，确保学生能够有针对性地进行实习。

（二）搭建校企合作平台

校企合作是促进幼教相关专业学生实习实训的重要途径之一。为了搭建一个良好的校企合作平台，可以采取以下步骤：

1. 建立合作关系

积极与幼儿教育相关的学校、企业、机构展开合作，开展双向选择的校企合作项目。可以通过参观访问，派遣幼儿教师赴学校、机构、企业实习，邀请教育专家来校授课等方式，加强与学校、机构、企业的联系和交流。

2. 签署合作协议

与学校、机构、企业签署合作协议，明确双方的权责和合作内容。协议可以涵盖实习岗位和任务、实习期限、保密协议等方面，确保实习活动的顺利进行。

3. 提供实习机会

通过校企合作平台，为学生提供更多的实习机会。可以与学校、机构、企业共同开发实习岗位，使学生有机会在真实工作环境中进行实践，增强他们的实际操作能力和职业素养。

4. 学生招聘会

组织学生招聘会或专场招聘活动，邀请学校、机构、企业来校与学生面对面地交流和面试。这样可以提供更多的就业机会，并加强校企之间的合作关系。

5. 建立反馈机制

与学校、机构、企业建立良好的沟通渠道和反馈机制，及时了解学生在实习中的表现和问题，并进行积极的改进和调整。

（三）提供实习指导与辅导

为了帮助幼教相关专业学生顺利完成实习实训，需要设立专门的实习指导团队或教师，负责对学生的实习活动进行指导和辅导。实习指导和辅导的具体方式如下（图 7–2）：

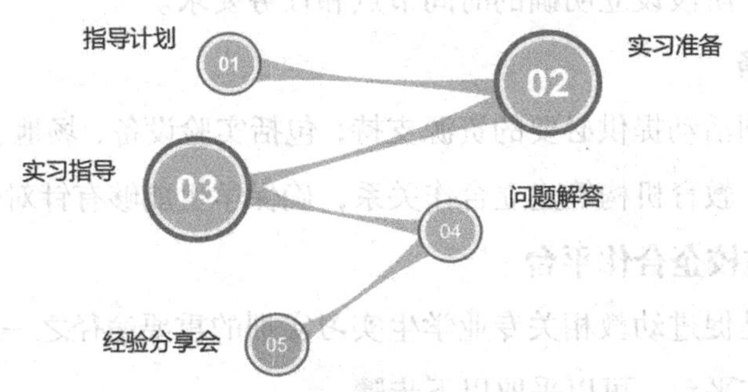

图7–2　提供实习指导与辅导具体方式

1. 指导计划

制订幼教相关专业学生实习指导计划，明确指导团队与学生的沟通和交流频率、内容、方式等。在指导计划中可以包括个别指导、小组讨论、作业评估等环节。

2. 实习准备

在实习开始之前，提供必要的实习准备培训，包括实习目标的明确、实习活动的介绍、实习规范的说明等，帮助幼教相关专业学生了解实习的目的和要求。

3. 实习指导

根据幼教相关专业学生实习的具体情况，进行个别或小组的实习指导。指导团队可以针对学生的实习岗位和任务，提供专业知识的指导、实践技巧的培训等，帮助学生顺利完成实习任务。

4. 问题解答

及时回应幼教相关专业学生在实习过程中遇到的问题和困惑，提供解答和建议。可以通过线上或线下的方式进行问题沟通，保证学生能够得到及时的支持和帮助。

5. 经验分享会

定期组织实习经验分享会，邀请有经验的幼教相关专业学生或实习导师分享实习心得和经验，相互借鉴和学习。同时，也可以邀请教育学家或行业专家参加，提供更广泛的视角和实践经验。

（四）加强实习评估与反馈

实习评估和反馈是对幼教相关专业学生实习表现进行客观评价和指导的重要方式。具体做法如下：

1. 评估指标和标准

明确实习评估的指标和标准，包括实习成果、工作态度、团队合作等方面的考核内容。可以根据实习目标和任务制定评估指标，并为每个指标设定相应的评分标准。

2. 评估方法

选择合适的评估方法，包括实地观察、实习报告、口头答辩、同事评价等。综合多种评估方法，全面了解学生在实习中的表现和成长。

3. 反馈与指导

根据评估结果，为幼教相关专业学生提供及时的反馈和指导。通过面谈、书面报告、评语等形式，向学生详细说明评估结果和存在的问题，并给予针对性的改进建议和指导。

4. 个性化发展规划

基于实习评估结果，为幼教相关专业学生制定个性化的发展规划和指导方案。根据学生的优势和不足，帮助他们明确自身发展目标，并提供相应的培训和辅导资源。

二、联合乡村社区资源，组织社会实践活动

社会实践活动是培养幼儿教师社会责任感和社会参与能力的重要途径，通过参与社会实践活动，幼儿教师可以更好地了解社会现实，提升自身素质。为了充

分利用社区资源，开展有意义的社会实践活动，可以采取以下措施：

（一）与乡村社区建立合作关系

1. 积极主动了解社区

第一，建立联系。作为学校的员工，幼儿教师可以主动与乡村周边社区的居委会、社工机构等进行接触和沟通，了解他们对于儿童教育的需求和资源情况。可以通过拜访、电话沟通或参加社区活动等方式，与社区建立起密切的联系。

第二，调研需求。在与社区建立联系的同时，幼儿教师还应积极了解社区的需求。可以进行问卷调查、座谈会等形式的调研活动，以全面了解社区居民关于儿童教育的关注点和需求，为策划合适的社会实践项目提供基础数据。

2. 合作开展社会实践活动

第一，社区义工活动。根据社区的需求，幼儿教师可以和幼儿一起参与社区义工活动，如帮助清扫环境、植树护绿、社区文化活动志愿服务等。通过这些活动，幼儿教师可以亲身感受到自己的努力对社区的影响，增强他们的社会责任感和参与意识。

第二，环境保护行动。社区环境的整洁和保护是社区居民普遍关注的问题。可以组织幼儿教师和幼儿参与环境保护行动，如垃圾分类宣传、环境清理行动等。通过这些活动，幼儿教师和幼儿可以增强环保意识，养成良好的环境保护习惯，并向社区居民传递环保知识。

第三，扶贫帮困项目。针对社区中存在的扶贫帮困需求，可以开展相关的实践项目。可以组织幼儿教师到贫困家庭中进行走访和关怀，了解他们的需求并提供相应的帮助。通过这些项目，幼儿教师可以感受到贫困群体的生活现状，培养其关爱他人的情怀。

（二）强化实践教育理念

1. 宣传社会实践教育的重要性

（1）宣传活动

可以通过校园广播、周会、宣传栏等方式，向幼儿教师宣传社会实践教育的重要性和意义。介绍社会实践的目的、价值以及对个人成长的积极影响，引导幼儿教师主动参与社会实践活动。

（2）教育活动

可以举办主题讲座、经验分享会等活动，邀请社会实践成功案例的讲者分享经验和感悟，向幼儿教师传递积极的社会价值观念和人生态度。

2. 培养幼儿教师的社会责任感和关爱他人的能力

（1）社会责任感培养

通过课堂教育和实践活动相结合的方式，引导幼儿教师思考社会问题和自身责任，并提供机会让幼儿教师在实践中体验到社会问题的影响和解决的重要性。可以通过情景模拟、角色扮演等形式，培养幼儿教师的社会责任感。

（2）关爱他人的能力培养

通过组织幼儿教师参与社区服务、志愿活动等，让他们亲自感受到帮助他人的乐趣和意义。同时，引导幼儿教师学会倾听、沟通和尊重他人，在实践中培养关爱他人的能力。

（三）定期评估和总结

针对乡村幼儿教师社会实践活动，应定期评估和总结，以便于幼儿教师从实践中不断总结经验，获得自身的成长。具体步骤如下（表 7–1）：

表 7–1　评估总结具体步骤

评估总结步骤	评估总结步骤具体表现
设定评估指标	根据社会实践活动的目标和要求，制定相应的评估指标，如参与度、活动效果、社区反馈等
收集评估数据	通过问卷调查、访谈、观察等方式，收集相关的评估数据，充分了解幼儿和社区的反馈意见
定期评估	按照一定的时间周期，对社会实践活动进行评估。根据评估结果，进行活动的优化和改进，确保活动的实效性和影响力
活动总结	在每次社会实践活动结束后，及时总结活动的经验和教训。可以组织相关的师生座谈会，就活动中遇到的问题和改进方向进行讨论，为下一次活动的开展提供指导和借鉴

三、拓展学校与家庭合作，鼓励家庭参与实践活动

在现代社会中，学校与家庭的合作关系对幼儿的全面发展至关重要。为了促

进学校与家庭之间的紧密联系，可以采取以下措施：

（一）家访活动

家访活动是学校与家庭之间的重要交流方式，旨在增进双方的了解和互信。具体做法如下：

1. 组织安排

学校可以定期组织家访活动，并提前通知家长。在活动前，教师与家长沟通确认时间、地点等细节，确保家访的顺利进行。

2. 家访目的

家访的目的是让幼儿教师了解幼儿在家庭中的生活情况和成长环境。通过与家长面对面的交流，可以更全面地了解幼儿的性格、兴趣爱好、家庭背景等信息。

3. 交流内容

在家访中，幼儿教师可以主动询问家长关于幼儿的日常习惯、学习态度、兴趣爱好等方面的情况。同时，也可以向家长介绍学校的教育理念、教学方法等，促进双方的共识和合作。

4. 关注重点

在家访过程中，幼儿教师应特别关注幼儿的家庭教育环境、家庭支持与关爱的程度，以及可能存在的困难和问题。通过及时了解这些情况，学校可以为幼儿提供更有针对性的教育支持和帮助。

（二）家庭参与实践活动

家庭参与实践活动可以促进亲子关系，提高家庭教育的质量。以下是具体做法：

1. 活动设计

学校可以给幼儿教师一些实践任务，让幼儿教师组织各种形式的家庭参与实践活动，如亲子野外拓展、家庭手工制作课程、烹饪比赛等。这些活动既能培养孩子的实践能力和创造力，又能增强家庭成员之间的互动和合作，还能使幼儿教师在实践中提升综合素质。

2. 家庭角色

在活动中，幼儿教师要重视家长的角色定位，让他们能够积极参与和引导孩子的学习和探索。同时，也要给予孩子一定的自主空间，发挥他们的想象力和创造力。

3. 学习分享

活动结束后，幼儿教师可以组织幼儿和家长分享他们的学习成果和心得体会。这样可以增加家庭成员之间的交流和理解，同时也能够为其他家庭提供学习的借鉴和启示。

（三）家庭作业辅导

家庭作业辅导是幼儿教师与家庭合作的重要环节，可以帮助家长更好地理解幼儿的学习内容和要求，并提供适当的支持。以下是具体做法：

1. 辅导指南

幼儿教师可以为家长提供家庭作业辅导指南，明确作业的目标、要求和时间安排等。这样可以帮助家长更好地辅导孩子的学习，减少不必要的焦虑和困扰。

2. 交流沟通

幼儿教师与家长之间要保持良好的沟通渠道，及时了解孩子在家庭作业中可能遇到的问题和困难。通过电话、邮件、家长会等方式，与家长沟通交流，共同探讨解决方案。

3. 家长培训班

幼儿教师可以组织家长培训班，提供一些基础的教育教学知识和方法。这样可以帮助家长更好地理解学校的教学理念和要求，并提供一些实用的辅导技巧和策略。

4. 学习资源

幼儿教师可以向家长推荐一些适合孩子年龄和学科的学习资源，如参考书籍、在线学习平台等。这些资源可以帮助家长更好地指导孩子完成作业，培养他们的学习能力和自主学习的习惯。

（四）家庭与学校沟通平台

建立家庭与学校沟通平台是促进双方有效沟通和合作的重要手段，在很大程度上也对幼儿教师的成长有诸多好处。以下是具体做法：

1. 建设官方平台

学校可以建设官方网站、微信公众号等平台，向家长发布学校的教育政策、教学安排等信息。同时，也可以通过这些平台提供在线咨询和反馈渠道，方便家长随时与学校以及幼儿教师进行沟通交流。

2. 定期通信

学校或幼儿教师可以定期向家长发送电子通信，介绍学校的教育动态、幼儿的学习情况等。这样可以增加家长对学校的了解和参与感，同时也能够及时传达学校的相关信息。

3. 家长会议

学校可以定期让幼儿教师组织家长会议，邀请家长参与学校的教育决策、课程评估等环节。通过家长会议，可以促进学校、幼儿教师与家长之间的直接交流和互动，共同关注幼儿的发展和成长。

4. 个别沟通

在需要时，学校可以安排个别家长与幼儿教师的面谈时间，讨论孩子的学习情况和问题。这种面对面的沟通方式可以帮助幼儿教师更深入地了解家长的关切和期望，提供更具针对性的指导和支持。

四、创设多样化的活动场景，拓宽实践领域

为了拓展幼儿教师以及幼儿的实践领域，学校可以创设多样化的活动场景，培养幼儿教师的综合能力，激发幼儿的学习兴趣和创造力。以下是一些可行的措施：

（一）实践课程开设

1. 科学实验课

科学实验课是一种重要的实践课程。通过进行各类科学实验，幼儿教师能够引导幼儿参与到科学探究中，在此过程中，幼儿教师和幼儿的实际操作能力和解决问题的能力都会获得提升。科学实验课可以分为生物、化学、物理等不同领域，每个领域都有不同的实验项目。例如，在生物实验课上，幼儿可以进行植物生长观察、动物解剖等实验，通过实践加深对生物学知识的理解和掌握。

2. 艺术创作课

艺术创作课不仅是培养幼儿艺术兴趣和审美能力的重要途径，也是幼儿教师提升艺术水平的实践途径。通过开设艺术创作课程，学校可以提供给幼儿广泛的创作机会，如绘画、音乐、舞蹈、手工等。幼儿教师引导幼儿在艺术创作过程中可以发挥自己的创造力和想象力，培养审美意识和艺术表现能力。艺术创作课程不仅可以让幼儿享受艺术的乐趣，促进其个性的全面发展，还会对幼儿教师的全面发展起到促到作用。

3. 体育运动课

体育运动课是培养幼儿身体素质和团队合作精神的重要途径。体育运动课程可以包括篮球、足球、游泳、田径等多种项目，以满足不同幼儿的兴趣和特长。通过参与各类体育运动项目，幼儿可以提高运动技能和身体素质，培养团队合作精神和竞技意识，增强集体荣誉感。与此同时，幼儿教师通过体育实践，也会增强身体素质，强化体育精神。

（二）校外实践活动

1. 考察活动

考察活动是学校、幼儿教师组织幼儿参观考察各类场所或机构的实践活动。通过考察活动，幼儿可以将课堂上学到的知识与实际情况相结合，深入了解不同领域的实践应用。例如，组织幼儿参观科研机构、大学实验室等，让他们了解最新的科学研究成果和科学工作者的工作环境，激发幼儿对科学的兴趣和研究的欲望。在这个过程中，幼儿教师同样受益匪浅。

2. 调研活动

调研活动是学校组织幼儿教师进行实地调研，了解社会问题和需求的实践活动。调研活动可以选择关注的热点问题或与社区发展相关的主题，通过访谈、问卷等方式收集数据，为社会实践活动提供依据。例如，组织幼儿教师进行环境保护调研，了解当前环境问题和可持续发展的措施，培养幼儿教师的环境意识和责任感。

3. 社会实践活动

社会实践活动是学校组织幼儿教师和幼儿参与社会服务的实践活动。学校可以与当地社区合作，开展各类社区服务项目，如环保志愿活动、社区文化传承活动等。通过参与社会实践活动，幼儿教师和幼儿可以了解社会问题，培养社会责任感和公民意识。例如，幼儿教师组织幼儿参与社区环保志愿活动，清理垃圾、植树造林等，促进他们对环境保护的认识和行动。

（三）社区服务项目

1. 环保志愿活动

学校可以与当地环保组织合作，组织幼儿教师带领幼儿参与环保志愿活动。通过参与环保志愿活动，幼儿可以了解环境保护的重要性，学习环保知识和技能，培养环保意识和责任感。例如，组织幼儿参与垃圾分类宣传、环境清理、节能减排等活动，为社区环境的改善贡献力量。在这个过程中，幼儿教师的环保意识和社会责任感也会增强。

2. 社区文化传承活动

学校可以组织幼儿教师带领幼儿参与社区文化传承活动，帮助保护和传承当地的传统文化。通过学习和参与传统文化活动，幼儿教师承担了中华优秀传统文化传承者的角色，幼儿可以增进自己对文化传统的认同感，并了解其他文化的多样性。例如，幼儿教师组织幼儿参与传统节日庆祝活动、舞蹈表演、手工艺制作等，促进社区文化的传承和发展。

（四）学校与企事业单位合作的实践实习

1. 实践实习机会

学校可以与企事业单位合作，为幼儿教师提供实践实习的机会。通过实践实习，幼儿教师可以将所学理论知识运用于实际工作中，提升实际操作能力和职业素养。幼儿教师可以选择与自己专业相关的实习岗位，在实践中学习并积累实践经验。例如，在医学院校中，幼儿教师可以参与医院的临床实习，与医生一起进行诊断和治疗，提升临床技能和医学知识水平。

2. 实践实习项目

学校可以与企事业单位合作，开展各类实践实习项目，为幼儿教师提供多样化的实践机会。实践实习项目可以根据幼儿教师的专业方向和兴趣进行选择，涵盖各个领域。例如，在工程类专业中，幼儿教师可以参与工程设计实践、工程施工实践等，提升实际操作能力和解决问题的能力。在商科类专业中，幼儿教师可以参与市场调研、企业管理实践等，了解商业运作的实际情况。

3. 职业规划指导

学校可以提供职业规划指导，帮助幼儿教师了解自己的职业兴趣和能力，选择适合自己发展的实践实习机会。职业规划指导可以包括职业测评、就业市场分析、职业咨询等内容，帮助幼儿教师明确自己的职业目标并制订实现计划。通过职业规划指导，幼儿教师可以更好地理解实践实习的意义和价值，并为未来的职业发展做好准备。

第二节　加强实践指导，提高实践效果

一、设立专业实践指导团队

为了提供专业化的实践指导和支持，学校可以设立专业实践指导团队。该团队由经验丰富、具有专业知识和技能的教师组成，他们可以为幼儿教师提供以下方面的指导：

（一）实践项目策划

团队成员可以与幼儿教师共同策划实践项目，根据幼儿教师的兴趣和专业方向提供相关的项目主题和内容，并给予指导和建议。这可以通过以下步骤实施：

1. 沟通与需求分析

团队成员与幼儿教师进行沟通，了解他们的兴趣、专业方向和实践需求。这有助于确定适合幼儿教师的实践项目，并确保其与课程紧密结合。

2. 项目主题选择

根据幼儿教师的兴趣和专业方向，团队成员可以提供相关的实践项目主题和内容。这些主题可以包括科研实验、社会调查、创新设计等，既满足幼儿教师的实践需求，又与课程紧密结合。

3. 指导和建议

团队成员可以为幼儿教师提供项目策划的指导和建议，包括项目目标与任务

的制定、工作计划的制订以及资源的获取等。通过与幼儿教师的互动和讨论，帮助他们明确实践的目标和方法，并在项目执行过程中提供支持和指导。

4. 实践活动实施

团队成员可以参与实践项目的执行过程，与幼儿教师一起实地调研、开展实验、收集数据等。同时，团队成员还要进行项目的监督和评估，确保项目的顺利进行并达到预期效果。

（二）实践资源整合

团队可以整合学校内外的实践资源，包括实验室设备、图书馆资料、企事业单位的合作等，为幼儿教师提供更丰富的实践学习机会。具体做法如下：

1. 学校内部资源

团队可以与学校的实验室、图书馆等部门合作，利用学校内部的资源设施，为幼儿提供实践环境和工具支持。例如，安排幼儿教师在实验室中进行科学实验或研究，提供图书馆的资料和数据库供幼儿教师查阅。

2. 外部合作机构

团队可以与企事业单位、科研机构等外部合作伙伴建立合作关系，为幼儿教师提供实践机会和导师指导。通过与外部合作伙伴的合作，幼儿教师可以接触到真实的工作场景，了解行业动态，并与专业人士进行交流与合作。

3. 社区资源利用

团队可以充分利用所在社区的资源，组织幼儿教师参与社区服务、调研调查等实践活动。通过与社区居民的互动和合作，幼儿教师可以将所学知识应用于实践，并为社区发展做出贡献。

4. 线上资源利用

团队可以整合各类线上资源，如开放式在线课程、科研平台等，为幼儿教师提供便捷的学习和实践渠道。幼儿教师可以通过线上资源进行自主学习和实践探究，拓宽视野并培养创新思维。

（三）实践指导和辅导

团队成员可以根据幼儿教师的实际情况，提供个别或小组的实践指导和辅导，引导幼儿教师进行实践活动并解决实践中遇到的问题。具体做法如下：

1. 个别指导

团队成员可以与幼儿教师进行一对一的实践指导，根据幼儿教师的实际情况和需求，提供具体的指导方案和建议。这包括项目的执行计划、实验设计、数据分析等方面的指导，帮助幼儿教师解决实践中遇到的问题。

2. 小组辅导

团队成员可以组织幼儿教师形成小组，进行集体的实践活动，并提供相应的辅导和指导。在小组中，团队成员可以促进幼儿教师之间的交流与合作，共同解决实践中的难题，并分享经验和成果。

3. 实践技能培训

团队成员可以开展实践技能培训，向幼儿教师传授实践所需的专业知识和技能。这包括实验操作技巧、数据分析方法、科研论文写作等方面的培训，帮助幼儿教师提升实践能力。

4. 反馈与评价

团队成员可以对幼儿教师的实践成果进行评价和反馈，帮助幼儿教师了解自己的优势和不足，并提出进一步改进的建议。通过及时的反馈，幼儿教师可以不断完善实践项目，提高实践能力和学习效果。

二、提供个性化的实践指导方案

为了满足幼儿教师的个性化需求，学校可以提供个性化的实践指导方案，针对不同的幼儿教师制订具体的实践计划和安排。以下是一些可行的方案：

（一）兴趣导向

1. 个性化实践计划

针对幼儿教师的兴趣爱好和特长，学校可以制订个性化实践活动计划。例如，对于对科学感兴趣的幼儿教师，可以安排他们参加科学竞赛或实验室实践。这样的实践活动能够激发幼儿教师的学习热情，培养他们的专业兴趣，并在特定领域中取得突出的成绩。

2. 兴趣小组

学校可以根据幼儿教师的兴趣爱好，组建兴趣小组进行实践活动。例如，设立程序设计小组、音乐创作小组、美术绘画小组等，让幼儿教师在自己感兴趣的领域中进行深入学习和实践。通过小组合作，幼儿教师可以相互促进、共同成长，培养团队合作和交流能力。

3. 创客空间

学校可以建设创客空间，提供给幼儿教师进行自主实践和创新的场所。创客空间可以配备各种尖端设备和工具，供幼儿教师进行科技创新、手工制作等实践活动。幼儿教师可以在创客空间中发挥想象力和创造力，实践自己的创意项目，并将其应用于现实生活中。

（二）能力提升

1. 学术竞赛训练

针对学术水平较高的幼儿教师，学校可以组织学术竞赛训练班。这些训练班可以提供给幼儿教师系统的知识和技巧培训，帮助他们在各类学术竞赛中取得优异成绩。训练班可以包括各学科的考点分析、解题技巧指导等内容，提升幼儿教师的学科素养和竞赛能力。

2. 职业能力培养

学校可以开设职业能力培养课程，帮助幼儿教师提升就业竞争力和职业素养。这些课程可以包括就业指导、职业规划、人际交往等内容，帮助幼儿教师全面了解职业发展方向，提高自我认知和职场适应能力。此外，还可以组织幼儿教师参与模拟招聘、实践实习等活动，提升幼儿教师的实践能力和职业技能。

3. 创新能力培养

学校可以组织创新能力培养项目，培养幼儿教师的创新思维和实践能力。例如，开展创新实验室课程，引导幼儿教师进行科研项目的设计和实施；组织创业训练营，培养幼儿教师的创业意识和实际操作能力。通过这些培养项目，幼儿教师可以更好地理解创新的重要性，锻炼创新思维和实践能力。

（三）跨学科整合

1. 综合实践项目

学校可以设计综合实践项目，将不同学科的知识融合起来进行实践。例如，组织幼儿教师进行社会调查与统计分析，涉及语文、数学、社会科学等多个学科的知识。通过跨学科的实践活动，幼儿教师能够更全面地理解和应用所学知识，培养他们的综合素质和解决问题的能力。

2. 学科交叉探究

学校可以组织学科交叉探究的活动，让幼儿教师在学科之间进行交叉学习和研究。例如，开设跨学科研究课程，邀请多个学科的教师共同授课，引导幼儿教师全面了解不同学科的内容和方法。通过学科交叉探究，幼儿教师可以拓宽视野，建立学科间的联系，提升综合应用能力。

（四）时间弹性

1. 个性化学习计划

学校可以为幼儿教师制订个性化学习计划，允许幼儿教师根据自己的学习进度和时间安排选择适合自己的实践活动。幼儿教师可以根据自己的需求和兴趣选择参与实践活动的时间和方式，提高学习的自主性和积极性。

2. 灵活指导和支持

学校在实践活动中应提供灵活的指导和支持。指导教师可以根据幼儿的需求和进展情况，及时调整指导方案，给予针对性的指导和反馈。同时，学校还可以为幼儿教师提供实践资源和设备，保证幼儿教师能够顺利进行实践活动，并给予必要的支持和帮助。

三、建立实践导师制度，提供定期指导与反馈

建立实践导师制度是为了更好地引导幼儿教师在实践中成长和发展。通过分配专门的实践导师给每位幼儿教师，可以提供个性化的指导和反馈，帮助幼儿教师更好地掌握实践技能和职业素养。以下是一些具体的步骤和方法：

（一）确定实践导师

1. 教师资源

学校可以从教师资源中选择经验丰富、具有相关专业知识的教师作为实践导师。这些教师可以利用自己在教学和研究中积累的经验，指导幼儿教师进行实践活动。他们可以从理论到实践提供全方位的指导，帮助幼儿教师深入理解和应用所学知识。

2. 行业专家

学校可以邀请行业内的专家担任实践导师，通过与幼儿教师分享自己的实践经验和行业见解，指导幼儿教师了解并适应实际工作环境。行业专家可以为幼儿教师提供最新的行业动态和发展趋势，培养幼儿教师对行业的认知和适应能力。

3. 企业人员

学校可以与企事业单位合作，邀请企业人员担任实践导师，将幼儿教师置于真实的工作环境中进行实践。企业人员可以向幼儿教师介绍企业的运营模式和业务流程，培养幼儿教师的实践操作能力和职业素养。

（二）分配导师和幼儿教师

1. 专业匹配

根据幼儿教师的专业方向和实践需求，将导师与幼儿教师进行匹配。导师应具备与幼儿教师专业领域相符的背景和经验，以便能够提供针对性的指导和支持。

2. 时间安排

考虑到导师和幼儿教师的时间安排，学校应做出合理的安排，确保导师和幼儿教师能够有足够的时间进行面对面或线上的指导交流。同时，还要充分考虑导师的工作负荷和幼儿教师的学习进度，以确保双方都能够有效地参与实践活动。

3. 沟通方式

为了方便导师和幼儿教师之间的交流和指导，可以采用多种沟通方式，如面对面会议、电话、电子邮件、在线聊天等。通过灵活运用不同的沟通方式，可以提高导师与幼儿教师之间的互动效果，促进实践活动的顺利进行。

（三）提供定期指导

1. 面对面指导会议

学校应安排导师和幼儿教师定期进行面对面的指导会议，以便导师对幼儿教师的实践进展进行及时的评估和指导。在指导会议中，导师可以与幼儿教师共同讨论实践过程中遇到的问题，并提供相应的解决方案和建议。

2. 线上指导交流

为了方便导师和幼儿教师之间的远程交流，学校可以利用现代科技手段，如视频会议、在线教学平台等，进行线上指导交流。这样可以节省时间和成本，同时还可以促进导师和幼儿教师之间的即时互动。

（四）提供实践反馈

1. 评估实践活动

导师应定期对幼儿教师的实践活动进行评估。可以通过实习报告、成果展示、实践日志、实践成果等方式，了解幼儿教师的实践情况，评估他们的实践能力和专业素养。

2. 提供建议和改进意见

基于对幼儿教师的实践评估，导师可以提供具体的建议和改进意见，帮助幼儿教师发现问题并加以解决。导师可以从专业知识、实践经验等方面给予幼儿教师针对性的指导，帮助他们提高实践能力和职业素养。

（五）促进学术交流

1. 组织学术活动

导师可以组织幼儿教师参加学术会议、讲座、研讨会等活动，为他们提供学术交流的平台。幼儿教师可以通过与导师和其他同学的互动，分享自己的实践经验，了解其他领域的研究成果，从中获得更多的启发和学习机会。

2. 鼓励学术发表

导师可以鼓励幼儿教师将实践成果转化为学术成果，并引导他们参与学术期刊的投稿和学术会议的报告。这不仅有助于幼儿教师展示自己的研究成果，还能提高学术素养和科研能力。

四、鼓励乡村幼儿教师间的互帮互助，分享实践经验

乡村幼儿教师面临着特殊的教育环境和挑战，他们需要相互支持和合作，共同成长和提高。为了促进乡村幼儿教师间的互帮互助和经验分享，可以采取以下措施：

（一）建立合作平台

为了促进乡村幼儿教师之间的交流与分享，学校可以建立线上或线下的合作平台。这个平台可以是一个专门的论坛、微信群或在线社群，在这个平台上教师们可以方便地进行交流和互动。通过分享自己的经验和教学心得，教师们可以相

互学习和借鉴，共同提高自己的教育水平。平台上还可以设置专门的板块，供教师们讨论特定主题，分享教案、教材和教学资源，激发彼此的创新思维。

（二）组织经验分享会

学校可以定期组织乡村幼儿教师经验分享会，邀请一些有经验和成果的教师来分享他们的教学方法和管理经验。在这些分享会上，教师们可以听到各种不同的声音和观点，从中获得启发和灵感。同时，分享会也可以是教师们展示自己成果和成长的机会，激励更多的教师参与到教学研究中来。学校可以邀请一些教育专家或学者作为嘉宾，给予专业指导和点评，提供更深入的学术交流。

（三）定期培训和研讨

为了帮助乡村幼儿教师更新和提升专业知识和教育技能，学校可以定期组织培训和研讨活动。这些培训可以包括不同层次和不同内容的课程，涵盖教学方法、课程设计、心理辅导等方面的内容。培训可以由学校内部的专家或外部的教育机构来承办，其目的是通过教师之间的互动和交流，共同解决问题和提高教学质量。此外，学校还可以鼓励教师参加学术会议和专业研讨会，扩大他们的视野和学术影响力。

（四）建立合作项目

为了促进乡村幼儿教育的创新与发展，学校可以鼓励教师之间开展合作项目。可以组织教师小组或团队，针对某一特定问题展开调研和实践，通过合作的方式探索出适合乡村幼儿教育的创新方案。这些合作项目可以是教学设计、教材开发、课程改革等方面的实践活动。通过互相借鉴和合作，教师们可以共同努力解决乡村幼儿教育中的难题，提升教育质量和效果。

（五）提供专业支持和指导

为了进一步提高乡村幼儿教师的教学水平，学校可以派遣专门的教研人员或专家到乡村幼儿园进行定期的指导和支持。这些教研人员或专家可以为教师提供专业知识和方法上的指导，帮助他们在实践中更好地应对各种挑战。他们可以定期到乡村幼儿园进行教学观摩和指导，通过实地的方式帮助教师改进教学方法和管理策略。同时，他们还可以组织教师参加专业培训和学术研讨会，引导教师积极参与教育研究和教学实践，提升其教育教学能力。

第三节　建立实践评估机制，推动实践能力提升

一、设计科学、全面的实践评估指标体系

为了更好地评估幼儿教师的实践能力和成果，学校可以设计科学、全面的实践评估指标体系。这个指标体系应该包括以下四个方面：

（一）实践目标的明确度

1. 学习目标明确

评估指标体系应明确规定每个实践活动的学习目标。这意味着要确定每个实践活动所要达到的具体技能、知识和能力。例如，在职业生涯规划课程中，学习目标可能包括幼儿教师了解不同职业的要求、制订个人职业发展计划等。

2. 预期效果确定

评估指标体系还应明确规定每个实践活动的预期效果。这意味着对幼儿在实践活动中应表现出的特定表现和能力有明确的期望。例如，在社区服务项目中，预期效果可能包括幼儿教师能够主动参与志愿者工作、具备团队合作能力等。

（二）实践过程的严谨度

1. 态度和负责心

评估指标体系应考查幼儿教师在实践过程中的态度和责任心。这意味着评估幼儿教师是否具备积极主动的工作态度、严谨细致的工作作风以及遵守规章制度的自律性。例如，在实验室实践中，幼儿教师应该遵循实验操作规范，严密记录实验过程和数据。

2. 方法和技能

评估指标体系还应考查幼儿教师在实践过程中所采用的方法和技能。这意味着评估幼儿教师是否能够正确运用相关理论和专业知识，以及是否掌握了必要的实践技能和操作技巧。例如，在编程实践中，幼儿教师应能熟练运用编程语言和开发工具进行程序设计和调试。

（三）实践成果的质量和创新度

1. 质量评估

评估指标体系应关注幼儿教师实践成果的质量。这意味着评估幼儿教师的成果是否能够达到既定的标准和要求。例如，在设计制作课程中，幼儿教师的作品需要符合相关设计原则、功能完善且质量可靠。

2. 创新度评估

评估指标体系还应考查幼儿教师实践成果的创新度。这意味着评估幼儿教师是否能够提出独特的观点或采用创新的方法解决问题。例如，在科研项目中，幼儿教师的研究成果是否具有新颖性、突破性和实用性。

（四）实践反思和总结的能力

1. 反思能力评估

评估指标体系应重视幼儿教师对实践活动的反思能力。这意味着评估幼儿教师是否能够主动回顾自己的实践过程，分析实践中的问题和挑战，并提出合理的解决方案。例如，在社会实践中，幼儿教师应能够对社会问题进行深入思考并提出可行的解决方案。

2. 总结能力评估

评估指标体系还应考查幼儿教师对实践活动的总结能力。这意味着评估幼儿教师是否能够总结实践经验，找出自己在实践中的不足之处，并提出改进和提升的方向。例如，在实习实训中，幼儿教师应能够撰写实习报告并对实习经历进行全面总结和评价。

二、搭建实践交流平台，促进经验分享与交流

为了促进乡村幼儿教师之间的经验分享和交流，搭建实践交流平台是非常重要的。通过这样的平台，教师可以互相学习借鉴，共同探讨问题和解决难题。以下是一些具体的步骤和方法：

（一）创建在线社群——建立乡村幼儿教师交流平台

在传统的社交平台之外，学校可以专门创建一个在线社群，供乡村幼儿教师进行交流和互动。这个平台可以是一个专门的网站或是一个 APP，提供教师之间

进行教育资源分享、问题讨论、经验交流的功能。

1. 创建个人资料和教育背景

幼儿教师可以在平台上创建个人资料，填写自己的教育背景、工作经验等信息，方便其他教师了解彼此。

2. 分享教学经验和资源

幼儿教师可以在平台上分享自己的教学经验、教案、教材等资源，以及一些有效的教学方法和技巧。其他教师可以通过浏览平台上的分享内容，获取到有益的教育资源和灵感。

3. 提出问题和寻求解决方案

幼儿教师可以在平台上提出自己在教学过程中遇到的问题，并寻求其他教师的帮助和建议。其他教师可以根据自己的经验和专业知识，给予回答和解决方案。

4. 讨论教育热点话题

平台可以设立讨论区，供幼儿教师们就教育热点话题进行讨论和交流。这些话题可以包括教育政策、教学方法、家庭教育等，促进教师之间的思想碰撞和互相启发。

（二）组织线下交流会议——促进面对面的交流和学习

除了在线社群平台，学校还可以定期组织乡村幼儿教师的线下交流会议。这样的会议有助于加强教师之间的联系与合作，以及更深入的交流和学习。

1. 设定主题演讲

每次会议可以设定一个主题，邀请专业人士或资深教师进行演讲，分享相关经验和观点。这样可以为教师们提供新的思路和灵感。

2. 座谈讨论环节

会议中可以设置座谈讨论环节，让教师们就特定的话题进行交流和分享。可以通过小组讨论、分组活动等形式，激发教师们的思考和思维碰撞。

3. 案例分享和经验总结

会议可以设立案例分享环节，让教师们分享自己在教学实践中的成功案例和经验总结。这样可以激发其他教师的学习积极性，同时也能提供一次互相借鉴的机会。

（三）鼓励教师分享经验——设立奖励机制

为了鼓励乡村幼儿教师积极分享自己的优秀经验和创新做法，学校可以设立奖励机制。

1. 经验分享大赛

学校可以定期举办经验分享大赛，邀请教师们参加，分享自己在教学实践中的优秀经验和创新做法。通过评审和公示环节，评选出一批优秀的教师，并给予相应的奖励和荣誉。

2. 奖励与表彰

学校可以设立奖励制度，将优秀教师的分享和贡献融入绩效考核和表彰体系中。例如，可以给予优秀分享者额外的绩效奖金、荣誉称号或晋升机会。

（四）提供专业指导——邀请专家答疑解惑

为了帮助乡村幼儿教师更好地理解和应用新的教育理念和方法，学校可以在在线社群平台上设置专家咨询板块。

1. 邀请行业专家或学者

学校可以邀请相关领域的行业专家或学者，在平台上提供专业指导和答疑解惑。教师们可以通过在线咨询、留言提问等方式向专家请教自己遇到的问题和困惑。

2. 举办研讨会或学术讲座

学校也可以定期举办线下的研讨会或学术讲座活动，邀请专家进行深入讲解和交流。这样的活动既可以提供专业知识的传授，也为教师们与专家面对面交流提供机会。

（五）持续改进平台功能——满足教师需求

为了更好地满足教师的需求，学校需要持续改进和完善实践交流平台的功能和用户体验。

1. 增加互动性

平台可以增设在线讨论区、评论区等功能，使教师们能够进行更直接的互动和交流。例如，教师可以在教学问题讨论区发起话题，其他教师可以回复并提供自己的意见和解决方案。

2. 便捷性

学校可以优化平台的界面设计和用户体验，使其操作简单、易用，并且能够适应不同终端设备的访问，如手机、平板电脑等。同时，可以提供搜索功能，方便教师查找特定问题或资源。

3. 个性化特点

平台可以允许教师自定义个人主页和兴趣标签，以便更好地展示自己的专长和兴趣领域。同时，可以根据教师的浏览历史和兴趣推荐相关的教育资源和讨论话题，提高平台的个性化服务水平。

4. 及时反馈和改进

学校需要建立一个有效的反馈机制，鼓励教师们提出对平台功能的改进建议和意见。学校可以定期收集教师的反馈，并根据反馈意见进行相应的改进和优化。

三、鼓励乡村幼儿教师参与实践研究和课题调研，提升专业素养

为了提升乡村幼儿教师的专业素养，鼓励他们参与实践研究和课题调研是非常重要的。通过实践研究，教师可以深入了解乡村幼儿教育的实际情况，找到问题并提出解决方案。以下是一些具体的步骤和方法：

（一）设立实践研究项目

1. 乡村幼儿教育实践研究项目的设立

学校可以设立专门的实践研究项目，以乡村幼儿教育为研究对象。该项目可由教师自愿参与，通过自主选择感兴趣的研究方向，开展针对性的实践研究。

2. 研究主题或课题的确定

学校可以确定一些研究主题或课题，如乡村幼儿发展状况、教育资源配置、家庭教育支持等。这些主题或课题应基于实际需求和问题，旨在提升乡村幼儿教育质量和服务。

（二）提供指导和支持

1. 组织研究指导小组或导师团队

学校可以组织专门的研究指导小组或导师团队，为参与实践研究的教师提供专业指导和支持。这些指导小组或导师团队可以由专家学者、优秀教师等组成，

提供研究方法、数据分析等方面的指导。

2. 定期进行进展检查和反馈

学校可以设立定期的进展检查和反馈机制，确保参与实践研究的教师能够得到及时的指导和反馈。这样可以帮助教师及时调整研究方向和方法，提高研究效果和质量。

（三）鼓励跨学科合作

1. 跨学科研究团队的建立

为促进乡村幼儿教育问题的深入研究，学校可以鼓励乡村幼儿教师与其他学科的教师开展合作研究。这样可以从不同学科的角度，综合分析和解决乡村幼儿教育中的问题。

2. 跨学科研究项目的支持

学校可以提供跨学科研究项目的经费支持和资源共享，鼓励教师跨学科合作、交流和学习。这样可以促进教师之间的互动与合作，提高研究成果的综合性和可行性。

（四）支持课题调研

1. 课题调研项目的设立

学校可以设立专门的乡村幼儿教育课题调研项目，鼓励教师申请并开展对具体问题的调研。这样可以深入了解乡村幼儿教育的实际情况和存在的问题。

2. 调研数据的收集与分析

通过实地观察、问卷调查、访谈等方式，收集乡村幼儿教育的相关数据，并进行科学的分析与整理。这样可以为解决乡村幼儿教育问题提供客观的依据和建议。

（五）组织经验分享与交流

1. 定期组织经验分享活动

学校可以定期组织乡村幼儿教师之间的经验分享活动。参与实践研究和课题调研的教师可以分享他们的研究成果和心得体会，向其他教师传授经验和技能。

2. 建立交流平台与网络社区

学校可以建立乡村幼儿教育的交流平台和网络社区，为教师之间的交流与合作提供便利。教师可以通过这些平台分享经验、讨论问题，促进专业素养的提升和学习的持续发展。

四、定期进行实践成果展示和评估活动

为了增加幼儿教师对实践活动的重视和积极参与度，学校可以定期举办实践成果展示和评估活动。这些活动应该具备以下特点：

（一）多元化的展示形式

1. 展览形式

学校可以组织实践成果展览，将幼儿教师的成果以展板、图片、模型等形式进行展示。幼儿教师可以通过展览向师生和社会公众展示他们在实践中的创新成果和技能应用。

2. 演讲形式

学校可以组织实践经验交流会或学术研讨会，邀请幼儿教师进行演讲，分享他们的实践经验和成果。通过演讲，幼儿教师可以提升自己的表达能力和沟通能力，并将实践成果传递给听众。

3. 比赛形式

学校可以举办实践竞赛，鼓励幼儿教师参与并展示他们在实践中的创新能力和实践技能。比赛可以设置不同的类别，如科技创新、设计制作、社会实践等，为幼儿教师提供展示自己才华的舞台。

（二）公开透明的评估过程

1. 评估标准公示

学校应事先公示评估标准，让幼儿教师和家长了解评估的依据和要求。评估标准应该明确、具体，并与实践活动的目标和要求相匹配。

2. 评估流程透明化

学校应向幼儿教师和家长介绍评估流程，包括评估时间、评估方式和评估人员的组成。评估过程应该公正、公开，确保每位幼儿教师都能够获得公正的评价。

3. 参与评估团队

学校可以邀请专家、教师和家长组成评估团队，确保评估过程的客观性和

专业性。评估团队应具备相关的专业知识和经验，能够准确评估幼儿教师的实践成果。

（三）细致全面的评估内容

1. 实践成果评估

评估应重点考查幼儿教师的实践成果，包括教学效果、教学设计、教学报告等。评估应注意幼儿教师实践成果的创新性、实用性和专业性，同时注重对成果的可行性和实际应用价值的评判。

2. 实践理解与反思能力评估

评估还应考查幼儿教师对实践活动的理解和反思能力。幼儿教师应能够深入分析实践中的问题和挑战，并提出有效的解决方案和改进措施。

3. 问题解决能力评估

评估应关注幼儿教师在实践过程中解决问题的能力。幼儿教师应能够独立思考、分析问题，并采取恰当的方法解决问题，展现出扎实的专业知识和解决问题的能力。

（四）反馈与奖励机制

1. 及时反馈

评估应及时给予幼儿教师针对性的反馈和指导，帮助他们发现问题并加以改进。导师、教师和评估团队应通过面对面会议、书面评价等方式，向幼儿教师提供具体的建议和改进方向。

2. 奖励机制

学校可以设置奖励机制，表彰在实践活动中表现优秀的幼儿教师。奖励可以包括荣誉称号、奖学金、证书等，激励幼儿教师持续地投入实践活动，并树立良好的学习榜样。

3. 幼儿教师参与评估

评估过程中可以鼓励幼儿教师参与评估的讨论和决策。幼儿教师可以对自己的实践成果进行自我评估，并提出自己的观点和建议。这样可以增强幼儿教师的主动性和责任感，并提高评估结果的准确性和可信度。

第八章　营造良好的乡村幼儿教师发展环境

第一节　加强政策支持，改善乡村教师待遇

一、提高乡村幼儿教师薪酬待遇

乡村幼儿教师是农村教育事业的中坚力量，他们为农村地区的孩子们提供优质的教育服务。然而，目前乡村幼儿教师的薪酬待遇相对较低，严重影响了他们的工作积极性和专业发展。为了解决这一问题，采取以下措施是必要的（图8–1）。

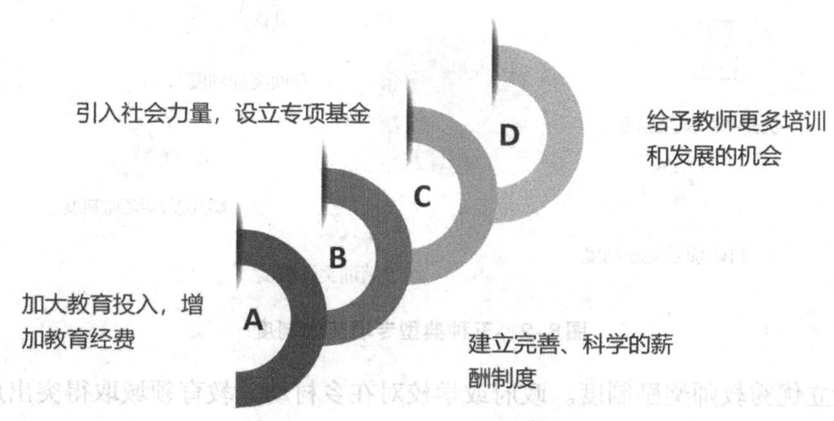

图8–1　提高乡村教师薪酬举措

政府应该加大对乡村幼儿教育的投入，增加教育经费。通过增加财政拨款，确保乡村幼儿教师的工资水平能够与城市幼儿教师相媲美，从而提高他们的生活质量。

建立完善的薪酬制度，科学合理地确定乡村幼儿教师的薪酬水平。应该考虑到乡村地区的实际情况，结合当地生活成本以及教师的工作量和质量，制定相应

的薪酬标准。同时，要注重激励机制，将教育教学水平、教研成果和幼儿综合素质发展等因素纳入考核范围，根据绩效给予相应的奖励。

政府还可以引入社会力量，设立专项基金，用于提高乡村幼儿教师的薪酬待遇。通过吸引社会捐赠和企业赞助，为乡村幼儿教师提供额外的收入来源，让他们感受到社会的关心和支持。

加强乡村幼儿教师的培训和发展机会，提高他们的专业素养和能力水平。政府可以组织各类培训活动，提供教育资源和技术支持，帮助乡村幼儿教师不断提升自己的教育教学水平。同时，还可以鼓励他们参与教学研究和教育改革，为乡村教育事业的发展贡献自己的力量。

二、设立专项奖励制度，激励乡村幼儿教师发展

为了激励乡村幼儿教师的发展，提高他们的教育水平和教学质量，可以设立专项奖励制度，通过奖励来激发他们的积极性和创造力（图 8–2）。

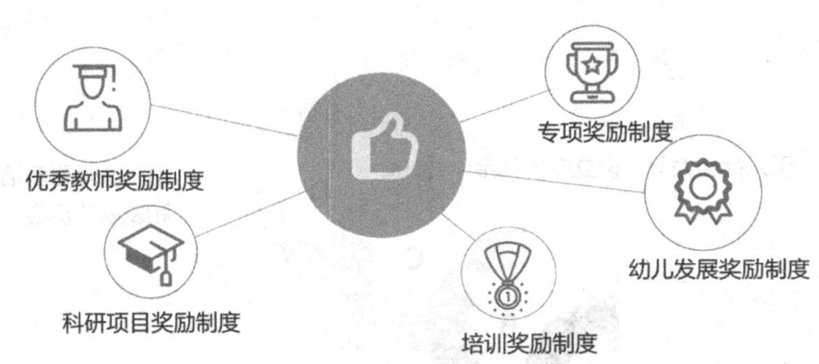

图 8–2　五种典型专项奖励制度

设立优秀教师奖励制度。政府或学校对在乡村幼儿教育领域取得突出成绩的教师进行表彰和奖励。这不仅可以激发教师的工作热情，还可以树立榜样，促进教师间的相互学习和竞争，提高整个乡村幼儿教育的质量。

设立科研项目奖励制度。鼓励乡村幼儿教师参与教学研究和教育改革。通过评审认定科研项目，对项目成果进行评估和奖励，可以增强教师的科研意识和能力，推动教育教学的创新和发展。

设立培训奖励制度。培训奖励制度是对参加培训并通过考核的教师给予一定

的奖励。这既可以提高教师的专业素养，也可以增加他们的学习动力和积极参与培训的意愿。

设立幼儿发展奖励制度。幼儿发展奖励制度是对在幼儿综合素质发展方面取得突出成绩的乡村幼儿教师进行奖励。通过评估幼儿的学习成绩、品德表现等方面的综合素质，激励教师为幼儿的全面发展付出更多努力。

设立专项奖励制度。专项奖励制度可以有效地激励乡村幼儿教师的发展，提高他们的工作积极性和创新能力，推动乡村幼儿教育事业的快速发展。同时，也要加强奖励制度的管理和监督，确保奖励的公正性和权威性，让每一位优秀的乡村幼儿教师都能够获得应有的认可和回报。

三、完善社会保障体系，保障乡村幼儿教师的权益

在完善社会保障体系方面，为了保障乡村幼儿教师的权益，可以从以下三个方面入手：

（一）建立全面覆盖的社会保险制度

乡村幼儿教师作为特殊职业群体，他们在工作环境和职业属性上与其他教师有所不同，因此需要建立一个完善的社会保险制度，以确保他们在退休、生病、意外伤害或失业等情况下都能够得到基本的经济保障。具体措施如下：

1. 养老保险

建立乡村幼儿教师养老保险制度，要求教师及时缴纳养老保险费用，并确保其享受到与城市教师相当的养老金待遇。

2. 医疗保险

优化乡村幼儿教师的医疗保险政策，提高医疗报销比例，扩大医疗保障范围，确保乡村幼儿教师享受到与城市教师相当的医疗待遇。同时，可以建立健康检查制度，定期对乡村幼儿教师进行健康体检，及时发现并治疗潜在疾病，保障他们的身体健康。

3. 工伤保险

建立完善的工伤保险制度，确保乡村幼儿教师在工作过程中受伤或患病时能够得到及时有效的医疗救治和经济补偿。

4. 失业保险

建立失业保险制度，为乡村幼儿教师提供失业保障，确保他们在失去工作后能够得到一定的经济援助和职业转换支持。

通过建立全面覆盖的社会保险制度，可以有效保障乡村幼儿教师的基本生活需求，增强他们的安全感和幸福感，提高他们在岗位上的稳定性和工作积极性。

（二）提供灵活的工作安排

为了适应乡村幼儿教师的工作特点和工作强度，需要提供灵活的工作安排，保障他们的工作效率和生活质量。具体措施如下（表 8-1）：

表 8-1　提供灵活的工作安排举措

灵活安排工作	具体举措
减轻工作负担	合理安排教学任务，避免过度的工作压力，减轻乡村幼儿教师的工作负担
合理安排工作时间和休息时间	确保乡村幼儿教师有足够的时间进行学习、休息和家庭生活，提高其工作效率和生活质量
支持远程教育	提供远程教育平台和资源支持，使乡村幼儿教师能够在不同的时间和地点进行学习和教学，提高他们的教学水平和专业素养

通过提供灵活的工作安排，可以更好地满足乡村幼儿教师的工作需求，提高其工作效率和生活质量。

（三）加强职业培训和发展

为了提升乡村幼儿教师的教学水平和专业素养，需要加强职业培训和发展措施。具体措施如下：

1. 建立完善的培训机制

建立乡村幼儿教师培训体系，提供持续不断的职业培训机会，包括教学方法、教育理论、心理健康等方面的培训，帮助乡村幼儿教师提升教学能力和专业知识。

2. 学术交流和研讨活动

鼓励乡村幼儿教师参加各类学术交流和研讨活动，与其他教师进行合作和互动，拓宽他们的视野和知识面，促进教育教学的创新和发展。

3. 职业晋升机制

建立完善的职业晋升机制，根据乡村幼儿教师的职业发展需求，提供晋升通道和机会，激励他们不断提升自己的能力和水平。

4. 提供资源支持

为乡村幼儿教师提供教育资源支持，包括教材、教具、图书等方面的支持，帮助他们更好地开展教学工作。

通过加强职业培训和发展，可以提升乡村幼儿教师的专业能力和素质水平，使他们能够更好地适应教育教学的需求，为乡村幼儿提供优质教育服务。

四、推动相关政策法规的制定和优化，支持乡村幼儿教师发展

为了支持乡村幼儿教师的发展，需要推动相关政策法规的制定和优化，以下是一些具体的措施：

第一，完善薪酬制度。针对乡村幼儿教师的特点和工作付出，应该建立一个合理的薪酬制度。这可以根据教师的工作年限、学历等因素进行差异化激励，以激励他们长期从事乡村幼儿教育工作。此外，还可以考虑提供额外的津贴或福利，以改善他们的生活条件。

第二，支持教育资源配置。为了促进城乡教育资源的均衡发展，需要加大对乡村幼儿教育的投入，并优化教育资源的配置。这意味着确保乡村地区的幼儿园设施、教具、教材等方面与城市相当，并提供足够的经费保障。同时，应积极引导城市中的教育资源向农村倾斜，通过资源共享、合作办学等方式，实现城乡教育资源的共享和互补。

第三，加强乡村教师队伍建设。为了吸引更多高素质人才从事乡村幼儿教育工作，可以采取一系列激励政策。其中包括设立奖励计划，以鼓励优秀的城市教师到乡村任教，并提供相应的奖励和待遇。此外，还可以开展针对乡村幼儿教师的培训计划，提升他们的专业能力和教育理念。通过这些措施，可以增加乡村教师的职业吸引力，稳定并提升乡村教师队伍的整体素质。

第四，加强教育评估和监督。建立健全的教育评估机制，对乡村幼儿园进行定期评估，是确保教学质量和教育水平的重要举措。同时，需要加强对乡村幼儿

教师的监督和考核，以增强他们的责任意识和教学水平。这可以通过设置绩效考核指标、开展教学观摩与交流等方式来实现。通过评估和监督的机制，可以推动乡村幼儿教育的整体提升，并促进乡村幼儿教师的专业成长。

第二节　建设乡村幼儿教师培训基地与资源平台

一、建立多层次、多形式的培训体系

建立多层次、多形式的培训体系是为了提升乡村幼儿教师的专业能力和教学水平，可以从以下五个方面来实施：

（一）定期组织集中培训

为了提升乡村幼儿教师的专业素养，可以由教育部门或教育机构定期组织集中培训活动。这些培训可以邀请专业的教育专家、心理学家和幼儿教育领域的权威人士进行讲座和培训，提供最新的教育理论和实践指导。培训内容可以涵盖幼儿教育教学方法、课程设计、学科知识更新等方面的内容。通过这样的集中培训，乡村幼儿教师能够获得专业知识的补充和更新，提高他们的教学水平和能力。

（二）建立导师制度

为了支持乡村幼儿教师的成长，可以建立导师制度。该制度将经验丰富的乡村幼儿教师和优秀的城市教师对接起来，进行一对一或小组式的指导和辅导。导师可以分享自己的教学经验，提供实际操作的指导，帮助新手教师快速成长。导师还可以帮助新手教师解决教学中的问题，提供专业建议，并鼓励他们在教学实践中不断探索和创新。

（三）提供在线学习资源

为了方便乡村幼儿教师进行自主学习，可以搭建在线学习平台，提供丰富的教育资源和学习课程。这些资源包括教育教学理论、教材教法、幼儿心理学等方面的内容。乡村幼儿教师可以根据自己的时间和需求，在线学习和参与讨论，提高自己的专业知识和技能。同时，通过在线平台还可以组织线上研讨会、讲座和交流活动，促进教师之间的互动和共同学习。

（四）组织实践交流活动

为了加强乡村幼儿教师之间的实践交流，可以组织各类活动，如教学观摩、教研讨论、课题研究等。乡村幼儿教师可以到其他优秀学校进行教学观摩，借鉴先进的教学经验，也可以参与教研讨论，分享自己的教学心得和问题解决方法。此外，还可以开展课题研究，针对乡村幼儿教育中的实际问题进行深入研究。通过这些实践交流活动，乡村幼儿教师能够互相学习、互相启发，共同提高教育质量。

（五）培养多元化的教师团队

为了丰富乡村幼儿教师的专业发展路径，可以鼓励他们参加各类学术交流和研讨活动。例如，可以支持教师参加国内外学术会议，了解最新的研究成果和教育趋势，同时，可以鼓励他们发表教学论文，分享自己的教学经验和研究成果。此外，还可以支持乡村幼儿教师参与项目研究，例如国家级、地方级的教育改革和研究项目。通过参与这些项目，不仅可以提升教师的研究能力，也能使他们更深入地了解和参与教育改革的实践。通过培养多元化的教师团队，乡村幼儿教师可以在专业领域中有更广阔的发展空间，进一步提升自身的职业素养。

二、打造现代化的教学设备和教学资源

为了提升乡村幼儿教师的教学效果和教育质量，需要打造现代化的教学设备和教学资源，以下是一些具体的措施：

（一）提供高质量的教学设备

1. 现代化多媒体教室

为乡村幼儿园提供现代化的多媒体教室，配备高清投影仪、音响系统和电脑等设备。教师可以通过投影屏幕展示教学内容，利用音响系统提供清晰的声音效果，让幼儿更好地理解和接受知识。

2. 智能电子白板

引入智能电子白板作为教学工具，教师可以在白板上书写、绘图和展示教学素材，实现互动教学。智能电子白板还可以连接互联网，让教师和幼儿可以通过白板进行在线学习和资源获取。

3. 幼儿互动教具

提供各类幼儿互动教具，例如智能拼图、数字画板、智能积木等。这些教具能激发幼儿的学习兴趣，培养他们的动手能力和思维创造力。

（二）配备丰富的教学资源

1. 绘本和故事书

为乡村幼儿园提供丰富多样的绘本和故事书，涵盖不同主题和内容。这些书籍能够开发幼儿的阅读兴趣，培养他们的语言表达和逻辑思维能力。

2. 游戏和玩具

提供各种具有教育意义的游戏和玩具，例如智能拼图、益智积木、模型等。通过游戏和玩具，幼儿可以在玩乐中学习知识和技能，并培养合作精神和团队意识。

3. 音乐和艺术资源

为乡村幼儿园提供音乐和艺术方面的教具和教材，包括乐器、绘画工具、手工制作材料等。通过音乐和艺术活动，幼儿可以培养审美情操，发展创造力和艺术表达能力。

（三）建立数字化教学平台

1. 在线备课工具

建立数字化教学平台，为乡村幼儿教师提供在线备课工具。教师可以在平台上搜索、整理和分享各类教学资源，提高备课效率和质量。

2. 教学设计工具

平台还提供教学设计工具，教师可以根据幼儿的学习情况和特点，制订个性化的教学计划和教学活动。通过平台的智能推荐和评估功能，教师可以更好地指导幼儿的学习。

3. 教学评估系统

建立教学评估系统，教师可以通过平台进行随堂测验和作业批改，及时了解幼儿的学习情况和掌握程度。平台还可以生成学习报告和评估分析，帮助教师和家长全面了解幼儿的学习进展。

（四）建设教育信息化平台

1. 互动与沟通工具

打造教育信息化平台，实现教师、家长和幼儿之间的互动与沟通。教师可以通过平台发布教学动态、分享学习资源，家长可以及时了解幼儿的学习情况和园所的相关信息。

2. 幼儿学习记录

平台还可以记录幼儿的学习行为和学习成果，包括出勤情况、作业完成情况等。通过这些数据的分析和统计，教师和家长可以更好地了解幼儿的学习情况和需求。

3. 家校合作管理

教育信息化平台可以促进家校合作和教学管理。家长可以通过平台查看幼儿的学习情况和教学反馈，及时与教师进行交流和沟通，共同关注幼儿的成长和发展。

（五）引入科技创新教育

1. 虚拟现实技术

鼓励乡村幼儿教师利用虚拟现实技术进行教学。通过虚拟现实设备和软件，幼儿可以身临其境地体验各种场景和情境，提高他们的观察力、想象力和解决问题的能力。

2. 增强现实技术

引入增强现实技术应用于教学中，通过手机、平板电脑等设备，幼儿可以看到虚拟图像和实际环境的结合。这种技术可以增加教学的趣味性和互动性，提高幼儿的学习主动性和参与度。

3. 人工智能技术

将人工智能技术应用于乡村幼儿园的教学中，可以通过智能化的辅助工具提供个性化的学习支持。例如，通过语音识别和自然语言处理技术，幼儿可以与智能教学助手进行对话交流，获取问题解答和学习指导。

4. 科技创新实验室

在乡村幼儿园内建设科技创新实验室，提供各种科技创新教具和设备，如编程机器人、电子积木等。幼儿可以在实验室中进行科学实验和创意设计，培养探索精神和创新思维。

5. 数字素养培养

引入数字素养教育，培养幼儿的信息技术能力和网络安全意识。通过教授基本的计算机操作知识、互联网使用规范等，提高幼儿的学习和生活中的信息化能力，使其能够熟练地利用科技工具进行学习与创造。

6. 创客教育

鼓励乡村幼儿园开展创客教育活动，提供编程教育、电子制作等创客工具和资源。通过参与各类创意设计和科技制作项目，幼儿可以培养动手能力、解决问题的能力和团队合作精神。

7. 智能化管理系统

引入智能化管理系统，对乡村幼儿园进行统一管理和监控。通过使用智能化的考勤系统、视频监控等设备，可以提高教师和家长对幼儿园安全和管理的了解和控制。

三、提供丰富的教育教学课程和培训项目

为了支持乡村幼儿教师的教育教学工作，可以采取以下措施，提供丰富的教育教学课程和培训项目：

（一）设计适合乡村幼儿的教育教学课程

针对乡村地区的特点和幼儿的需求，我们需要设计适合乡村幼儿的教育教学课程。以下是一些可以考虑的方面：

1. 综合素质教育

乡村幼儿教育应该注重培养幼儿的全面发展。我们可以设置涵盖语言、数学、自然科学、艺术等多个领域的学习内容，通过多元化的教学方法，激发幼儿的学习兴趣和主动性。

2. 实践活动

乡村幼儿教育可以结合农村实际，设置一些与农耕、农业生产相关的实践活动。比如，带领幼儿参与农作物的种植、养殖等，让他们亲身体验农村生活，并

通过实践学习到相关的知识和技能。

3. 农村文化传统

乡村幼儿教育应该注重培养幼儿对农村文化传统的了解和尊重。我们可以设置一些与农村文化相关的教学内容，包括农村传统工艺、民俗习惯、农耕文化等，让幼儿了解自己所在地区的文化特点，并培养对农村地区的归属感和爱屋及乌的情感。

4. 创新思维和动手能力

乡村幼儿教育应该注重培养幼儿的创新思维和动手能力。我们可以设置一些具有挑战性和启发性的教学活动，鼓励幼儿进行观察、探索和实践，培养他们的逻辑思维、问题解决能力和创造力。

5. 社会适应能力

乡村幼儿教育应该注重培养幼儿的社会适应能力。我们可以设置一些社区参与的活动，让幼儿与其他幼儿或社区居民进行交流和合作，培养他们的人际交往能力、合作意识和团队精神。

（二）提供专业化的培训项目

为了提高乡村幼儿教师的专业水平，我们需要提供专业化的培训项目。以下是一些可以考虑的培训内容和方式：

1. 幼儿教育理论知识

培训内容可以包括幼儿发展心理学、幼儿教育学、幼儿教育法规等方面的理论知识。通过系统的培训，帮助乡村幼儿教师掌握幼儿教育的基本理论和原则，提升他们的教育教学能力。

2. 教学方法与技巧

培训内容可以包括幼儿教学的具体方法与技巧，例如启发式教学法、情境教学法、游戏教学法等。通过实际操作和案例分析，帮助乡村幼儿教师熟练掌握各种教学方法，提高他们的课堂教学质量。

3. 心理健康教育

乡村幼儿教育需要注重幼儿的心理健康教育。培训内容可以包括幼儿心理健康问题的识别与处理、情绪管理与调节、心理疏导等方面的知识和技能。专业的培训，为乡村幼儿教师更好地关注幼儿的心理健康，提供必要的支持和指导。

4. 团队合作与沟通技巧

乡村幼儿教育需要强调团队合作和校园文化建设。培训内容可以包括团队合作与协作技巧、有效沟通与反馈等方面的培训。通过培训，加强了乡村幼儿教师之间的互动和合作，增强了他们的团队意识和校园管理能力。

为了提供专业化的培训项目，我们可以邀请相关领域的专家学者进行讲座和指导，分享最新的研究成果和教育经验。他们可以分享最新的教育理论、教学方法和实践经验，帮助乡村幼儿教师不断地更新知识和提升专业水平。此外，我们还可以组织乡村幼儿教师参观其他地区的优秀学校或教育机构，通过实地考察和交流，开阔他们的视野，借鉴先进经验。

另外，为了满足乡村幼儿教师的需求，培训项目应该具有灵活性和针对性。我们可以设置不同层次和不同专业背景的培训班，精心策划培训内容，根据乡村幼儿教师的实际情况和需求，量身定制培训计划。同时，我们可以采用线上学习的方式，利用互联网技术建立在线教育平台，提供多种形式的学习资源和学习工具，方便乡村幼儿教师随时随地进行学习。

通过提供专业化的培训项目，我们可以帮助乡村幼儿教师不断地提高教育教学能力，提升专业素养，为他们更好地开展乡村幼儿教育工作提供支持。

（三）建立学习共享平台

为了促进乡村幼儿教师之间的交流和学习，我们可以建立一个学习共享平台。这个平台可以提供以下功能（表 8–2）：

表 8–2　平台功能解析

平台功能	功能解析
在线教学资源	平台上可以收集整理优质的教学资源，包括教案、教材、教学视频等。乡村幼儿教师可以通过平台获取这些资源，学习借鉴他人的教学经验和教学方法
教学案例分享	乡村幼儿教师可以在平台上分享自己的教学案例和经验，与其他教师进行交流和讨论。这有助于激发教师之间的灵感和创造力，提高教学质量
教学评价与反馈	平台上可以设立教学评价和反馈的功能，乡村幼儿教师可以相互评价和给予反馈，帮助彼此不断改进教学水平

通过建立学习共享平台，乡村幼儿教师可以方便地进行交流和学习，分享教

学资源、教学经验和教学评价，促进彼此的成长和进步。

（四）加强乡村幼儿教师的实践教学

为了让乡村幼儿更好地理解和应用知识，培养他们的实践能力和创新精神，我们需要加强乡村幼儿教师的实践教学。以下是一些可以考虑的措施：

1. 农耕体验

乡村幼儿教师可以组织乡村幼儿参与农耕活动，让他们亲身体验种植、养殖等农业生产过程。通过实践教学，幼儿教师帮助幼儿了解农村生活和农村经济发展，培养他们的实践能力和动手能力。

2. 社区参与

鼓励乡村幼儿教师带领幼儿参与社区活动，比如社区清洁、义务劳动等。通过参与社区活动，幼儿可以学习社会规则和文化传统，培养他们的社会适应能力和责任意识。

3. 科学探究

乡村幼儿教师可以开展有趣的科学实验和探究活动，让乡村幼儿通过观察、探索和实践，学习科学知识和科学方法。通过培养对科学的兴趣和好奇心，激发他们的创新思维和解决问题的能力。

通过加强乡村幼儿教师的实践教学，乡村幼儿可以从实际生活中获取知识和技能，培养实践能力和创新精神，提高他们的综合素质和适应能力。

通过以上措施的实施，可以为乡村幼儿教师提供适合的教育教学课程，提供专业化的培训项目，搭建学习共享平台，加强实践教学，从而为乡村幼儿的全面发展和未来成长奠定良好的基础。

四、鼓励乡村幼儿教师参与继续教育和学术研究

为了促进乡村幼儿教师的专业成长和学术研究，可以采取以下措施：

（一）设立奖励政策

为了鼓励乡村幼儿教师积极参与继续教育和学术研究，可以设立奖励政策。这包括针对他们发表学术论文、获得专业证书以及参加学术会议等方面的奖励。通过设立奖励政策，可以激发乡村幼儿教师的学术热情，提高他们的研究动力和

学术水平。同时，这也能够树立起优秀乡村幼儿教师的榜样作用，鼓励更多的教师积极参与学术研究和专业发展。

（二）提供学术交流平台

为了促进乡村幼儿教师的学术交流和研究合作，可以建立学术交流平台。这个平台可以组织各类学术研讨会、座谈会等活动，邀请乡村幼儿教师与专家学者进行学术交流和深入探讨。通过与同行的交流与碰撞，乡村幼儿教师能够获取更多的专业知识和经验，拓宽他们的学术视野。此外，学术交流平台还可以促进不同地区、不同学校之间的合作与互动，形成良好的学术氛围。

（三）提供研究资源支持

为了支持乡村幼儿教师的学术研究，需要提供必要的研究资源支持。这包括建设和完善图书馆资源，订购相关数据库以便查阅最新的研究文献，以及提供科研经费支持等。通过提供这些研究资源，乡村幼儿教师能够更加便利地进行学术研究，深入挖掘领域内的问题，并取得有价值的研究成果。

（四）开展学术导师制度

为了提高乡村幼儿教师的学术研究水平，可以建立学术导师制度。该制度将专业的学术导师与乡村幼儿教师配对，指导他们进行学术研究和论文撰写等工作。学术导师可以向乡村幼儿教师传授研究方法和技巧，提供专业的指导和建议，推动他们的研究工作。通过与学术导师的互动和指导，乡村幼儿教师能够更好地把握研究方向和方法，提高研究质量和效果。

第三节 建立乡村幼儿教师交流与协作机制

一、创建乡村幼儿教师交流平台

为了促进乡村幼儿教师之间的交流和互动，可以创建乡村幼儿教师交流平台。这个平台可以通过以下方式来实现：

（一）建立在线社区

1. 创建乡村幼儿教师注册平台

建立一个专门为乡村幼儿教师设计的在线社区平台。教师可以通过注册和登录，加入社区并获取相关资源和信息。

2. 分享教学经验和教案

在社区中提供一个分享区域，幼儿教师可以分享自己的教学经验、教案和教学资源。其他教师可以浏览、评论和下载这些资源，从中获得启发和借鉴。

3. 讨论教育问题

设立讨论区，包括各种教育问题的主题讨论。幼儿教师们可以在这里提出问题、表达观点，共同探讨解决方案和教学策略。

4. 相互帮助和支持

鼓励幼儿教师们相互帮助和支持，在社区中可以提问和回答问题，分享解决问题的方法和经验。通过互动交流，增强教师之间的合作和友谊。

（二）提供专业论坛

1. 设立专题论坛板块

在社区中设置专门的论坛板块，涵盖不同教育领域和专业的主题。例如，语言发展、认知培养、心理健康等。教师们可以在相应的板块中进行深入的讨论和交流。

2. 专家参与指导

邀请教育领域的专家参与论坛，发表专业意见和建议。这样可以为幼儿教师们提供权威的指导和支持，引导他们更好地开展教育教学工作。

3. 提供教学案例和研究成果

论坛中可以分享优秀的教学案例和研究成果。幼儿教师们可以学习借鉴他人的成功经验，同时也可以展示自己的成果，促进彼此之间的成长和进步。

此外，还可以建立微信群或QQ群等实时交流平台，方便教师们随时进行在线交流。在群里，教师们可以及时解答问题、分享资源和经验，提高教师间的互动和合作。

通过建立在线交流平台，可以打破时间和空间的限制，让乡村幼儿教师之间更加方便地进行交流与合作，促进教育教学的不断发展和提高。

（三）组织线下交流活动

1. 座谈会和研讨会

定期组织乡村幼儿教师座谈会和研讨会，提供面对面的交流和互动机会。教师们可以分享实践经验、探讨专业问题，并从中获取新的教学思路和方法。

2. 教学观摩活动

组织教师到其他乡村幼儿园进行观摩，了解不同地区和学校的教学实践。通过观摩活动，教师们可以互相学习、交流心得，拓宽视野和思维方式。

（四）推广优秀案例和经验

1. 教师风采展示

在社区平台上设立专门的教师风采展示栏目，让幼儿教师们能够展示自己的优秀教育实践和成果。通过展示和分享，激励其他教师学习和借鉴，提高整个乡村幼儿教育的水平。

2. 教育经验汇编

将社区中优秀教师的教育经验和成功案例进行汇编整理，形成教育经验集锦。这样可以为其他教师提供具体的参考和指导，推动教育教学的改进和发展。

3. 主题分享会和展览活动

定期举办乡村幼儿教育主题分享会和展览活动，展示各地优秀教师的教学成果和创新实践。这样可以促进教育资源的共享和交流，打造一个良好的教育氛围。

二、促进乡村幼儿教师间的互动和合作

为了促进乡村幼儿教师之间的互动和合作，可以采取以下措施：

（一）建立合作团队

乡村幼儿教师合作团队的组建是为了在教育教学工作中共同合作，互相支持和协助。这个团队应由一些有经验和专业知识的教师担任指导者和领头人，他们可以为其他教师提供指导和支持，促进教师之间的交流与合作（图 8-3）。

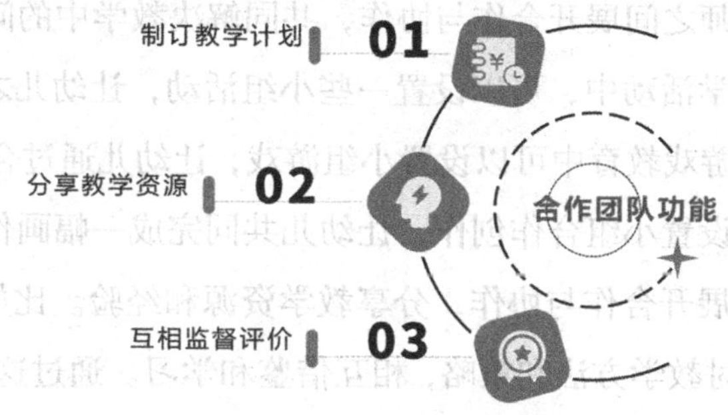

图8-3 合作团队功能

团队成员可以共同制订教育教学计划，包括教学目标、教学内容和教学方法等方面的制定。通过团队的共同努力，可以确保教育教学工作的统一性和连贯性，并提高教育教学质量。

团队成员还可以分享自己的教学资源，包括教案、课件、图片、视频等多种形式的资源。这种资源共享可以让教师们互相借鉴和使用，相互补充优势，提高教育教学的效果。

团队成员之间还可以互相监督和评价工作。通过相互之间的监督和评价，可以及时发现问题并加以解决，确保教育教学工作的顺利进行。

（二）举办教研活动

定期举办乡村幼儿教研活动是为了鼓励教师们分享自己的教学经验和心得体会，促进教师之间的交流与合作。这些教研活动可以以讲座、研讨会、座谈会等形式进行。

在教研活动中，教师们可以分享自己在教学中遇到的问题和解决方法，互相借鉴和学习。同时，也可以邀请一些有经验和专业知识的教育专家或学者来进行

指导和讲解，提升教师的专业能力和教育教学水平。

教研活动还可以围绕一些特定的主题进行，比如幼儿园游戏教育、情绪管理、幼儿园安全教育等。通过这样的主题教研活动，可以更加有针对性地解决教学中的问题，提高教师的职业素养和教育教学质量。

（三）引入合作式学习

在乡村幼儿教育教学过程中引入合作式学习的方法是为了培养幼儿的合作意识和团队合作能力。通过合作式学习，幼儿可以在与他人的互动中学习和成长，同时也可以促使教师之间展开合作与协作，共同解决教学中的问题。

在幼儿园的教学活动中，可以设置一些小组活动，让幼儿之间互相合作、互相学习。比如，在游戏教育中可以设置小组游戏，让幼儿通过合作完成游戏任务；在艺术教育中可以设置小组合作创作，让幼儿共同完成一幅画作等。

教师们也可以展开合作与协作，分享教学资源和经验。比如，可以进行团队教研活动，共同探讨教学方法和策略，相互借鉴和学习。通过这样的合作与协作，可以提高教师的教学水平和专业能力，提高教育教学的质量。

（四）创设共享资源库

建立乡村幼儿教师共享资源库的目的是让教师们可以上传和下载教学资源。这个共享平台可以包括教案、课件、图片、视频等多种形式的资源，方便教师们互相借鉴和使用。

共享资源库可以建立在网络平台上，教师们可以通过互联网进行资源的上传和下载。同时，学校也可以建立实体的资源室，供教师们到场借阅和复制资源。

为了确保资源的质量和可靠性，可以设立一些审核机制，对上传的资源进行审核和筛选。只有符合一定标准的资源才能被上传到资源库中，并供其他教师使用。

共享资源库的建立不仅可以让教师们更加方便地获取教学资源，还可以促进教师之间的交流与合作。教师们可以借助这样的资源库，相互分享教学经验和心得体会，提高教育教学的效果和质量。

三、组织乡村幼儿教师交流会议、研讨会等活动

为了促进乡村幼儿教师之间的交流与合作，可以组织以下活动：

（一）乡村幼儿教师交流会议

定期举办乡村幼儿教师交流会议是为了促进教师之间的交流与合作，提升教学水平。会议可以邀请来自不同地区的教师参与，以增加教师间的多样性和互动性。

在交流会议中，可以设置专题讲座、经验分享和教学案例展示等环节。专题讲座环节可以邀请教育专家或学者进行讲解，介绍最新的教育理论和研究成果，帮助教师们更新教育观念和提升教育教学能力。

经验分享环节可以邀请优秀的乡村幼儿教师分享自己的教学经验和心得体会。通过这些分享，教师们可以相互学习和借鉴，发现问题并探讨解决方法，提高教育教学质量。

教学案例展示环节可以邀请教师们展示自己成功的教学案例，分享教学成果和教学效果。这样的展示可以激发教师们的创新意识和教学热情，激发他们在教育教学中的积极性和创造力。

（二）研讨会与讲座

乡村幼儿教师研讨会与讲座为了让教师们深入了解教育教学的前沿知识和最新研究成果，可以邀请专家学者、教育管理者等相关领域的精英来进行讲解和指导。

专家学者在研讨会与讲座中可以分享自己的研究成果，介绍最新的教育理论和方法。他们可以提供指导意见和建议，帮助乡村幼儿教师深入思考和探索教育教学的问题，拓宽教学思路。

研讨会可以设置小组讨论环节，让教师们就特定的教育课题进行深入的研究和交流。通过这样的讨论，可以促进教师们的思想碰撞和交流，激发他们的创新能力和专业素养。

（三）实践交流活动

组织实践交流活动可以让乡村幼儿教师到其他地区参观考察，了解不同地区

的教育实践经验并进行交流。这样的活动可以开阔教师们的视野，增加他们的教学思路和方法。

教学观摩是一种常见的实践交流活动，教师可以互相到对方的幼儿园观摩教学。通过观摩其他教师的教学实践，可以借鉴和学习别人的优点和经验，并将其运用到自己的教学中。

此外，还可以组织跨校、跨区域的教学团队合作活动。教师们可以根据具体的教学主题，组成教学团队，进行合作教学设计和实施。通过合作与协作，教师们可以共同解决教学中的问题，并提高教育教学质量。

四、建立乡村幼儿教师合作研究项目，共同提升教育教学水平

为了促进乡村幼儿教师的合作与研究，可以建立以下项目：

（一）课题研究项目

组织乡村幼儿教师参与课题研究是为了促进教师之间的合作与交流，共同解决实际教育教学问题，提升教师的研究能力和教育教学水平。在课题研究项目中，可以选取符合实际需求的研究方向，鼓励教师进行实证研究、调查研究等。

针对不同的研究方向，可以设立相应的研究小组，由幼儿教师自愿参加，并根据各自的专长和兴趣进行分组。研究小组成员可以共同制订研究计划和方法，开展实证研究或调查研究。通过这样的合作研究，教师们可以相互借鉴和学习，在实践中不断探索和改进教育教学的方法和策略。

在课题研究项目的过程中，可以组织定期的研讨会或座谈会，让教师们分享自己的研究成果和心得体会。同时，也可以邀请一些专业人士、学者或教育专家来进行指导和讲解，提供专业支持。通过与专业人士的合作与指导，可以帮助教师们更好地开展研究工作，提高研究水平和学术能力。

（二）教学资源共享项目

建立乡村幼儿教师教学资源共享项目是为了鼓励教师们共享教案、教学设计、优秀作品等教学资源，以提升教师的教学内容和方法。

教学资源共享项目可以通过建立共享平台来实现。这个平台可以是一个网络平台，教师们可以在上面上传和下载教学资源。也可以在学校内部建立一个资源

室，供教师们到场借阅和复制资源。

为了确保资源的质量和可靠性，可以设立一些审核机制，对上传的资源进行审核和筛选。只有符合一定标准的资源才能被上传到资源库中，并供其他教师使用。

（三）教学团队合作项目

组织乡村幼儿教师成立教学团队，从事合作研究与项目实施，可以促进教师之间的合作与交流，共同探索教育教学创新方法，提升教师的专业素养和教学效果。

教学团队可以由感兴趣的教师自愿组成，也可以根据各自的专长和兴趣进行分组。在团队中，教师们可以共同开展教学改进项目、研究性学习活动等。通过协作与交流，教师们可以相互借鉴和学习，不断探索和改进教育教学的方法和策略。

在教学团队合作项目中，可以设立明确的目标和任务，制订详细的工作计划，并定期进行项目评估和总结。教师们可以根据项目的进展情况，及时调整和改进自己的教学工作，提高幼儿的学习效果和满意度。

（四）专家指导项目

邀请专家学者为乡村幼儿教师提供指导与支持，开展合作研究项目，可以帮助教师们获得更丰富的研究经验与专业知识，提高研究水平和学术能力。

专家指导项目可以通过邀请专家学者来进行教学指导和研究指导。专家可以提供专业知识和经验，帮助教师们解决教育教学中的问题，指导他们开展研究工作，并提供相关的研究方法和技巧。

在专家指导项目中，可以组织定期的研讨会或座谈会，让教师们与专家进行深入的交流与讨论。教师们可以向专家请教问题，并分享自己的研究成果和心得体会。通过与专家的合作与专家指导，可以帮助教师们提升研究水平和学术能力，推动乡村幼儿教育的发展。

第九章　加强乡村幼儿教师的综合素质培养

第一节　提升乡村幼儿教师的文化素养

一、增加教师的文化知识培训和学习机会

在乡村幼儿教师的培养过程中，增加其文化知识培训和学习机会，对于提升教师的综合素质和教学水平具有重要意义。

首先，可以组织关于文化知识的专题培训。这些培训可以包括传统文化、现代艺术、历史地理、自然科学等多个方面，帮助幼儿教师们了解和掌握更广泛的文化知识。可以邀请专业人士、学者或文化界的专家来进行讲座和培训，让教师们深入了解各个领域的知识，并学习相关的教学方法和策略。

其次，可以鼓励幼儿教师参加专业学习和进修课程。可以与相关学校、教育机构或研究机构合作，为教师们提供进修学习的机会。可以开设一些专门的短期课程或培训班，让教师们深入学习某个特定的文化领域或学科，并通过课堂教学、实践操作等方式提高自己的学习效果。

最后，可以开展文化知识分享和交流活动。可以定期组织幼儿教师们分享自己的文化学习心得和体会，可以通过座谈会、研讨会等形式，让教师们相互借鉴和学习，共同进步。同时，也可以邀请一些文化领域的专家或学者来进行指导和授课，为教师们提供更加深入的学习资源和机会。

二、鼓励教师参与文化艺术活动，提升审美能力

鼓励教师积极参与文化艺术活动，可以培养其良好的审美能力，从而提升教学中对美的感知和表达能力。

首先，可以组织参观艺术展览和文化活动。可以组织教师们参观当地的艺术展览、博物馆、美术馆等，让教师们接触到不同形式的艺术作品和文化展示，拓宽视野，培养对美的感知和欣赏能力。

其次，可以鼓励教师参与文化艺术创作。可以组织一些文化艺术创作的培训和活动，例如绘画、音乐、舞蹈、书法等。通过学习和实践，教师们可以提升自己的创作能力和审美水平，为幼儿提供更多元化的文化艺术体验。

最后，可以开展文化艺术交流和展示活动。可以组织教师们进行文化艺术作品的展示和交流，例如举办文化艺术节、演出、展览等。这样不仅可以激发教师们的创作热情，还可以让他们相互学习和借鉴，共同提高自己的艺术表达能力。

三、加强语言表达和沟通能力的培养

为了提升乡村幼儿教师的语言表达和沟通能力，可以开展以下项目（图 9–1）：

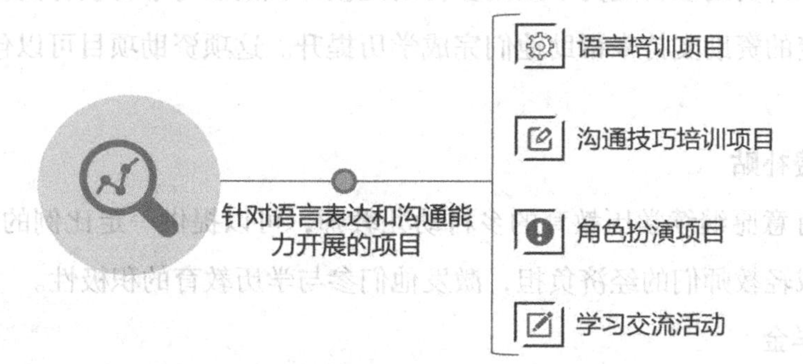

图9–1　针对语言表达和沟通能力开展的项目

语言培训项目。为了提升乡村幼儿教师的语言表达能力，可以组织专业的语言培训师，为教师们提供针对性的语言培训课程。这些课程可以包括口语训练、写作技巧、演讲与表达等方面的内容。通过系统的训练和指导，教师们可以提高自己的语言水平，更加流利地表达思想和观点。

沟通技巧培训项目。乡村幼儿教师在与家长、同事、幼儿等进行沟通时，可能会遇到各种问题和挑战。因此，开展沟通技巧培训项目非常必要。通过培训，教师们可以学习有效的沟通技巧，包括倾听、表达、解决冲突等方面的技巧。他们可以学会如何与不同的人群进行沟通，并建立良好的互动关系。

角色扮演项目。通过组织教师参与各类角色扮演活动，可以提高教师们的语言表达和沟通能力。这样的活动可以模拟真实的教育教学场景，例如教师与家长之间的角色扮演、教师与幼儿之间的沟通互动等。通过实践中的反思和讨论，教师们可以发现自己在语言表达方面的不足，并探索改进的方法和策略。

学习交流活动。定期组织教师学习交流活动，为教师们提供一个良好的学习和交流平台。这些活动可以是小组讨论、研讨会、分享会等。教师们可以互相分享自己的教学经验和观点，通过讨论和互动，提升自己的语言表达和沟通能力。同时，学习交流活动也有助于培养教师们的合作意识和团队精神。

四、推动教师参与继续学历教育，提高学历水平

为了提高乡村幼儿教师的学历水平，可以开展以下项目：

（一）学历提升资助项目

学历提升资助项目是为了鼓励乡村幼儿教师积极参与学历教育而设立的，通过给予一定的资助支持来帮助他们完成学历提升。这项资助项目可以包括以下几个方面：

1. 学费补贴

对于有意愿继续学历教育的乡村幼儿教师，可以提供一定比例的学费补贴。这样可以减轻教师们的经济负担，激发他们参与学历教育的积极性。

2. 奖学金

设立奖学金制度，对于在学历教育中表现出色的乡村幼儿教师给予奖励。奖学金可以根据学业成绩、学习态度和专业发展等方面进行评定，既是对教师们努力学习的认可，也是对他们继续提升学历的鼓励。

3. 资源支持

为乡村幼儿教师提供学习所需的资源支持，包括教材、参考书籍、学习工具等。这样可以帮助教师们更好地备考和学习，提高学历水平。

（二）学历培训项目

学历培训项目是为了提供有针对性的培训课程，帮助乡村幼儿教师扩展专业知识和提高学术能力。该项目可以包括以下三个方面：

1. 课程设置

根据乡村幼儿教师的学历现状和专业需求，制定相关的学历培训课程。这些课程可以包括本科和研究生相关专业的课程，涵盖教育学、心理学、幼儿教育学等领域。

2. 教师培训班

组织教师培训班，邀请专业教育学者和资深教师进行授课。培训班可以分为线上、线下两种形式，让乡村幼儿教师可以选择适合自己的学习方式参与培训。

3. 实践实习

安排乡村幼儿教师进行实践实习，将所学的理论知识应用到实际教学中。通过实际操作和反思，帮助教师们更好地理解和运用所学的知识。

（三）学历考试辅导项目

学历考试辅导项目是针对有意愿参加学历考试的乡村幼儿教师而设立的。该项目可以提供以下支持：

1. 学习资料

为乡村幼儿教师提供相关的学习资料，包括参考书籍、模拟试题和考试指南等。这些资料可以帮助教师们了解考试内容和形式，有针对性地进行备考。

2. 考试指导

组织备考培训班或邀请专业教育学者进行考试指导。通过讲解考试要点、解析历年真题等方式，帮助乡村幼儿教师更好地掌握考试技巧，增强应试能力。

3. 学习群体

建立学习群体，让有相同目标的乡村幼儿教师可以相互交流和学习。通过讨论问题、分享经验，教师们可以相互鼓励和支持，共同进步。

（四）学习资源共享项目

学习资源共享项目旨在建立一个学习资源共享平台，方便乡村幼儿教师之间的学习交流和资源共享。该项目可以包括以下三个方面：

1. 教学资源分享

乡村幼儿教师可以在平台上分享各类教学资源，包括课件、教案、教学视频等。其他教师可以浏览和下载这些资源，丰富自己的教学内容和方法。

2. 学习笔记交流

教师们可以在平台上互相交流学习笔记，分享学习心得和复习方法。这样可以帮助教师们更好地备考和学习，提高学历水平。

3. 学习讨论区

设立学习讨论区，供教师们进行学习交流和提问。教师们可以在讨论区中解答疑惑、讨论问题，促进学习效果的提高。

第二节　培养乡村幼儿教师的创新能力

一、开展教育教学方法创新培训和交流

为了促进乡村幼儿教师的教育教学方法创新，可以开展以下项目：

（一）教育教学方法培训课程

在乡村幼儿园中，组织专业的培训师，为教师们提供针对性的教育教学方法培训课程。这些课程旨在帮助教师们熟悉和掌握最新的教育教学理论和实践，提高他们的教学水平和专业能力。

1. 现代教育理论

讲解现代教育理论的基本概念和核心思想，帮助教师们理解教育的本质和教学的目标，培养对教育教学的深刻理解。

2. 教学设计与评价

介绍教学设计的基本原则和方法，培养教师们合理设计教学活动和评价教学效果的能力，提高教学的针对性和有效性。

3. 多元化教学策略

引导教师们了解不同的教学策略和方法，如合作学习、探究式学习、游戏化教学等，促进教学多样化，满足幼儿个性化发展的需求。

4. 教学技巧与工具

培养教师们灵活运用各类教学技巧和工具的能力，如多媒体教学、互动式教学等，提高教学效果和趣味性。

通过教育教学方法培训课程的开展，教师们可以系统地学习和掌握教育教学的基本理论和方法，提高他们的教学水平和专业能力，为乡村幼儿提供优质的教育服务。

（二）教师交流会议

定期组织教师交流会议，为乡村幼儿教师提供一个交流和学习的平台。这些会议旨在促进教师之间的互相学习和借鉴，分享教学经验，解决问题，推动教育教学方法的创新。

1. 主题分享

安排教师们针对特定主题进行经验分享，如幼儿园课程设计、教育活动策划等。教师们可以分享自己在这些方面的实践经验、成功案例和挑战，并互相讨论和提供建议。

2. 教学反思

鼓励教师们进行教学反思，分享教学中的困惑和改进措施。通过互相交流和反思，教师们可以找到解决问题的方法和策略，提高教学效果。

3. 创新实践

鼓励教师们分享自己在教育教学中的创新实践，并提供给他们实践成果展示的机会。这可以激发教师们的创造力和探索精神，促进教育教学方法的创新和发展。

通过定期组织教师交流会议，乡村幼儿教师可以相互学习和借鉴，共同解决教学中的问题，促进教育教学方法的创新和提升。

（三）教学观摩活动

安排乡村幼儿教师参观其他地区或优秀学校的教学活动，进行教学观摩。通过实地观察和交流，教师们可以深入了解不同的教学模式和策略，借鉴优秀的经验，提升自己的教育教学水平。

1. 选择观摩学校

通过调研和评估，选择一些在教育教学方面具有一定优势和特色的学校作为观摩学校。这些学校可以是城市中的名校，也可以是其他乡村幼儿园中的典型代表。

2. 观摩安排

组织教师们前往观摩学校进行实地观察和交流。可以安排观摩课堂、教师座谈会、学校参观等活动，让教师们全面了解观摩学校的教育教学特点和成功经验。

3. 学习总结与分享

观摩活动结束后，组织教师们进行学习总结和经验分享。教师们可以分享自己在观摩过程中的收获和感悟，讨论如何将观摩学到的经验应用到自己的教育教学实践中。

通过教学观摩活动，乡村幼儿教师可以借鉴其他学校的先进经验和教学模式，丰富自己的教育教学思路，提高教学效果和水平。

（四）专家讲座与指导

在乡村幼儿园中，邀请教育领域的专家学者到校进行讲座和指导，以提供专业的教育教学指导和建议。专家可以分享最新的教育教学理念、研究成果和经验，帮助教师们创新教育教学方法，提高教学质量。

1. 专家讲座

邀请教育领域的专家学者进行讲座，向教师们介绍最新的教育教学理论和实践。专家可以深入讲解某一特定领域的内容，如幼儿心理发展、幼儿园课程设计等，为教师们提供前沿的学术知识和思想引导。

2. 教学指导

专家可以到乡村幼儿园进行教学指导，观察教学过程并提供个性化的指导意见。针对教师们遇到的问题，专家可以给出具体的解决方案和改进建议，帮助教师们改善教学效果。

3. 学术研讨会

组织学术研讨会，邀请专家与教师们进行深入的学术交流。教师们可以分享自己的研究成果和教学实践经验，与专家进行学术探讨和思想碰撞，激发教师们的创新意识和学术热情。

通过邀请专家进行讲座和指导，乡村幼儿教师可以获得专业的教育教学指导和建议，了解最新的教育教学理论和实践，提高自身的专业能力和教学水平，为乡村幼儿提供更优质的教育服务。

二、提供资源和支持，鼓励教师开展创新实践活动

为了激发乡村幼儿教师的创新精神，可以采取以下措施：

（一）提供教育创新项目资助

为了推动乡村幼儿教师的教育创新实践，可以设立教育创新项目资助计划，为教师们提供资金支持和资源保障。该计划可以向乡村幼儿园教师开放申请，教师们可以根据自身的创新需求和项目计划，向相关部门提交申请。

申请资助的教师需要提交详细的项目计划书，包括项目的目标、内容、预期效果、实施方案等，以便评审专家对其进行评估和审批。经过评审通过的项目可以获得一定的资金支持，用于购买教育教学资源、开展研究或实施创新项目。

除了资金支持，教育创新项目资助计划还可以提供相关资源支持，包括教育教学参考书籍、教具、科研设备等。教师们可以根据自身的需要，在规定的范围内选择所需资源，以促进教育创新实践的顺利进行。

这样的资助计划可以鼓励乡村幼儿教师积极参与教育创新活动，培养他们的创新意识和能力，推动教学改革和发展，提高乡村幼儿教育的质量和水平。

（二）建立教育资源库

为了支持乡村幼儿教师的教学工作和创新实践，可以建立乡村幼儿教师教育资源库。该资源库可以收集和整理各类教学资源，包括教案、课件、教学视频等，供教师们查询和使用。

资源库的建设可以通过与教育相关的机构、大学或教育科研机构进行合作，共同收集和整理教育教学资源。这些资源可以涵盖各个年龄段的幼儿园教育内容，包括语言、数学、科学、艺术等方面的教学素材和参考案例。

教师们可以通过资源库获取各种教学素材和参考案例，从中获得灵感和启发，激发他们的创新思维，并能够更好地实践教育教学方法。资源库还可以提供搜索和分类功能，方便教师们根据自己的需求查找和选择适合的教学资源。

通过建立教育资源库，可以方便乡村幼儿教师获取优质的教学资源，提高他们的教学效果和创新能力，促进乡村幼儿教育的全面发展。

（三）创新实践交流平台

为了促进乡村幼儿教师之间的创新实践交流和分享，可以建立教师创新实践交流平台。该平台可以是一个在线社区或论坛，让教师们可以随时随地进行交流和互动。

教师们可以在平台上发布自己的创新项目和经验心得，与其他教师进行交流和讨论。他们可以分享自己的成功经验、遇到的问题以及解决方案，共同探讨教育创新的方法和策略。

平台可以提供各种功能，如在线讨论区、资源分享区、创新项目展示区等。教师们可以通过讨论区提问、回答问题，分享自己的教学心得和创新思路；通过资源分享区共享教案、课件等教学素材；通过创新项目展示区展示自己的创新项目和实践成果。

创新实践交流平台可以打破时空限制，让乡村幼儿教师之间进行广泛的交流和互动，促进创新实践的共同进步和发展。

（四）推行评估与奖励机制

为了鼓励乡村幼儿教师积极参与创新实践活动，可以建立评估与奖励机制。该机制可以对乡村幼儿园教师的创新实践进行评估和认可，激励他们不断探索和创新。

评估可以以定期或特定项目为基础进行，通过收集教师的创新实践案例和效果数据，评估其对乡村幼儿园教育的贡献和影响。评估可以由专家组成的评审团队进行，根据一定的评估标准和指标来评价教师的创新实践。

评估通过后，可以给予教师相应的奖励和荣誉，如表彰信、奖金、研修机会、职称晋升等。奖励可以根据评估结果的优秀程度进行分类，设立多个级别的奖励，以鼓励更多教师积极参与创新实践。

评估与奖励机制的建立可以激发乡村幼儿教师的创新活力，增强他们对创新实践的积极性和投入度。同时，通过评估发现和推广优秀的创新实践案例，还可以为其他教师提供学习借鉴的机会，促进创新实践在整个教育系统的传播和应用。

三、引导教师关注科技发展，运用科技手段提升教学效果

（一）科技培训项目

科技培训项目是指组织乡村幼儿教师参加专门的培训课程，以提升他们对科技发展的关注和认知。这些培训项目可以包括以下内容（表 9–1）：

表 9–1 科技培训项目内容简介

科技培训项目内容
最新科技趋势和应用案例介绍
教师们可以了解最新的科技趋势、教育科技的应用案例和成功经验。这有助于拓宽教师们的视野，了解科技对教育的潜力和影响
教育科技工具和平台的使用方法
培训教师如何使用各类教育科技工具和平台，例如教学软件、在线教育平台、互动白板等。教师可以学习如何运用这些工具来设计教学内容，提高教学效果
数字素养培养
通过培训提升教师的数字素养，使他们能够熟练地使用各类数字工具和软件，如微信、视频会议工具等。数字素养的提升有助于教师与幼儿之间更好地沟通和交流

（二）数字教育资源开发

为鼓励乡村幼儿教师参与数字教育资源的开发和创新，可以推动以下活动：

1. 课件设计

组织教师们进行课件设计活动，鼓励他们运用数字工具和软件制作教学课件。教师可以根据不同的教学主题和年龄段特点，设计有趣、生动的课件，提高教学的吸引力。

2. 教学视频制作

鼓励教师创作教学视频，将课堂教学内容以视频形式呈现出来。教学视频可以加强幼儿对知识的理解和记忆，同时也方便家长在家中辅导孩子。

3. 数字教育资源共享平台

建立一个数字教育资源共享平台，供教师们交流、分享自己创作的教育资源。

教师们可以从中获取灵感和启发，提高自身的教学水平。

（三）在线教学平台建设

为了推动乡村幼儿教师积极运用在线教学平台，可以进行以下建设和推广：

1. 引入在线课堂工具

引入在线课堂工具，使得幼儿教师可以通过网络平台进行远程教学。教师可以通过这种方式给幼儿们提供更多的学习机会，扩大自己的教学影响力。

2. 学习管理系统建设

建立一个学习管理系统，用于幼儿教师的教学内容管理和幼儿的学习跟踪。教师可以上传课件、作业等教学资料，幼儿可以在系统上完成作业、参与讨论等。

3. 教师交流与合作平台

建立一个幼儿教师交流与合作平台，促进教师之间的交流、互相学习和资源共享。在这个平台上，教师们可以一起探讨教学问题、分享教学经验，提高自身的教学能力。

（四）科技应用实践活动

为了让教师们亲自感受科技在教学中的作用和优势，可以组织以下实践活动：

1. 参观科技公司或教育科技展览

组织教师们参观科技公司或教育科技展览，让他们了解最新的科技产品和教育科技的发展趋势。这样的参观活动可以激发教师们对科技的兴趣和热情。

2. 实际教学案例的探索与分享

组织教师进行实际教学案例的探索与分享，让他们互相交流和借鉴。教师们可以分享自己在教学中应用科技的经验和教训，为其他教师提供指导和启示。

通过以上的科技培训和应用活动，乡村幼儿教师可以提高对科技的认知和运用能力，在教学中更好地利用科技手段，提升教学效果和质量。这将有助于提高乡村幼儿的教育水平，为他们的未来发展打下坚实的基础。

四、组织教师参与创新项目和比赛，激发创新意识和能力

（一）创新项目申报

鼓励乡村幼儿教师积极参与各类创新项目的申报和实施。可以提供相关培训

和指导，帮助教师们策划和准备创新项目，通过实践和实施创新项目，提升教师的创新意识和能力。

为了促进乡村幼儿教师的创新实践，可以设立创新项目申报机制。教师们可以根据自身的教学需求和创新点子，提交创新项目申请。申报的内容可以包括教学方法创新、教育资源开发、课程设计等方面。申报时需要详细描述项目的目标、实施计划、预期效果等，并提供相应的支持材料。

针对乡村幼儿园的特点，可以设立专门的创新项目评审团队或委员会，由专业人士对申报的项目进行评审和筛选。评审的标准可以包括项目的创新性、实施的可行性、对乡村幼儿教育发展的促进作用等。评审结果可以分为通过、待完善和未通过，通过的项目可以获得相应的资金和支持。

在实施创新项目过程中，可以为教师提供相关的培训和指导。培训内容可以包括项目管理、创新教学方法、教育资源利用等方面的知识和技能。指导可以由专业人士或优秀经验教师担任，为教师提供实际操作指导和经验分享。

创新项目申报和实施过程中还应注意信息公开和交流。可以建立乡村幼儿教师创新项目数据库，将申报项目和实施成果进行记录和归档。同时，定期组织教师们进行项目成果展示和经验交流，通过教育创新论坛、研讨会等形式，促进教师之间的学习和合作。

（二）创新教学设计比赛

组织乡村幼儿教师参加创新教学设计比赛，鼓励他们在教学中运用创新思维和方法，设计出具有创新性和实效性的教学方案和教材。通过比赛评选，激发教师们的创新热情和能力。

创新教学设计比赛可以设置多个类别，如课程设计、教学活动设计、教材编写等。比赛可以分为初赛和决赛两个阶段，初赛可以由各个乡村幼儿园内部组织，决赛可以由地区或省级教育机构组织。

在比赛前，可以为教师们提供相关的培训和指导，帮助他们掌握创新教学设计的方法和技巧。可以邀请专业人士或优秀经验教师进行培训，分享创新教学设计的经验和案例，并提供具体的指导和建议。

比赛评选可以由专业人士和教育专家组成的评委团进行，评审标准可以包括教学方案的创新性、教学设计的合理性、教学效果的实证等。评选出的优秀作品可以进行宣传和推广，供其他教师参考和借鉴。

同时，可以通过举办颁奖典礼和经验交流会等形式，表彰优秀教师的创新教学设计成果，并邀请他们分享经验和心得。这样可以激励更多教师参与创新教学设计，推动乡村幼儿教育的创新发展。

（三）创客活动组织

组织教师参与创客活动，提供创造和实践的平台。可以设立创新实验室或创客工作室，为教师们提供所需的材料和设备，让他们能够动手实践自己的创新点子，并将其运用到教学中。

创客活动可以包括手工制作、科学实验、STEAM教育等方面。可以根据不同年龄段的幼儿设置不同的创客项目，让教师们有针对性地进行创造和实践。

在活动组织过程中，可以邀请专业人士或社区资源人员进行指导和支持，提供相关的技术和知识支持。同时，还可以组织教师们进行交流和合作，共同探索创新教学的可能性。

（四）创新成果展示与分享

定期组织幼儿教师们进行创新成果的展示和分享活动，可以是举办教育创新论坛、创意展览等形式，让教师们有机会互相学习和借鉴，促进创新教育的交流与合作。

首先，可以定期举办教育创新论坛，邀请教育专家、教育学者和教师代表进行演讲和分享。论坛可以围绕不同主题展开，如创新教学方法、科技与教育、教育资源开发等。教师们可以通过论坛了解最新的教育理念和实践案例，从中汲取灵感和经验。

其次，可以组织创新教育成果展览活动，让教师们展示他们的创新教学成果和项目成果。展览可以包括教学设计方案、教材制作、教学视频、幼儿作品等。通过展览，教师们可以相互学习和借鉴，同时也可以向其他人展示自己的成果，增加影响力和知名度。

最后，还可以利用现代科技手段，建立在线平台，供教师们发布创新成果和经验分享。通过建立专门的教育创新网站或论坛，教师们可以上传自己的创新教学案例、教学视频、教学资源等，供其他教师和教育工作者参考和借鉴。同时，也可以开展线上的教育创新研讨会或直播分享活动，提升教师们的创新意识和能力。

为了更好地组织创新成果展示与分享活动，需要有专门的组织机构或团队负责策划和推动。这个团队可以由教育行政部门、教育研究机构以及相关专业人士组成，共同协作，确保活动的质量和效果。

第三节 增强乡村幼儿教师的团队合作精神

一、开展团队合作培训和活动，增强教师的合作意识和能力

（一）团队合作培训课程

团队合作是乡村幼儿教育中至关重要的一环，因此，有针对性地组织团队合作培训课程对教师进行专业指导是非常必要的。培训课程可以由专业的培训师承担，内容包括以下四个步骤（表 9-2）：

表 9-2 团队合作培训课程四个步骤

团队合作培训步骤解析	
第一步	讲授团队合作的基本理念和原则，明确团队目标、角色分工等
第二步	教授沟通技巧，包括有效倾听、表达意见、协商解决问题等，以促进团队成员之间的良好沟通和信息交流
第三步	介绍冲突管理的方法和策略，帮助教师们学会化解团队内部的冲突并保持团队的和谐氛围
第四步	培训课程还可以通过小组活动、角色扮演等形式，帮助教师们通过实践来体验和学习合作的重要性，增强团队合作的意识和能力

（二）团队建设活动

为了增进教师之间的相互了解和信任，提高团队的凝聚力，组织各类团队建设活动是非常有效的。这些活动可以包括但不限于户外拓展训练、团队合作

游戏等。户外拓展训练可以通过一系列的挑战和团队任务激发教师们的团队合作意识和能力，促进团队成员之间互动和信任的建立。而团队合作游戏则可以通过游戏的方式，让教师们在合作中培养默契和配合能力，增强团队的凝聚力和合作性。

（三）跨学科合作项目

鼓励教师们跨学科合作，共同设计和实施教育项目，对于培养他们的综合素养和团队合作能力具有重要意义。例如，可以组织语言教师和美术教师的合作，开展绘本创作活动，在创作过程中促进教师之间的交流与合作，丰富幼儿的阅读体验和艺术感知。又如，数学教师和音乐教师可以合作开展数学歌谣创编，通过创造性的方式提升幼儿对数学概念的理解和记忆。这样的跨学科合作项目可以激发教师们的创新思维，促进教师之间的协作和互相借鉴，提高团队的整体能力。

（四）经验分享会

定期组织经验分享会是教师团队合作中的重要环节。通过分享自己在团队合作中的经验和心得，教师们可以互相学习和借鉴，探讨合作中的问题和挑战，并共同寻找解决方案。这样的交流活动为教师提供了一个开放和包容的学习平台，有助于促进教师之间的合作意识和能力的提升。同时，经验分享会还可以邀请专业人士或专家学者参与，引领教师团队的发展方向，提供更加专业和权威的指导。

二、鼓励教师与学校管理层、家长等各方合作，共同促进幼儿教育发展

（一）学校管理层合作机制

1. 定期会议

学校管理层与幼儿教师之间可以定期召开会议，以交流工作进展、解决问题和分享经验。会议可以设立议题，讨论学校的发展规划、教学改革、课程设计等方面的事宜，教师可以提出建议和意见，管理层可以听取并采纳有益的建议。

2. 沟通渠道

为了加强幼儿教师与管理层之间的沟通，可以建立多种沟通渠道，例如，教

师可以通过电子邮件、在线聊天工具或者面对面的交流等方式与管理层进行联系。这样可以方便教师随时向管理层反映问题或者寻求支持和指导。

3. 决策参与

幼儿教师作为教育教学的实施者，对于学校管理和决策具有重要的参与意义。因此，可以设立决策参与机制，包括教师代表参与学校管理层的会议和决策过程，充分发挥教师的专业知识和经验，为学校的发展和教育教学改革提供积极的建议和意见。

4. 教师发展和培训

学校管理层可以积极支持幼儿教师的专业发展和培训，鼓励教师参加各类培训课程、学术研讨会等活动，提高教师的专业素养和教学能力。同时，管理层也可以根据学校的需要，安排相关的培训计划，帮助教师提升教育教学水平。

（二）家校合作项目

1. 家校沟通渠道

建立畅通的家校沟通渠道，包括定期召开家长会议、建立家长微信群或者开设家校互动平台等方式，方便幼儿教师与家长之间的交流和沟通。通过这些渠道，教师可以向家长传达幼儿的学习情况、行为表现等信息，家长也可以及时向教师反馈孩子在家里的情况。

2. 家长工作坊

定期组织家长工作坊，主题可以包括家庭教育、亲子关系、幼儿成长等方面的内容。通过分享专业的知识和经验，帮助家长更好地理解和支持幼儿的发展，提供家庭教育的指导和建议。

3. 亲子活动

组织各种亲子活动，例如亲子游戏、亲子读书会、亲子手工制作等，通过这些活动增进家长与幼儿之间的亲密关系，激发幼儿的兴趣和创造力。同时，幼儿教师也可以借此机会与家长更加亲近，了解家庭环境对幼儿的影响，以便更好地设计个性化的教育方案。

4. 家庭教育支持

教师可以提供家庭教育支持，包括为家长提供教育教学的指导方法、培养良好学习习惯的建议、家庭作业辅导等。通过与家长的密切合作，共同促进幼儿的全面发展。

（三）职能部门合作

1. 心理健康教育

教师可以与心理健康教育部门合作，共同关注幼儿的心理发展和心理健康问题。例如，组织心理健康教育活动、开展心理辅导，帮助幼儿解决情绪问题，提高幼儿的心理适应能力。

2. 卫生保健

教师可以与卫生保健部门合作，共同关注幼儿的健康问题。例如，组织健康教育活动、开展健康检查和疾病预防工作，提供幼儿健康管理的指导和支持。

3. 饮食营养

教师可以与饮食营养部门合作，共同关注幼儿的饮食问题。例如，提供饮食指导、组织饮食培训等，帮助幼儿养成良好的饮食习惯，促进健康成长。

（四）教师团队合作项目

1. 教师合作研究小组

教师可以自发组建研究小组，共同研究和探索教育问题。小组成员可以针对特定主题进行研究，分享教学经验，共同提高教学质量和效果。

2. 教学团队

教师可以组建教学团队，共同承担某个年级或科目的教学任务。教学团队可以共同设计教学计划、备课和评估，相互交流和分享教学资源和经验。通过团队合作，可以提高教学效率，确保教学质量的一致性。

3. 教师交流平台

搭建一个教师交流平台，让教师们可以随时随地进行交流和分享。这个平台可以是线上论坛、教师微信群或者教师博客等。教师们可以在这个平台上发表教学心得、提出问题和讨论教育话题，从而促进教师之间的交流与合作。

4. 教师合作活动

定期组织教师合作活动，如教学展示会、教学研讨会等。教师们可以在活动中展示自己的教学成果和经验，互相学习和借鉴。此外，还可以邀请专家学者或有经验的教育工作者进行讲座和指导，为教师们提供专业支持和指导。

5. 互助教研

教师之间可以进行互助教研，即相互观摩和评课。教师们可以相互邀请到自己的课堂上进行观摩，并进行评课和反思。这样可以促进教师之间的相互学习和成长，提高教学质量。

三、建立学科教研组和教学团队，促进教师之间的互相学习和支持

为了提升乡村幼儿教师的教学水平和专业发展，可以采取以下措施：

（一）组建学科教研组

根据不同学科领域，组建乡村幼儿学科教研组，由一些具备丰富经验和专业知识的幼儿教师担任组长。学科教研组可以定期召开会议，讨论学科教学中的难点和热点问题，分享教学资源和经验，并探讨教学方法和策略的改进。

乡村幼儿学科教研组的组建是为了促进幼儿教师之间的学科教学交流和合作。根据不同学科的需求，可以分别组建语言、数学、科学等学科教研组。每个学科教研组可以由7—10名教师组成，其中包括由学科教学经验丰富的教师担任组长。

学科教研组在每学期初可以制订学科教研计划，明确会议时间和议题。会议可以定期进行，例如每月一次或每季度一次。会议的议程可以包括学科教学难点问题的探讨、教学资源和经验的分享、教学方法和策略的研究等内容。通过集体的智慧和经验汇聚，可以找到解决问题的有效途径，提高教学质量。

此外，还可以鼓励组内教师进行小组研究或课题研究。教师们可以选择一个共同的学科教学主题或问题，并进行深入的研究和探讨。研究成果可以在组内分享和交流，并在学科教学中推广应用。

（二）教学团队合作

鼓励乡村幼儿教师之间进行教学团队合作。教师们可以组成小组，在特定的教学主题或项目中合作开展教学活动。通过共同策划、协作和反思，教师们可以相互学习和支持，提高教学效果。教学团队合作可以通过以下方式进行（图9–2）：

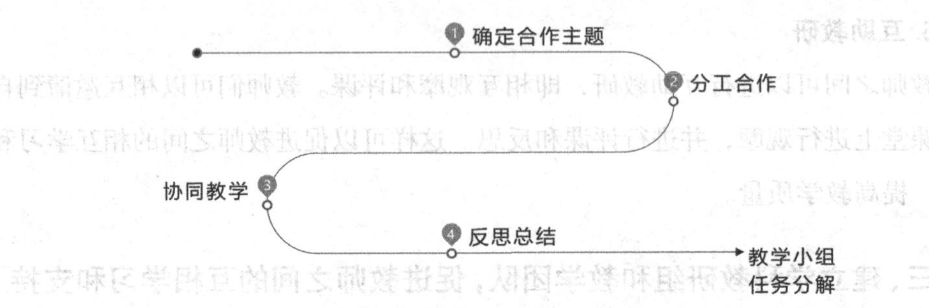

图9-2 教学团队合作方式

1. 确定合作主题

教师们可以选择一个具体的教学主题或项目，如艺术活动、科学实验等，并共同制订教学目标和计划。

2. 分工合作

每个教师可以根据自身的专长和兴趣，承担不同的任务，共同完成教学活动的设计和准备工作。

3. 协同教学

教师们可以在教学过程中相互协助和配合，共同引导幼儿的学习，提供个别指导和支持，促进幼儿的全面发展。

4. 反思总结

教师们可以定期进行团队反思，讨论教学中的问题和改进方向，分享教学心得和经验，不断提高自身的教学能力。

教学团队合作有助于丰富教学内容、提升教学质量。教师们通过合作可以共同借鉴和汲取教学经验，充分发挥各自的优势，创造更好的教学效果。

（三）教学资源共享

建立教学资源共享平台，允许乡村幼儿教师上传和下载各类教学资源。这样可以使教师之间更加方便地共享教案、课件、教学视频等资源，促进其互相学习和借鉴。

教学资源共享平台可以是一个在线平台或共享文件夹。教师们可以将自己制作的教学资源上传到平台上，并添加相应的标签和说明，方便其他教师进行搜索和使用。同时，教师们也可以在平台上浏览和下载其他教师分享的资源，以获得更多的教学灵感和创意。

为了保证共享资源的质量，可以设置资源审核机制。教师上传资源后，平台管理员或专门的审核人员进行审核，确保资源的准确性、有效性和合法性。只有审核通过的资源才能在平台上进行共享。

此外，还可以鼓励教师们进行资源评价和评论。教师们可以对自己使用过的资源进行评价，并提供一些建议和改进意见。这样可以促进资源的不断优化和更新，提高整个平台的教学资源质量。

（四）定期开展教学观摩活动

安排乡村幼儿教师进行教学观摩活动。教师们可以相互到对方的班级进行观摩，观察和学习其他教师的教学方法和技巧。通过观摩交流，教师们可以得到启发，提高自己的教学水平。教学观摩可以通过以下方式进行（图 9–3）：

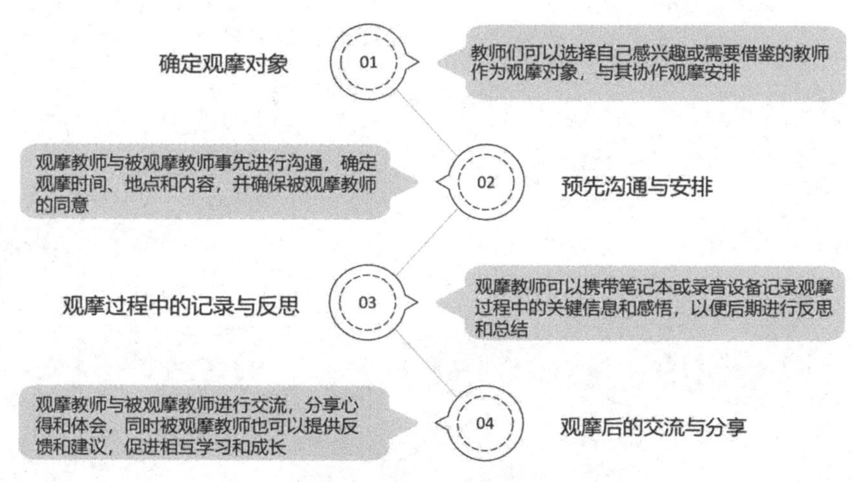

图9–3　教学观摩方式

教学观摩活动可以通过学科教研组的组织协调进行安排，也可以由学校的教务处或教研室来负责统筹和协调。为了确保活动的有效性和顺利进行，可以制定一份观摩指导手册，明确观摩活动的目的、流程和注意事项，以便幼儿教师们参考和执行。

除了教学观摩活动，还可以开展集体备课活动。集体备课是指一组幼儿教师共同准备教学内容和课程安排，通过集思广益、互相讨论和研讨，提高教学质量和效果。

在集体备课中，幼儿教师们可以共同研究和解决教学中的难点问题，分享和借鉴好的教学实践，共同设计教学活动和制订教学计划。集体备课可以定期进行，例如每周一次或每月一次，以保证教学的连贯性和一致性。

第十章 提高乡村幼儿教师的专业发展机会

第一节 创新教师职业发展路径

一、探索特色岗位设立

在乡村幼儿园中，可以考虑创建适应需求的特色岗位，以提供不同的职业发展道路和机会。以下是两种特色岗位举例。

（一）教研岗

教研岗位是为了推动教学研究和教育改革而设立的特殊职位。教研岗位的教师主要负责组织和参与教育研究项目，深入研究教育问题，探索适合乡村幼儿园的教学模式和方法。

1. 教育研究项目

教研岗位的教师可以申请并组织教育研究项目，关注乡村幼儿园教育改革中的关键问题。通过科学的研究方法和数据分析，深入剖析教学实践中的难题，并提出有效的解决方案。

2. 研究成果分享

教研岗位的教师将研究成果与其他教师分享，通过学术交流和研讨会等形式，向广大教师传递最新的教育理念和实践经验。同时，他们也可以为其他教师提供专业支持和指导，帮助他们在教学实践中取得更好的成果。

3. 专业指导

教研岗位的教师可以充当教学指导者的角色，为其他教师提供专业指导。他们可以根据教师的需求和园所的实际情况，制定个性化的教学指导方案，帮助教师改进教学方法和策略，提高教学效果。

通过设立教研岗位，可以激发教师对教育研究的兴趣和热情，推动乡村幼儿园的教育改革和创新，为提高教师的专业素质和教学水平提供支持和指导。

（二）园长助理岗

园长助理岗位旨在为优秀教师成长为未来的园长，提供晋升路径和发展空间。园长助理将协助园长进行管理和决策，并参与幼儿园的各项工作。

1. 管理协助

园长助理将协助园长进行日常管理工作，包括人员管理、资源调配、课程安排等。他们将承担一定的管理职责，帮助园长提高工作效率和管理能力。

2. 决策参与

园长助理将参与园长的决策过程，对幼儿园的发展方向和政策进行分析和建议。他们可以提供专业的意见和建议，为园长提供决策支持。

3. 工作实践

园长助理将参与教学管理、家校沟通、家园合作等工作。通过亲身参与实践，园长助理能够更加全面地了解幼儿园工作的方方面面，提高自身的管理能力和领导素质。

通过设立园长助理岗位，可以为优秀教师提供高级职务的晋升机会，激励他们在职业生涯中不断成长和进步。同时，园长助理的参与也能够为园长提供更好的管理支持，共同推动幼儿园的发展和提升。

二、拓宽晋升途径

为了提供更多的发展机会和目标，可以建立多层次、多方向的晋升通道，给予幼儿教师更多的职务选择和发展路径。

（一）职级晋升

为了根据教师的能力和表现进行评定和晋升，可以设立不同级别的职务，提供晋升的机会和条件。具体措施包括：

1. 设立职务级别

可以设置初级教师、高级教师、资深教师等职级。每个职级对应不同的要求和晋升条件，例如教学经验、教育背景、专业发展等。

2. 制定晋升标准

根据不同职级的要求，制定明确的晋升标准。这些标准可以包括教学质量评估、教学经验积累、专业发展成果等方面的要求。通过明确的晋升标准，使教师在晋升路径上有目标可达，促进他们的专业成长。

3. 提供晋升机会

建立公平公正的晋升机制，为符合条件的教师提供晋升的机会。可以定期开展职级评定，通过评估教师的教学实践、专业发展等方面的表现，确定是否符合晋升条件。通过提供晋升机会，激励教师在教育教学工作中不断提升自身的能力和水平。

（二）职称评聘

为了鼓励教师在教学实践和专业发展上不断努力，可以建立科学合理的职称评聘制度。具体措施包括：

1. 设定职称等级

根据教师的教育背景、教学经验、专业发展等方面进行划分，设定不同的职称等级。例如，可以设置讲师、副教授、教授等职称等级。

2. 制定评聘标准

根据不同职称等级的要求，制定明确的评聘标准。这些标准可以包括教学质量评估、论文发表、教育研究成果、师德师风等方面的要求。通过明确的评聘标准，使教师在职称评聘过程中有明确的目标和要求。

3. 进行评聘评审

根据评聘标准，组织专家评审组对教师进行评聘评审。评聘评审可以包括教学观摩、教学案例分析、学术论文评审等环节，全面考查教师的教学能力和专业水平。通过评聘评审，确定教师是否符合晋升到下一职称等级的条件。

（三）岗位晋升

除了传统的教师晋升路径，还可以设立其他岗位晋升通道，提供更多的晋升机会和发展空间。具体措施包括：

1. 设立新的岗位职务

根据学校的实际情况和需求，设立教研主任、教研组长、课程研发专家等新的岗位职务。这些岗位可以对教师的专业素养、研究能力和领导才能进行评估和晋升。

2. 制定岗位晋升标准

根据不同岗位职务的要求，制定明确的晋升标准。这些标准可以包括教研成果、组织能力、团队合作等方面的要求。通过制定岗位晋升标准，使教师在晋升路径上有清晰的目标和方向。

3. 提供培训和发展机会

为晋升岗位的教师提供相应的培训和发展机会。可以组织相关的专业培训课程、研修活动等，提升教师在晋升岗位上所需的专业知识和能力。

通过设立职级晋升、职称评聘和岗位晋升机制，可以激励幼儿教师不断提升自身的能力和水平，促进教育教学工作的开展。同时，也为教师提供了发展的空间和机会，增强他们的职业发展动力和成就感。

三、引导创新实践

为了提升教师的专业知识和实践能力，可以积极引导教师参与创新实践活动，并为其提供支持和奖励。

（一）教育研究项目

鼓励幼儿教师参与教育研究项目，有机会深入探索教育问题，并提出创新的解决方案。学校可以设立专项经费，资助教师进行教育研究，并提供相关资源和支持。具体措施包括：

1. 设立专项经费

学校可以划拨专项经费，用于支持教师开展教育研究项目。这些经费可以用于购买研究所需的材料、设备等，也可以用于支付研究成果的发表和推广。

2. 提供研究支持和资源

学校可以为教育研究项目提供相关的支持和资源。例如，提供研究所需的图书馆资源、实验室设施，或者提供研究指导和论文写作辅导等服务。

3. 鼓励合作研究

学校可以鼓励教师之间进行合作研究，促进教师之间的交流与共享。可以组建研究小组或团队，共同参与教育研究项目，从而提高研究的质量和效果。

（二）教学改革实践

组织教师参与教学改革实践活动，如课堂教学改进、教学资源开发等。鼓励教师开展教学创新，尝试新的教学方法和策略，不断提高教学效果和质量。具体措施包括：

1. 组织教学观摩与交流

学校可以组织教师进行教学观摩与交流活动，促进教师之间的互相学习和借鉴。教师可以相互观摩优秀课堂，交流教学经验和心得体会，从而激发教学改革的灵感和动力。

2. 提供教学资源支持

学校可以建立教学资源共享平台，教师可以分享和获取各类教学资源。这些资源可以包括教案、教学设计、教学视频等，为教师提供丰富的教学素材和案例，以推动教学改革的实践。

3. 鼓励教学创新项目

学校可以设立教学创新项目，资助教师进行教学改革实践。教师可以申请项目资金，用于开展教学改进、课程设计等方面的创新实践，通过实践探索，提升教学效果和质量。

（三）专业培训与交流

推动教师参加专业培训和学术交流活动，提升其专业素养和教学水平。学校可以组织教师参加学术会议、研讨会等，也可以邀请专家学者进行讲座和指导，为教师提供专业支持和指导。具体措施包括：

1. 组织内部培训

学校可以定期组织内部培训课程，针对教师的专业发展需求进行培训。培训可以包括教学方法、课程设计、评估与反馈等方面的内容，帮助教师提升教学技能和教学理念。

2. 组织外部培训

学校可以协助教师参加外部专业培训课程，如教育学研究生课程、教师教育培训班等。通过接受专业培训，提升教师的理论素养和专业水平，促进其教学能力的进一步提高。

3. 开展学术交流活动

学校可以组织学术交流活动，邀请专家学者进行讲座和指导，为教师提供学术支持与指导。同时，也可以鼓励教师积极参加学术会议、研讨会等，与同行交流经验、分享研究成果，拓宽教师的学术视野。

第二节　提供教师专业发展培训资源

一、丰富培训内容

为了满足乡村幼儿教师的需求，可以设计并提供与幼儿教育相关的丰富培训课程，包括教学方法、幼儿心理发展等内容。以下是具体的培训内容：

（一）教学方法

针对乡村幼儿教师的实际情况和需求，设计教学方法相关的培训课程。包括如何制定教学目标、设计教学活动、运用多种教学策略和教具等。通过培训，帮助乡村幼儿教师提高教学效果。

1. 制定教学目标

培训课程中可以介绍如何根据幼儿的年龄、发展水平和学科要求，制定合适的教学目标。包括认知、语言、社交等方面的目标设定。

2. 教学活动设计

通过教师示范和案例分析，教授乡村幼儿教师如何设计富有趣味性、互动性的教学活动。培养幼儿教师们设计多样化的教学环境和情境，激发幼儿的学习兴趣和积极性。

3. 多种教学策略和教具运用

介绍不同的教学策略和教具，如小组合作学习、游戏化教学、影音教学等方法。指导幼儿教师们在实际教学中合理选择并运用适当的教学策略和教具。

（二）幼儿心理发展

为乡村幼儿教师提供有关幼儿心理发展的培训课程，包括不同年龄段幼儿的心理特点、行为规律、情绪管理等。通过深入了解幼儿心理发展，帮助教师更好地引导和支持幼儿的成长（表 10–1）。

表 10–1 幼儿心理发展培训内容

幼儿心理发展培训内容	
心理特点	介绍不同年龄段幼儿的认知、情感、社交等方面的心理特点，帮助幼儿教师们了解幼儿在不同发展阶段的需求和特点
行为规律	探讨幼儿的行为规律，如兴趣爱好、注意力集中、行为表达等。指导幼儿教师们根据幼儿的行为规律调整教学内容和方式
情绪管理	培训幼儿教师们如何识别和处理幼儿的情绪问题，如焦虑、愤怒、害羞等。教授相关的情绪管理技巧，帮助教师们构建积极的情绪氛围，促进幼儿的良好情绪发展

（三）课程设计与评估

培训乡村幼儿教师进行课程设计和评估。通过培训，教师们可以学习如何编写教学大纲、教材选择和编排、课堂评估方法等。从而提高课程的质量和有效性。

1. 教学大纲编写

教授幼儿教师们编写教学大纲的基本原则和技巧，包括明确教学目标、合理安排教学内容和教学时间等。

2. 教材选择和编排

指导幼儿教师们如何选用适合乡村幼儿的教材，并将教材内容进行合理编排，满足幼儿的学习需求。

3. 课堂评估方法

介绍多种课堂评估方法，包括观察记录、口头问答、作品展示等。培养教师们运用不同的评估方法，了解幼儿的学习情况，为课程调整和改进提供依据。

（四）教育技术应用

培训乡村幼儿教师运用教育技术的能力。包括如何运用互联网资源、教学软件、多媒体设备等进行课堂教学，帮助教师们更好地利用现代化技术手段提高教学效果（表 10–2）。

表 10-2 培训中的教育技术应用举例

培训中的教育技术应用举例	
互联网资源应用	指导幼儿教师们如何利用互联网资源搜索教学素材、展示教学内容，并介绍一些适合乡村幼儿教育的优质网站和资源平台
教学软件应用	培训教师们使用教学软件进行教学内容展示和练习活动，帮助幼儿在互动性强的环境中学习
多媒体设备运用	教授教师们如何运用多媒体设备，如投影仪、电子白板等，增强教学效果，提升幼儿的学习兴趣和参与度

（五）特殊教育培训

为乡村幼儿教师提供特殊教育方面的培训课程。包括如何识别和支持特殊幼儿的教育需求，如自闭症、智力障碍等。帮助教师们提供更加全面、适应性更强的教育服务。

1. 特殊幼儿的识别与评估

介绍特殊幼儿的常见特征和行为表现，帮助教师们准确地识别特殊幼儿，并学习如何进行初步评估。此外，还可以介绍一些专业评估工具和方法，以便更详细地了解特殊幼儿的发展水平和教育需求。

2. 支持特殊幼儿的教育策略

探讨针对不同特殊幼儿的教育策略和技巧。例如，针对自闭症幼儿，可以介绍结构化教学法、社交技能培训等方法；对于智力障碍幼儿，可以探讨个别化教学、功能性教学等策略。

3. 环境适应与资源支持

引导教师们设计适合特殊幼儿的教学环境，包括空间布置、教具选择等方面。同时，介绍如何与家长、学校和社区协同合作，获取专业资源和支持，以促进特殊幼儿的综合发展。

通过以上培训课程的设计与实施，乡村幼儿教师可以提高教学效果，更好地满足幼儿的学习需求和心理发展。同时，这也将促进乡村教育的全面发展，提升教师的专业能力和教育质量。

二、灵活培训形式

为了满足不同乡村幼儿教师的学习需求，可以采用线上、线下相结合的培训方式，提供以下形式的培训：

（一）在线视频课程

1. 视频课程的设计与开发

根据幼儿教育领域的需求，策划并设计一系列在线视频课程。通过调研和分析，确定各个课程的主题和内容，并结合教育心理学、幼儿发展等相关理论，制定教学目标和教学大纲。

2. 视频课程的录制与制作

组织专业的团队，包括教育专家、教师和技术人员，进行视频课程的录制和制作。确保视频课程的质量和教学效果，采用高清摄像设备和专业的后期制作软件，呈现清晰、生动的教学内容。

3. 课程内容的丰富性与实用性

针对乡村幼儿教师的实际需求，设计并提供多样化和实用性强的课程内容。包括但不限于儿童心理发展、幼儿教育原理与方法、特殊儿童教育等方面的知识与技能。通过示范教学、案例分析等方式，帮助教师们更好地理解和应用所学内容。

4. 学习进度与自主选择

在线视频课程具有时间和空间的灵活性，让幼儿教师们可以根据自己的时间和学习进度，自主选择学习内容和学习顺序。同时，其提供适当的学习评估和反馈机制，可以帮助教师们监测学习效果，并使之可以及时调整学习计划。

（二）定期集中培训

1. 培训内容的设置与策划

根据乡村幼儿教师的需求和反馈，策划并组织定期的面对面培训活动。结合教育政策、教育改革等热点问题，确定培训的主题和内容。同时，通过调研和分析，了解乡村幼儿教育的实际情况和问题，针对性地设计培训课程。

2. 专家学者的讲座和指导

邀请一线的专家学者或有经验的教育工作者，进行讲座和指导。他们可以分享最新的教育理论和实践经验，引导教师们思考和探索教育问题。通过专家学者的引导和指导，教师们能够更新教育观念，拓宽教育思路，提高教学水平。

3. 教师交流与分享

培训活动还可以设置教师交流和分享的环节，让教师们有机会互相交流和分享自己的教学经验。通过互动和合作，教师们可以相互学习和借鉴，共同成长。

（三）导师指导

1. 导师的选拔与培训

根据幼儿教师的需求和意愿，选拔具有丰富经验和专业素养的教师或专家作为导师。为导师提供相关的培训和指导，确保他们具备有效指导教师、解决问题的能力。

2. 一对一或小组指导

根据教师的实际情况和需求，安排导师进行一对一或小组指导。导师可以根据教师的特点和需求，进行个性化的指导和支持。通过导师的指导，教师们可以得到更加深入和系统的培训，解决具体问题，并提升教学能力。

3. 导师与教师的定期反馈与评估

建立导师与教师之间的定期反馈与评估机制，及时了解教师的学习和成长情况，帮助他们解决困惑和问题。导师还可以对教师的教学情况进行评估，给予专业意见和建议，促进他们教学水平的进一步提升。

三、鼓励深入学习

为了激励乡村幼儿教师深入学习，可以设立奖学金、津贴等激励措施，具体包括：

（一）设立优秀教师奖学金

优秀教师奖学金的设立旨在激励在培训中表现优异的教师，以鼓励他们更加积极地参与学习和提升自己的专业素养。这项奖学金可以分为物质奖励和荣誉奖励两部分。

物质奖励方面，可以为获奖教师提供一定金额的奖金作为鼓励和支持。这样的奖金可以帮助教师们解决一些经济问题，比如购买学习资料、参加进修课程、购买专业书籍等。同时，这也是对教师辛勤付出和专业成就的一种实质性认可。

荣誉奖励方面，可以颁发获奖证书，并在相关场合进行表彰，如在培训结业典礼上进行颁奖仪式。这样的荣誉奖励不仅能够提升幼儿教师的自豪感和荣誉感，还能够激励其他幼儿教师争取同样的荣誉，从而形成良好的竞争氛围和学习动力。

（二）发放培训津贴

为参与培训的幼儿教师发放一定的津贴，可以有效减轻教师在学习期间的经济压力，让他们更加专注于学习。这样的津贴可以覆盖一部分生活费用，如食宿、交通等方面的开支。

通过发放津贴，可以提高幼儿教师对培训的参与度和积极性。教师们不再因为经济负担而犹豫是否参加培训，而是可以更加放心地投入学习之中。这将有助于提升教师的专业水平和教育质量，进一步促进乡村教育的发展。

此外，为了确保津贴的公平性和透明度，可以制定相应的申请和评审机制。幼儿教师需要提供相关材料和证明，如参与培训的报名证明、学习成绩单等。同时，由专门的评审委员会对申请进行审核和评估，确保津贴的发放对象符合相应的条件和标准。

第三节　建立教师评价与激励机制

一、完善评价体系

为了全面了解乡村幼儿教师的表现和成长，可以建立多维度的教师评价体系，包括以下方面的评价指标：

（一）评估教师的教学效果

评估教师在教学过程中的效果和实际成果，对于提升教师的教学水平和促进教育质量的提高具有重要意义。在评估教师的教学效果时，可以考查以下三个方面：

1. 教学设计

评估教师是否能够合理设计教学内容和教学目标，是否能够通过教学活动和任务引导幼儿主动参与和思考。

2. 课堂管理

评估教师在课堂上的组织能力和互动效果，包括如何激发幼儿的学习兴趣、保持良好的课堂秩序以及有效利用课堂时间等。

3. 教学方法运用

评估幼儿教师是否能够灵活运用适合不同幼儿群体的教学方法和策略，是否能够根据幼儿的实际情况进行差异化教学。评估教师的教学效果可以通过多种方式进行，具体如下（表 10–3）：

表 10–3 评估幼儿教师教学效果的方式举例

评估幼儿教师教学效果的方式举例	
教学观察	可以由专门的教学督导人员对教师的课堂教学进行实地观察和记录，以获取真实的教学效果
课堂评估	可以通过问卷调查或小组讨论的方式，收集幼儿对教师教学效果的评价和反馈
幼儿评价	可以通过定期的幼儿满意度调查或幼儿评教系统收集幼儿对教师的评价和建议
教学成果展示	可以要求教师提交教学设计、课件、教学反思和幼儿作品等，从中评估教师的教学成果和专业水平

（二）评估幼儿教师的教育研究能力和贡献

评估幼儿教师在教育研究方面的能力和贡献，有助于推动幼儿教师的教育创新和学术发展。在评估幼儿教师的教育研究能力和贡献时，可以考查以下三个方面：

1. 科研项目参与情况

评估幼儿教师是否积极参与科研项目的申报和执行，是否具有较高的科研项目获得率和项目经费使用效益。

2. 论文发表情况

评估幼儿教师在学术期刊、学术会议上的论文发表情况，包括发表的数量、发表的质量以及其在学科领域中的影响力。

3. 教育创新实践

评估幼儿教师在教育创新方面的实践和成果，包括教学方法的改进、教育资源的开发和利用、教育技术的应用等。

评估幼儿教师的教育研究能力和贡献可以通过专家评审、科研成果评估和学术交流等方式进行。专家评审可以由相关学科领域的专家对教师的科研项目和论文进行评价和审查，给予专业的意见和建议。科研成果评估可以通过学校或学院组织的科研成果评比和评选活动进行，以评估教师的科研成果和学术水平。学术交流可以通过教师参加学术会议、报告会和研讨会等形式，展示教师的研究成果和分享教育创新经验。

（三）评估幼儿教师的个人发展和专业成长

评估幼儿教师在个人发展和专业成长方面的努力和成果，有助于激励幼儿教师不断学习和提升自己的能力。在评估幼儿教师的个人发展和专业成长时，可以考查以下三个方面：

1. 学历和学习经历

评估幼儿教师的学历背景和继续学习的情况，包括是否获得硕士、博士学位，是否参加过进修培训课程等。

2. 专业培训和资质认证

评估幼儿教师参加的专业培训和持有的相关资质认证，如教师资格证、学科竞赛指导教师证书等。

3. 教育教学研究成果

评估幼儿教师在教育教学研究方面的成果和影响力，包括获得的奖项、发表的论文、参与的研究项目等。

评估幼儿教师的个人发展和专业成长可以通过定期的个人发展计划和年度评估进行。幼儿教师可以制定个人发展目标，列出相应的学习计划和行动计划，并在教师发展过程中进行自我评估和反思。学校或学院可以对幼儿教师的个人发展情况进行评估，包括参考教师的学历、培训记录和教育教学研究成果等。

评估幼儿教师的个人发展和专业成长还可以考虑幼儿教师在学科建设、学术团队和师资队伍建设方面所做的贡献。例如，幼儿教师是否积极参与学科建设项目和学术团队的建设，是否担任学科带头人、学科负责人或学术委员会成员等。此外，幼儿教师在课题研究、教材编写和教学改革等方面的参与和成果也可以作为评估幼儿教师个人发展的依据。

评估幼儿教师的个人发展和专业成长可以通过幼儿教师个人档案和绩效考核来记录和评价。幼儿教师个人档案可以包括学历证书、培训证书、教育教学研究成果和专业资质认证等的复印件，以便对教师的个人发展情况进行查阅和分析。绩效考核可以根据学校或学院的绩效评估体系设定相应的指标和评价标准，通过定期的考核和评价来评估幼儿教师个人发展和专业成长的情况。

二、设立激励机制

为了激发乡村幼儿教师的积极性和创造力，可以根据教师评价结果，给予以下激励措施：

（一）表彰奖励

对表现优秀的幼儿教师进行表彰和奖励，可以设立优秀教师奖项，以体现对其杰出工作的认可。在表彰奖励中，可以采取多种方式进行，如颁发荣誉证书、发放奖金或其他实质性奖励。

颁发荣誉证书是一种常见的表彰方式，可以在学校的庆功会或重要场合进行颁发，向优秀幼儿教师致以嘉奖和祝贺。证书上应注明被表彰教师的姓名、获奖项目、评价标准等内容，以使其具备公信力和代表性。

同时，可以给予优秀幼儿教师一定金额的奖金作为额外的激励。这样的奖金可以作为薪酬的一部分，也可以作为单独的奖励发放。奖金的数额可以根据教师的表现和成就进行评定，并参考相关行业和地区的标准，确保公平和公正。

除了物质奖励，还可以考虑其他实质性奖励，如提供专业发展机会、参加学术交流会议的资助等。这样的奖励可以进一步激发幼儿教师们的学术热情和创新能力，促进他们在教育教学领域的成长和发展。

（二）晋升机会

根据幼儿教师评价结果，给予符合条件的教师晋升的机会，可以设立晋升制度和评审机制。通过严格的评价流程和标准，筛选出表现优秀的教师，并给予他们晋升的机会。

晋升机会可以体现在职称和职务的提升上。根据不同级别的教师评价和教育教学能力的要求，设定相应的晋升标准和条件。例如，教师可以从初级教师逐步晋升为高级教师，或者担任年级组长、学科带头人等职务。

在晋升过程中，需要进行评审和审核，确保评价的公正和客观性。可以由专门的评审委员会负责对申请进行审查和评估，采取多方面的评价方法，综合考虑教学质量、教育研究成果、师德师风等因素，确保晋升结果的准确性和公信力。

（三）发展培训机会

为幼儿教师提供进修学习和专业发展的机会，可以设立进修津贴、培训经费等，支持幼儿教师参与相关培训课程、学习活动和研修项目。这样的支持措施旨在促进教师不断学习和提升自身的教育教学能力。

进修津贴可以作为奖励和激励的一种形式，帮助幼儿教师解决在进修期间的生活费用和学习开支。同时，提供培训经费也可以支持幼儿教师参加学术会议、进行教育研究和培训课程，拓宽他们的专业视野和知识面。

为了确保发展培训机会的公平性和透明度，可以制定相应的申请和评审流程。幼儿教师需要提供相关材料和证明，如培训学习计划、培训机构的认可证明等。评审委员会可以根据教师的需求和培训计划的质量，对申请进行审核和评估，确保资源的合理分配和效果的达成。

三、提供支持与帮助

为了帮助乡村幼儿教师克服困难、改进教学，可以提供以下支持和帮助：

（一）教学辅导

教学辅导是一种为乡村幼儿教师提供指导和支持的方式，旨在帮助幼儿教师解决教学中遇到的问题，改进教学方法和策略。以下是四种常见的教学辅导方式：

1. 导师制度

学校可以实行导师制度，为新幼儿教师分配经验丰富的教育专家或优秀教师担任导师，与其进行定期的交流、指导和反馈。导师可以分享自己的教学经验和教学方法，帮助新教师逐步熟悉和成长。

2. 教学观摩

安排幼儿教师参观其他优秀教师的课堂，观摩他们的教学过程和教学技巧。观摩过程中，可以引导幼儿教师观察和思考，学习他人成功的经验，并将其应用到自己的教学实践中。

3. 教学团队

组建教学团队或教研小组，幼儿教师可以在团队中分享自己的教学心得、研究成果和教学资源，互相借鉴经验，共同探讨和解决教学中的问题。通过团队合作，可以提升整个团队的教育教学水平。

4. 专项培训

结合教师的实际需要，开展专项培训活动，针对特定的教学问题进行培训。培训内容可以包括教学方法、评估策略、课程设计等方面，旨在提升教师的教学能力和专业素养。

（二）专业指导

专业指导是为乡村幼儿教师提供专业领域的指导和支持，帮助他们跟上最新的教育理论和实践经验。以下是三种常见的专业指导方式：

1. 专题讲座和研讨会

学校可以邀请教育专家、知名学者或行业领域的专家为幼儿教师举办专题讲座和研讨会。这些活动可以介绍最新的教育理论、研究成果和教育政策，帮助教师更新专业知识，拓宽教育思路。

2. 学术期刊和研究资源

向幼儿教师提供学术期刊、研究资源和教育教学案例等，让他们了解和掌握最新的研究成果和教育实践。通过阅读和研究，教师可以不断更新自己的专业知识和教学方法。

3. 学术交流和合作

鼓励教师参与学术交流和合作活动，例如学术会议、研究项目等。通过与其他学校或机构的教师进行交流和合作，教师们可以互相学习和借鉴，共同推动教育教学的发展。

（三）同事合作

同事合作是一种促进幼儿教师之间交流和合作的方式，可以帮助教师们互相借鉴经验、分享资源，共同提高教育教学水平。以下是三种常见的同事合作方式（表 10–4）：

表 10–4　三种常见的同事合作教学方式

幼儿教师同事合作方式举例	
教研活动	组织教研活动，教师们可以就特定的教学问题进行研究和探讨。可以设立专题，集中讨论特定课题，并分享各自在该课题上的研究成果和教学心得
教学交流会	定期组织教学交流会，教师们可以在会上分享自己的教学经验、教学方法和教学资源。交流会可以分为小组讨论和主题演讲等形式，促进教师之间的交流和合作
课题研究和合作	鼓励教师之间开展课题研究和合作。可以组建跨学科或跨年级的课题组，共同研究和解决特定的教学问题，提升教育教学水平

通过教学辅导、专业指导和同事合作等多种方式，可以有效地提升教师的教育教学能力和专业素养。学校应该建立完善的支持体系和机制，为教师的发展提供持续的支持和指导，从而提高教育质量，培养优秀人才。

第十一章　乡村幼儿教师培养策略的实施效果

第一节　实施乡村幼儿教师培养策略的成效评估

一、乡村幼儿教师专业素养提升的评估培养策略

实施乡村幼儿教师培养策略之后，教师专业素养提升，教学质量明显改善。教师拥有专业而扎实的理论知识和教学方法，能够更好地满足幼儿的发展需求。家校合作更密切而有效，使乡村幼儿得到了更全面、个性化的教育。这里有一份针对乡村幼儿教师专业素养提升的评估量表（表 11–1）：

表 11–1　乡村幼儿教师专业素养提升评估量表

乡村幼儿教师专业素养提升评估量表
(一)教育背景和资质 1.幼儿教师的学历是否符合幼儿教育相关要求？ 2.幼儿教师是否持有相应的教育和教师资格证书？ 3.幼儿教师是否持续提升学历或考取与幼儿教育相关的证书？
(二)教育培训情况 1.幼儿教师参加过哪些专业培训和研修项目？ 2.幼儿教师培训项目的内容和实用性如何？
(三)教学知识和理论掌握情况 1.幼儿教师对乡村幼儿教育的基本理论和教学知识掌握情况如何？ 2.幼儿教师对幼儿发展阶段和特点的了解程度如何？ 3.幼儿教师在学期教师专业能力测试中成绩如何？
(四)教学技能和方法应用 1.幼儿教师是否能够运用多种教学方法和工具进行教学？ 2.教师是否能根据幼儿的学习特点和差异制定个性化的教学策略？

续表

乡村幼儿教师专业素养提升评估量表
(五)教学效果和评估 1.幼儿教师对幼儿学习情况的观察和评估如何? 2.幼儿教师是否能根据评估结果和幼儿及其家长反馈调整教学策略和方法? 3.幼儿在学期各项能力中的综合表现如何?
(六)教师职业发展和学习态度 1.幼儿教师是否表现出积极的职业发展和学习态度? 2.幼儿教师是否通过自主学习和参与学习社区等方式不断提升自身教学能力? 3.幼儿教师是否有明确的职业发展规划?

(一)知识储备的提升

通过评估培养策略对乡村幼儿教师的知识储备进行分析，可以看到实施培养策略之后，乡村幼儿教师的学科知识、教育心理学知识以及其对最新教育理论的了解程度是否有所提升。评估结果显示，通过培养策略的实施，乡村幼儿教师的知识储备得到了明显的提高。

首先，培养策略通过为乡村幼儿教师提供专业的研修和培训机会，使他们能够接触到最新的学科知识和教育理论。通过参加各类教育研讨会、学术交流等活动，乡村幼儿教师能够不断地更新自己的学科知识，并将其运用到教学实践中。

其次，培养策略还注重提供教育心理学知识的培训，使乡村幼儿教师能够更好地了解幼儿的心理特点和发展规律。这使得乡村幼儿教师能够更加敏锐地观察和理解幼儿的行为表现，针对不同幼儿的需求制订个性化的教学计划。

最后，培养策略还提供了最新的教育理论培训，使乡村幼儿教师能够了解到教育领域的前沿动态和发展趋势。他们可以通过学习先进的教育理念和方法，掌握更有效的教学策略，提高教学质量和效果。

(二)教学能力的提升

通过评估培养策略对乡村幼儿教师的教学能力进行分析，可以看到他们在教学设计、课堂管理、教学方法等方面的能力是否有所提高。评估结果显示，培养策略的实施使乡村幼儿教师的教学能力得到了明显的提升。

首先，培养策略注重提供教学设计的培训，使乡村幼儿教师能够更好地组织和安排课堂教学活动。他们学会了根据幼儿的发展特点和学习需求，设计符合课程目标的教学内容和活动，并灵活运用多种教学资源和工具，提高教学效果。

其次，培养策略还注重提供课堂管理的培训，使乡村幼儿教师能够有效地管理和引导幼儿的学习行为。他们学会了建立积极的课堂氛围，灵活运用各种管理策略，培养幼儿的自主学习能力和团队合作精神，提高课堂纪律，使教学过程更加有序和高效。

最后，培养策略还注重提供教学方法的培训，使乡村幼儿教师能够灵活地运用不同的教学方法和技巧。他们学会了根据幼儿的特点和学习风格，选择合适的教学方法，如情景教学、游戏教学等，使教学更具趣味性和参与性，激发幼儿的学习兴趣和动力。

（三）教育理念的提升

通过评估培养策略对乡村幼儿教师的教育理念进行分析，可以看到他们在幼儿教育的目标、价值观、教育理念等方面是否有所提升。评估结果显示，通过培养策略的实施，乡村幼儿教师的教育理念得到了较大的提升。

首先，培养策略通过专业培训和研讨会等形式，传达了先进的教育理念和教育目标，使乡村幼儿教师认识到幼儿教育的重要性和使命。他们意识到幼儿期是人生发展的关键时期，在这个阶段给予幼儿全面而有效的教育对于其的未来发展具有决定性的影响。

其次，培养策略强调注重培养幼儿的创造思维、合作精神和自主学习能力。乡村幼儿教师意识到仅仅传授知识不足以满足幼儿的需要，应该引导幼儿积极思考、探索和解决问题。他们倡导鼓励幼儿通过合作和互动学习，培养幼儿团队合作的能力和社交技巧。同时，乡村幼儿教师还珍视幼儿对自主学习的需求，为幼儿提供自主学习的机会和环境，培养他们良好的学习习惯和自主学习能力。

最后，培养策略强调关注幼儿的综合发展。乡村幼儿教师认识到幼儿的身心发展是一个整体的过程，他们注重培养幼儿的认知、语言、社交、情感和审美等多个方面的能力。他们通过提供丰富多样的学习活动和资源，引导幼儿在各个领域中全面发展，帮助幼儿树立积极的人生价值观和正确的世界观。

二、乡村幼儿园教育质量改善的评估培养策略

乡村教师培养策略的实施，可以有效提升幼儿园教学水平，为乡村幼儿的教育和幼儿成长奠定坚实的基础。这里有一张简要的乡村幼儿园教育质量评估量表（表 11–2）：

表 11–2 乡村幼儿园教育质量评估量表

乡村幼儿园教育质量评估量表
(一)教师队伍建设 1.教师的学历与资格证书是否符合要求？ 2.教师的专业培训和继续教育情况如何？
(二)教育教学质量 1.幼儿园是否有规范的课程体系和教学大纲？ 2.教学内容是否符合幼儿的年龄特点和需求？ 3.教学方法是否多样化且有效？
(三)学习环境和资源 1.幼儿园的教学环境是否满足教育需求？ 2.幼儿园是否提供多样化的教学资源和游戏玩具？ 3.是否有图书馆、科学实验室等特色资源？
(四)家园合作 1.幼儿园与家长是否有良好的沟通和合作关系？ 2.家长是否参与到幼儿园的教育活动中？
(五)幼儿发展评估与记录 1.幼儿是否获得了全面发展？ 2.幼儿园是否定期进行幼儿的发展评估？ 3.幼儿的发展记录是否全面且有效？
(六)幼儿教育管理 1.幼儿园的管理机制是否健全和高效？ 2.幼儿园是否有教育质量改进的计划和措施？ 3.幼儿园的管理相较以往是否有进步？

对于乡村幼儿园教育质量的改善评估，还可以使用问卷调查法、访谈法和实地考察法等方式，以获得更全面的评估结果。接下来，从幼儿园教育质量三大衡量指标角度，阐述乡村幼儿教师培养策略对提升乡村幼儿园教学质量的积极影响。

第一，幼儿发展水平的提高。通过评估培养策略对乡村幼儿园幼儿发展水平的影响，可以看到幼儿在认知、语言、社交等各方面的发展是否有所提高。评估结果显示，培养策略的实施使乡村幼儿园幼儿的发展水平得到了明显的改善。幼儿在认知能力、语言表达能力以及社交能力方面均取得了积极的进步。

第二，教育课程的改进。通过评估培养策略对乡村幼儿园教育课程的改进情况进行分析，可以看到教育课程的内容和形式是否更贴近幼儿的学习需求。评估结果显示，培养策略的实施使乡村幼儿园教育课程得到了明显的改进。教育课程更注重培养幼儿的实际操作能力和综合素养，课程内容更加贴近幼儿的生活经验和兴趣爱好，激发了幼儿的学习兴趣。

第三，教学效果的提高。通过评估培养策略对乡村幼儿园教学效果的影响，可以看到教师的教学方法和手段是否更加有效果，幼儿的学习积极性和成绩是否有所提高。评估结果显示，培养策略的实施使乡村幼儿园的教学效果得到了显著的提高。教师通过采用多种教学方法和手段激发幼儿的学习兴趣，提高了幼儿的学习积极性和成绩。

三、乡村幼儿教师满意度调查

通过调查评估乡村幼儿教师对培养策略的满意程度，可以了解培养策略实施的效果及问题。调查结果显示，大部分乡村幼儿教师对培养策略表示满意。他们认为培养策略提升了他们的知识储备、教学能力和教育理念，并且对乡村幼儿园的教育质量改善起到了积极的推动作用。然而，也有部分幼儿教师在实施过程中遇到了一些困难和问题，需要进一步改进和优化。例如，一些幼儿教师反映培训时间和学习负担较大，需要更合理地安排培训内容和时间，还有一些幼儿教师认为培训内容与实际教学需求不够匹配，需要更加针对性的培训方案。针对这些问题，可以进一步完善培养策略，提供更灵活、个性化的培训形式，确保幼儿教师能够充分理解和应用所学知识。

此外，调查还发现一些乡村幼儿教师在教学资源、教育设施等方面存在不公平的情况。针对这一问题，可以通过加大对乡村幼儿园的支持力度，提供更好的教育资源和设施，为幼儿教师提供更好的工作环境和条件，进一步激发他们的教育热情和积极性。

第二节 乡村幼儿教师培养策略的可持续发展

一、持续投入与支持

政府需确保乡村幼儿教师培养策略能够得到持续的资金、人力和政策支持，获得可持续发展。为了保证乡村幼儿教师培养策略的顺利实施，需要不断投入和保障相关资源。

首先，需要增加财政投入，确保培养策略的资金来源得以持续稳定。政府可以加大对乡村教育的资金支持力度，提供专项经费用于乡村幼儿教师的培养与发展。此外，可以引入多元化的资金来源，鼓励社会机构、企业和个人参与投资乡村幼儿教师培养项目，形成共同支持的局面。

其次，还需要加强人力支持，提供专业化的教育培训师资队伍。这需要加强高校相关专业教育师资队伍的培养，提升他们的专业素养和实践能力，确保能够为乡村幼儿教师提供优质的培训服务。此外，可以建立乡村幼儿教师培训团队，由专业教育培训师和经验丰富的乡村教育工作者组成，为乡村幼儿教师提供一对一的指导和支持。

最后，政策支持也是保障乡村幼儿教师培养策略的重要环节。政府可以制定相关政策，鼓励高校设立乡村幼儿教育专业，优化教育资源配置，提供奖学金和补助金等激励措施，吸引更多优秀人才投身乡村幼儿教师培养事业。同时，还可以加大对乡村幼儿教师的职称评定和晋升支持，提供更多的发展机会和福利待遇，增强其职业发展动力。

二、更新与改进策略

政府可以根据实施过程中的反馈意见和评估结果，及时调整和改进培养策略，以适应不同阶段的需求。

乡村幼儿教师培养策略需要紧密结合实际情况，不断进行更新和改进。在实施过程中，需要广泛征集乡村幼儿教师、幼儿和家长的反馈意见，了解他们的培养需求和问题所在。同时，还可以进行定期的评估和监测工作，对培养策略的实施效果进行科学评估，发现并解决问题。

政府根据反馈意见和评估结果，可以及时调整和改进培养策略。比如，一些幼儿教师反映培训时间和学习负担较大，需要更合理地安排培训内容和时间，还有一些幼儿教师认为培训内容与实际教学需求不够匹配，需要更加针对性的培训方案。针对这些问题，可以进一步完善培养策略，提供更灵活、个性化的培训形式，确保幼儿教师能够充分理解和应用所学知识。

三、加强合作与交流

政府可以加强与相关利益方的合作与交流，共同推动培养策略的更新与改进。可以与高校、研究机构、教育行政部门等建立合作关系，开展联合研究和实践活动，共同探索乡村幼儿教师培养的最佳实践经验。通过开展学术交流、教育研讨会等形式，分享经验、交流观点，为培养策略的优化提供更多的智力支持。具体来说：

第一，可以加强与教育行政部门的合作，建立健全的政策宣传机制，将培养策略与相关政策相结合，形成一体化的推进措施。政府可以制定相关政策，为乡村幼儿教师培养提供政策支持和资源保障，鼓励各级教育行政部门积极参与培养策略的推进和实施。

第二，可以加强与高校、研究机构的合作。高校可以设立乡村幼儿教育专业，开展培养乡村幼儿教师的教学和研究工作。通过与高校的合作，可以提供优质的教师培训资源和专业指导，为乡村幼儿教师的培养提供支持。

第三，还可以积极开展与乡村学校的合作。与乡村学校建立长期稳定的合作关系，组织实践教学和教育实习，使乡村幼儿教师能够在实际教学中不断提升自己的专业能力。同时，还可以通过举办教育交流活动、提供教育资源共享等形式，促进乡村幼儿教师之间的交流与学习，共同推动教育的发展。

四、建立监测与评估机制

为了确保乡村幼儿教师培养策略的有效实施，需要建立监测与评估机制。政府可以建立完善的监测与评估体系，对乡村幼儿教师培养策略的实施效果进行定期评估，及时发现并解决问题（图 11-1）。

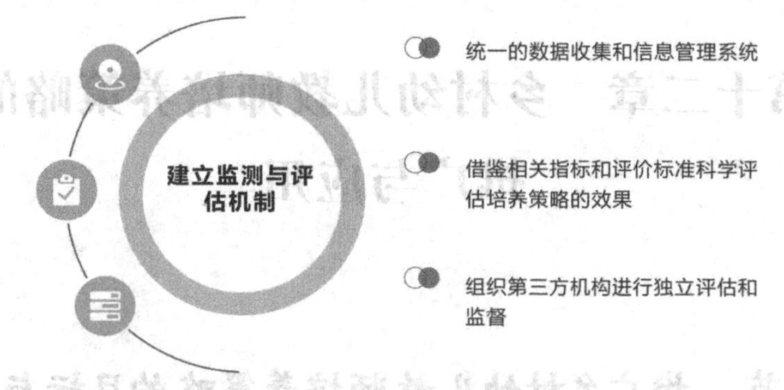

图 11-1　建立监测和评估机制

首先，可以建立统一的数据收集和信息管理系统，对乡村幼儿教师的培养情况进行全面记录和统计。通过收集各类数据和信息，可以对培养策略的实施情况进行定期监测和评估。

其次，在评估过程中，需要借鉴相关指标和评价标准，对培养策略的效果进行科学评估。可以通过教学观察、师生满意度调查、幼儿综合素质评价等方式，对乡村幼儿教师的教学能力、专业素养和幼儿发展情况进行评估。通过评估结果，可以及时发现问题和不足，并制定相应的改进措施。

最后，还可以组织第三方机构进行独立评估和监督，提高评估结果的客观性和权威性。通过引入外部的评估力量，可以更加全面地了解培养策略的实施情况，发现潜在问题，并提出改进意见和建议。同时，还可以通过开展经验交流和案例分享，推广成功的培养经验，促进乡村幼儿教师培养策略的可持续发展。

第十二章　乡村幼儿教师培养策略的推广与应用

第一节　推广乡村幼儿教师培养策略的目标与意义

一、确立培养目标

通过评估培养策略，对乡村幼儿教师的专业素养、实践能力和教育理念进行分析，可以看到培养策略对乡村幼儿教师的培养目标是否得到了实现起了关键作用。评估结果显示，培养策略的实施使得乡村幼儿教师的培养目标实现率得到了明显的提升。以下从专业素养、实践能力和教育理念这三方面来说：

在专业素养方面，培养策略注重为乡村幼儿教师提供系统化的专业知识和技能培训。他们接受了包括幼儿教育学、幼儿发展心理学、幼儿教育方法与技巧等在内的综合性培训，从而使乡村幼儿教师的专业素养得到了全面提升。他们能够更好地掌握幼儿教育的基本理论和实践操作，能够灵活应用各种教学方法和策略，提供更优质的教育服务。

在实践能力方面，培养策略注重为乡村幼儿教师提供丰富的实践机会和实践指导。通过参与实际教学活动、实地考察和社区参与等形式，乡村幼儿教师得到了宝贵的实践经验。他们能够更好地理解和把握乡村幼儿教育的特点和需求，能够运用所学知识和技能解决实际问题，提高教学效果和满足幼儿的发展需求。

在教育理念方面，培养策略注重引导乡村幼儿教师树立正确的教育观念和价值观。培养策略强调培养幼儿的综合素质和创造力，关注幼儿身心健康的全面发展，通过开展教育理论学习和探讨，帮助乡村幼儿教师深入思考幼儿教育的目标和意义。乡村幼儿教师在教育理念上得到了更新和升华，更加注重培养幼儿的自主学习能力和社交合作能力，推动乡村幼儿教育朝着更科学、更人性化的方向发展。

二、强调乡村特色

通过评估培养策略对乡村幼儿教师的地方文化认同、社区参与及专业适应能力进行分析，可以看到培养策略对乡村幼儿教师的强调乡村特色的效果。评估结果显示，培养策略的实施，使得乡村幼儿教师在地方文化认同、社区参与和专业适应能力方面有了明显的提升。

在地方文化认同方面，培养策略注重传承和弘扬乡村地方文化。通过开展乡土文化教育和多元文化交流活动，乡村幼儿教师对乡村地方文化有了更深入的了解和认同。他们能够将乡村地方文化融入教学中，为幼儿提供体验和感知地方文化的机会，促进幼儿对自身文化身份的认同和发展。

在社区参与方面，培养策略注重培养乡村幼儿教师与社区居民的互动与合作。通过组织家长会、社区活动和社会实践等形式，乡村幼儿教师能够更好地了解幼儿的家庭背景和社区环境，与家长建立良好的沟通与合作关系。这有助于更好地理解和满足幼儿的需求，促进家校合作，共同为幼儿的成长和发展营造良好的环境。

在专业适应能力方面，培养策略注重提升乡村幼儿教师在乡村特色教育中的专业能力。通过提供相关培训和实践机会，乡村幼儿教师能够更好地适应乡村幼儿教育的特点和需求。他们具备了解决乡村教育问题和挑战的能力，能够灵活运用教育资源，提供符合乡村实际情况和幼儿发展需求的教育方案和活动。这样的专业适应能力提高了乡村幼儿教师的教学效果和服务质量，有助于推动乡村幼儿教育的发展。

三、提升教育质量

通过评估培养策略对乡村幼儿教师的提升效果进行分析，可以看到培养策略对教育质量的提升起到了积极的推动作用。评估结果显示，培养出的优秀乡村幼儿教师能够有效地提高幼儿园教育质量，推动乡村幼儿教育的发展。

在教学能力方面，培养策略注重提升乡村幼儿教师的教学水平和能力。通过针对性的培训和实践指导，乡村幼儿教师掌握了系统的教学知识和技能，能够灵活运用各种教学方法和策略。他们能够根据幼儿的不同特点和需求进行个性化教育，能够激发幼儿的学习兴趣和潜能。这样的教学能力提升使得幼儿能够获得更具质量和效果的教育服务，提高了幼儿园的教育质量。

在教育资源方面，培养策略注重为乡村幼儿教师提供必要的教育资源支持。通过建立和完善教育资源共享平台，乡村幼儿教师能够获取更丰富、更有针对性的教育资源。他们可以利用这些资源进行教学准备和课堂实施，提升教育质量。同时，培养策略还鼓励乡村幼儿教师与其他教育机构进行合作交流，扩大教育资源的范围和质量。

在教育环境方面，培养策略注重改善乡村幼儿教育的基础设施和环境条件。政府和各方力量共同投入，对乡村幼儿园进行设施升级和改善。乡村幼儿教师工作的学校获得了更好的教育环境和条件，包括教学设备、场地布局、安全保障等方面的改进。这样的改善为乡村幼儿教育的发展创造了有利条件，提升了教育质量。

第二节　推广乡村幼儿教师培养策略的途径与方法

一、加强政策支持

为了促进乡村幼儿教师的培养工作，可以从以下三方面加强政策支持：

第一，制定相关政策。制定出台针对乡村幼儿教师培养的政策文件，在政策层面给予乡村幼儿教师培养以明确的指导和支持。政策应着眼于乡村幼儿教师培养的特点和需求，明确培养目标和措施，为乡村幼儿教师培养提供政策保障。

第二，加大经费投入。提高对乡村幼儿教师培养的经费投入，确保培养工作的顺利进行。经费的增加可以用于改善教育硬件设施、提升师资水平、丰富培训资源等方面，为乡村幼儿教师的培养提供充分的物质保障。

第三，增加奖励机制。建立完善的乡村幼儿教师培养奖励机制，对取得优异成绩的乡村幼儿教师进行奖励和表彰。鼓励乡村幼儿教师积极参与培训和实践，提升自身的教育水平和专业能力。

二、推进师范教育改革

为了提升乡村幼儿教师的培养质量和效果，可以从以下四方面推进师范教育改革（图12-1）：

图12-1　推进师范教育改革

第一，实践教学。加强乡村幼儿教师培养中的实践教学环节，注重实际操作能力的培养。通过在乡村幼儿园的实习实训，让幼儿教师深入了解和体验乡村幼儿教育的实际情况，掌握实际教学技能和策略。

第二，社会实践能力培养。注重培养乡村幼儿教师的社会实践能力，使其能够更好地适应乡村幼儿教育工作中的多样化需求。通过组织幼儿教师参与社区教育项目、社会公益活动等，培养他们的社会责任感和服务意识。

第三，强化教师职业发展规划。建立乡村幼儿教师的职业发展规划体系，明确不同阶段的培养目标和路径，并提供相应的培训和支持。鼓励乡村幼儿教师积极参与继续教育和学习，不断提升自身的教育水平和能力。

第四，加强师资队伍建设。加大对乡村幼儿教师师资队伍的培养力度。通过优化乡村幼儿教师的招聘、评选、晋升机制，吸引更多高素质的教师到乡村从事幼儿教育工作。同时，加强对乡村幼儿教师的培训和培养，提升他们的专业水平和教学能力。

三、建立导师制度

乡村幼儿教师导师制度的建立是为了提供个别指导和支持，帮助乡村幼儿教师在专业发展和教育实践中取得更好的成效。导师制度可以促进教师之间的交流互动，分享经验和教学方法，提供专业指导和反馈，提高教师的专业水平和教育质量。

在导师的选拔和培训方面，需要建立一套科学合理的导师选拔机制，并且对导师进行系统的培训和专业知识的更新。导师应当具备丰富的教育经验和专业素养，能够为乡村幼儿教师提供有效的指导和支持。导师的选拔应当注重其专业背景和教育经验，同时要求其具备良好的沟通能力和指导能力。培训内容应当包括教学理论和实践技巧的传授，教师专业发展规划和教育研究方法的培养，以及教育法律法规和职业道德的教育。

在导师和受导者的配对和指导过程中，需要建立有效的沟通机制和工作模式。双方应当明确各自的角色和职责，确保导师能够提供具体的指导和支持，受导者能够积极接受和运用导师的指导。导师可以通过定期的面谈、观课和教学反思等方式，帮助受导者分析和解决教学中的问题，指导其课程设计和教学实施，提供专业建议和反馈。导师还可以与受导者进行教学研究和交流，共同探讨教育改革和发展的话题，促进教师之间的互动和成长。

此外，导师制度的落地还需要建立相应的激励机制和评估体系，以保证导师的积极参与和有效指导。激励机制可以包括经济奖励、荣誉称号和职称晋升等，以及为导师提供专业发展和学术交流的机会。评估体系可以通过多维度的评价指标，如受导者的教学水平提升、教学成果和教育影响力等方面，对导师的工作进行评估和认可。这样可以激发导师的积极性和敬业精神，提高导师制度的有效性和可持续性。

四、加强资源共享

为促进城乡教育资源的共享，乡村地区应当设立优质教育资源中心，将城市的教育资源引入乡村地区，并充分利用当地的教育资源，形成城乡教育资源的互补和共享（图 12–2）。

图12–2 优质教育资源中心的功能

教育资源中心应当建立完善的网络平台和数据库，以方便教师和幼儿获取教育资源。通过建立在线课程平台、电子图书馆和教学资源共享平台等，实现教育资源的数字化和在线共享。教师和幼儿可以通过网络平台获取到各种教学资源，如教案、教材、教具、课件等，以及参与在线培训和教育研讨活动。

教育资源中心应当组织定期的培训和交流活动，促进城乡教师之间的互动和学术交流。通过举办教育研讨会、专题讲座和教学观摩等活动，提供学术交流和经验分享的机会。同时，教育资源中心可以邀请城市的优秀教师和专家到乡村地区进行授课和指导，引入先进的教育理念和方法，推动乡村教育的改革和发展。

另外，教育资源中心还可以与当地的教育机构、企业和社会组织建立合作关系，共同开展教育项目和活动。通过各方力量的合作，可以提供更多的教育资源和支持，满足乡村教师和幼儿的需求。同时，这种合作也能够促进城乡之间的互联互通，实现资源的共享和优势互补。

第三节　乡村幼儿教师培养策略的应用与效果

一、实施试点项目

为了促进乡村幼儿园的发展和提高教育质量，可以选择一些具备条件和基础的示范乡村幼儿园，进行试点项目的实施。试点项目可以包括教育理念的创新、教学方法的改进、师资队伍的培养等方面，旨在探索适合乡村幼儿园教师培养策略，并观察和评估其效果。

在试点项目的选择上，应当考虑乡村幼儿园的整体情况和条件。选择具备一定规模和资源的乡村幼儿园作为试点单位，可以确保试点项目的顺利实施和推广。同时，应当充分听取幼儿园师生家长的意见和建议，确保试点项目能够符合当地的实际需求和教育特点。

试点项目的内容可以包括教育理念的创新和教学方法的改进。可以引入一些先进的教育理念和方法，如多学科融合教育（STEAM 教育）、体验式学习、个性化教育等，结合乡村幼儿园的实际情况进行创新和改进。试点项目还可以涉及课程设置、教材选择、教学活动设计等方面，以满足乡村幼儿的成长需求和发展潜能。

同时，试点项目还可以着重培养乡村幼儿园的师资队伍。可以通过开展师资培训、引进优秀教师和专家指导等方式，提升乡村幼儿园教师的专业水平和教育教学能力。试点项目还可以建立师徒结对、教研团队等形式，促进教师之间的互相学习和经验分享，形成良好的教育合作氛围。

二、监测与评估

为了保证试点项目的顺利进行和达到预期效果，需要建立一套科学有效的监测和评估体系，对培养策略的落实情况和效果进行监测和评估。

在监测方面，可以通过定期的考核、评估和观察等方式，及时了解试点单位培养策略的落实情况。监测内容可以包括教育活动的开展情况、教学资源的使用情况、师资队伍的专业发展情况等。监测结果应当客观真实，并根据实际情况及时调整和改进培养策略。

在评估方面，可以通过定期评估和测量，对试点项目的效果进行全面的评价。评估可以包括教学成果的评估、教师和家长的满意度调查、幼儿发展的观察记录等。评估结果可以反馈给试点单位和相关部门，用于改进和完善培养策略，为乡村幼儿园提供可借鉴的经验和做法。

此外，监测与评估体系还需要建立起有效的数据收集和分析机制。通过建立统一的数据采集和管理平台，对各项监测和评估指标进行统计和分析。同时，也要加强数据的交流和共享，促进乡村幼儿园之间的学习和合作。

三、提供支持与激励

为了提高乡村幼儿教师的专业水平和教育质量，需要为他们提供培训、奖励和晋升机会，激发他们的积极性和创造力。

培训是提高教师专业能力和知识水平的重要手段。乡村幼儿教师应该有机会参加各种形式的培训活动，包括教育理论研讨会、教学案例分享会、教育技术培训等。培训内容应当针对乡村幼儿教育的实际需求，注重教师的实践能力和教学方法的更新。同时，教育部门可以组织专家和优秀教师进行集中授课，为乡村幼儿教师提供权威的指导和学习资源。此外，还可以鼓励教师开展教学研究和创新实践，通过教育科研项目和教学比赛等方式，提高他们的教育实践能力和教学成果。

奖励和晋升机制是激励乡村幼儿教师进一步提高的重要保障。教育部门可以设立一系列奖励制度，包括教学成果奖、优秀教师奖、先进个人奖等，以表彰在教学质量和教育改革方面取得显著成绩的教师。此外，还可以通过晋升机制来激励教师不断提高自身能力和水平。晋升可以包括职称晋升、岗位晋升等形式，通过评审和考核，将具有较高教学水平和专业素养的教师提拔到更高级别的职位，鼓励他们继续发展和为乡村幼儿教育做出更大贡献。

四、积极宣传与推广

为了推动乡村幼儿教育的全面普及，需要加大对成功的乡村幼儿教师培养策略的宣传力度，并向更多地区推广。

可以通过教育网站、教育杂志、微信公众号等多种渠道，宣传乡村幼儿教育的改革成果和成功经验。可以报道一些乡村幼儿教师的典型事迹和教学成果，展示他们在教育实践中取得的突出成就和良好口碑。同时，可以邀请专家学者和成功案例的教师进行宣讲和讲座，向更多教师和教育工作者介绍乡村幼儿教育的现状、问题和解决方法，引起广泛的关注和讨论。

可以组织考察和交流活动，邀请各地区的教育工作者到成功的乡村幼儿教育基地进行实地观摩和学习交流。通过实地参观和交流，可以直观地了解成功的乡村幼儿教育模式和教学实践，为其他地区提供有益的借鉴和启示。同时，可以组织乡村幼儿教育论坛和研讨会，鼓励教育从业者和学者针对乡村幼儿教育问题和挑战展开深入探讨和研究，共同推动乡村幼儿教育的改革和发展。

综上所述，通过提供支持与激励，以及积极宣传与推广，可以促进乡村幼儿教师的专业发展和教育质量提高，并推动乡村幼儿教育的全面普及。这需要政府、教育部门、学校和社会各界的共同努力和合作，为乡村幼儿教师创造良好的学习和工作环境，提供持续的支持和关怀。

参考文献

[1] 刘强，白鸽．乡村振兴战略背景下农村幼儿教师队伍质量研究 [J]. 教育理论与实践 ,2021,41(20).

[2] 王涛，李梦琢，刘善槐等．乡村振兴背景下农村幼儿教师离职倾向的影响机制研究：基于有调节的中介效应分析 [J]. 华东师范大学学报 (教育科学版),2022,40(6).

[3] 李春良，赵彩羽．乡村振兴战略下农村幼儿教师归属感的提升 [J]. 基础教育研究 ,2019(9).

[4] 朱明，周鹏．乡村振兴战略背景下农村幼儿教师专业发展的有效途径 [J]. 太原城市职业技术学院学报 ,2021(2).

[5] 刘伟民，孙红艳．乡村振兴战略中农村幼儿教师队伍建设：现实困境与纾解对策 [J]. 云南开放大学学报 ,2019,21(4).

[6] 周廷红，徐东，田肖宜．乡村振兴背景下农村卓越幼儿教师队伍建设的策略 [J]. 成都师范学院学报 ,2022,38(6).

[7] 樊婷婷．乡村振兴背景下“90 后”乡镇幼儿教师职业适应的差异：基于贵州省 50 所乡镇幼儿园的调查 [J]. 成都师范学院学报 ,2021,37(3).

[8] 周海云．乡村振兴战略背景下农村幼儿教师专业发展现状与策略 [J]. 基础教育论坛 ,2021(23).

[9] 朱明，吉安亚．乡村振兴战略背景下农村幼儿教师专业发展途径现状研究 [J]. 教育观察 ,2020,9(36).

[10] 樊丽娜，谢渊．乡村振兴战略背景下农村幼儿教师专业发展的影响因素及路径选择分析 [J]. 教育观察 ,2021,10(28).

[11] 刘伟民，王静雅，于晓楠．乡村振兴战略中幼儿教师媒介信息素养多元化提升

策略 [J]. 云南开放大学学报 ,2020,22(2).
[12] 魏巍 . 乡村振兴视野下农村幼儿教师美术专业素养的对策研究：以 J 市为例 [J]. 现代职业教育 ,2022(6).
[13] 刘姣姣 . 乡村振兴背景下农村幼儿教师师德建设研究 [D]. 陕西科技大学 ,2021.
[14] 隋立国 , 李鹏 , 刘正达 . 基于乡村振兴战略幼儿教师供给侧改革研究 [J]. 潍坊工程职业学院学报 ,2020,33(5).
[15] 王淑宁 . 乡村振兴背景下乡村幼儿教师专业生态发展研究 [J]. 继续教育研究 ,2023(8).
[16] 廖笙爰 . 乡村振兴战略背景下农村幼儿教师队伍建设的困境与保障机制：以江西省吉安市为例 [J]. 就业与保障 ,2023(2).
[17] 胡福贞 , 钟雪 . 乡村幼儿教师"归乡"：逻辑意蕴、现实困境、路径探索 [J]. 重庆第二师范学院学报 ,2023,36(1).
[18] 彭欣园 , 胡兰 . 乡村振兴战略背景下乡村幼儿教师专业素养发展现状及策略：以江西省上饶市为例 [J]. 上饶师范学院学报 ,2023,43(1).
[19] 刘庆 , 徐欢欢 . 乡村振兴背景下农村幼儿教师继续教育的问题及提升策略 [J]. 文教资料 ,2023(1).
[20] 陈梦明 . 乡村振兴战略背景下广西乡村幼儿教师培育新思考 [J]. 科学咨询 (科技·管理),2022(3).
[21] 邹扬 , 胡彩虹 . 乡村振兴背景下农村幼儿教师专业发展内在动力现状与提升策略 [J]. 亚太教育 ,2022(3).
[22] 邓进红 . 乡村振兴下乡村幼儿教师专业发展困境与对策：以龙岩市新罗区、永定区为例 [J]. 龙岩学院学报 ,2022,40(3).
[23] 李名璐 . 乡村振兴战略背景下农村幼儿教师职业胜任力现状及对策研究 [J]. 农村经济与科技 ,2022,33(12).
[24] 曾彬 , 杨梅 . 乡村振兴战略背景下乡村卓越幼儿教师的内涵、价值及策略 [J]. 教育与教学研究 ,2022,36(10).
[25] 李秀鹏 . 振兴乡村背景下辽宁省乡村幼儿教师培养研究 [J]. 辽宁师专学报 (社会科学版),2021(4).